まえがき

柳田國男の民俗学はある時期から差別を扱わなくなったと早くから批判されてきた〔有泉　一九七二〕。たしかに、柳田は大正二年（一九一三）の「所謂特殊部落ノ種類」などをはじめ〔柳田　一九九九〕、当初は差別される人びとにも注目していたものの、やがてこの種の研究から遠ざかっていくかのようである。もっとも、こうした批判は必ずしも妥当ではない。柳田の視野には最後まで差別される人びとの存在が含まれていたと政岡伸洋はいい、むしろ、差別される人びとの声を掬い取るような研究の不足を問題視している〔政岡　二〇一三　四〇～四三〕。また、柳田は貧困の問題を重視し、また、女性学的研究の進展にも寄与した〔及川　二〇一三〕。暮らしのなかの抑圧や困苦を解決しようとする姿勢があったことは忘れてはならない。

いずれにしても、柳田民俗学への批判的評価を真摯に受け止めた結果、民俗学においては差別・排除という問題は常に特別な意味をもってきたように思う。それは民俗学の自己理解にしばしば「経世済民」という語が用いられてきたこととも関わる。そのため、差別を生み出す原理のひとつとも考えられる「ケガレ」の研究（例えば〔宮田　一九九六〕）や、被差別部落でのフィールドワークが積み上げられてきた（例えば〔宮本　二〇一一〕）。

では、民俗学は、差別という問題に十分に対応できているのか。問題の性質からいって、いつでも十分ということはない。差別はどこにでも発生し得て、誰のなかにもその芽があり、新たな状況で、新たなかたちの問題が生まれていく。そのようなものに対し、既往の「民俗」などの概念に拘束された研究視点からのみ挑むのであれば、問題への対応はさらに不十分なものになるだろう。既往の概念や方法論の有効性と限界を見定めつつ、それに必ずしもとらわれずに、私たちの「差別の日常」〔好井　二〇〇七〕を見据えることが求められているように思われる。それこそが「経世済民」の理想に適うアプローチだとも思われるからである。

本書は二〇二一年度から三年間にわたって実施された成城大学民俗学研究所の共同研究「差別・排除の民俗学的研究」の成果をまとめた論文集である。本共同研究では、「複雑化する世界のなかで生起しつづける差別事象に民俗学が十全に対応してきた／いるともみなしえない」ことを問題視し、「多様化し流動化する現代社会の加差別／被差別関係や包摂／排除の動態への民俗学的接近を目指す」ものであった〔共同研究趣意書より〕。

差別とは、人と人との間に差異を見出し／創出し、その差異に意味を与え、勾配のある関係に配置し、排除したり制限したりすることの一切である。『日本民俗学』二五二号の「差別と民俗」特集における編集委員会の趣旨説明文は「分類の上下関係が、存在の上下関係に固定されること」に問題の本質を見出し、「差別する側の生活文化」にも注目すべきことを主張している〔篠原　二〇〇七　二〜三〕。このように述べられるのは、差別・排除される人たちを想定し、その研究を行うだけでは、差別という問題を解き明かすことはできないということを、それまでの民俗学の差別研究が確認してきたためである。例えば、差別される側の人びとに文化的な特殊性が幻視される状況に対し、民俗学はフィールドワークを通して被差別部落と非・被差別部落の間に文化的相違がないことを解き明かし、差別の無根拠性を実証してきた。しかし、伊東久之が「ほとんど変わりませんでしたという報告は事実であり必要ではあるが、それを積み重ねたところで、差別の根源に迫ろうとする資料にはなりえない」と批判するように〔伊東　一九九六　一四二〕、差別が差異に意味を付与する眼差しの問題であるとすれば、眼差される側の調査・研究のみでは限られた知見しか得られない。また、差別される側の研究こそ、対象を特殊視してしまうおそれも胚胎している。今野大輔は地域性をはじめ、対象地域の特徴・特性をつかみ取ろうとする民俗調査を通して、対象を他者化してしまう研究者の眼差しを批判している〔今野 二〇一〇〕。

では、差別をされる側のみではなく、する側にアプローチをすべきだとして、差別をする人はどこにいるのだろうか。どこにでもおり、どこにもいない、というのが実態であろう。差別問題と距離をおこうとする人びとの態度とは裏腹に、あまねくすべての人は加差別的であり得る。そして、同時に被差別的であり得る。本共同研究が共有してきた前提は、考えてみれば当たり前なことではあるが、人間はつねに単一の属性を生きるのではなく、その属性の移行によって、差別をする／される関係は反転しあうというものであった。人種的にマジョリティだが性的にマイノリティである誰かが、性的にはマジョリティだが人種的にはマイノリティである何者かを差別する、ということがあり得る。インターセクショナリティについて考えるべきことも言うまでもない〔辻本 二〇二三〕。多元的で流動的な自己を生きる私たちは、差別する側にもされる側にも分節される可能性のなかを生きている。これだけ多くのハラスメントが名づけられ、誰もが簡単にSNSで炎上し得る社会に暮らしている以上、私たちは、程度は様々であるが、加害者にも被害者にも傍観者にもならずに生きていくことは難しい。どのような偏見にも晒されずに生きることができない以上に、どのような偏見をも持たずに世の中を見つめることが果たして可能なのか。そもそも「私は加害性や暴力性と無縁である」と言い切れることこそ暴力的であるとすれば、むしろ、誰もが陥り得る、する／される諸関係を前にしたとき、立ち止まるための事実の提示と議論こそ、民俗学においては必要なのではないだろうか。

森栗茂一は差別研究を「社会の限界性と問題点を自ら点検する作業」であるとして〔森栗 一九九八 六七〕、「われわれの民俗文化の差別性、『われわれ』の『弱さ』の文化についての内省」を、民俗学の差別研究の課題として位置づけている。差別は深刻かつ重大な、人命をおびやかす問題であり、被差別の当事者の身を切るような語りに学ぶことの意義を認めつつも、そのような問題状況を下支えし、人が知らずしらずのうちに加担してしまうような分断や不平等を、日々のあれこれのなかに見出し、誰もが問いうる問題として位置づけなおしていくことが、日常論的な民俗学の差別研究のかたちであるのではないだろうか。本書の目的を平易に言い換えるなら、私たちはこの問題をすべての人に「開く」ことを試みたかったのである。

こうした課題のもと、本書には八本の議論をおさめることができた。

第一章「『生理的嫌悪感』の正体」（今野大輔）は、日々の私たちの物言いのなかにある拒絶的な態度のあり方に迫る。第二章「ニオイの行方――皮革産業を取り巻く言説」（岡田伊代）は差別されてきた地域において、「ニオイ」という感覚的問題がどのように扱われてきたかを考えようとしている。

第三章「『素朴なる民』の民俗学へ――民俗学が生きづらさについて述べるための『非常民』論」（入山頌）は、赤松啓介の非常民論を手がかりに「生きづらさ」を分析する。第四章「『民俗』は炭坑の暮らしをいかに捉えてきた／こなかったのか――旧産炭地筑豊における『民俗』記述を事例に」（川松あかり）は、従前の「民俗」という枠組みのもとで炭鉱およびこれをめぐる差別を記述することの課題を明らかにしている。「常民」や「民俗」という概念が帯びる問題点を乗り越えつつ、現代の民俗学は日常学への展開を遂げつつあるが、第五章「『当たり前』の『日常』から差別・排除を捉える方法――現象学の複数の動向を導きに」（辻本侑生）はそうした動向をふまえ、民俗学と現象学との接点を模索する。

第六章には、日常学化したドイツ語圏の民俗学における研究として、ヘルムト・グロシュウィッツの「ポストコロニアル民俗学――博物館からのアプローチ」を掲載した（翻訳の初出は『常民文化』四五、二〇二二年）。日本国内の日常における植民地的権力の作動を照射するうえでも示唆に富むものである。他方、日々のなかで誰もが必ず行う「食」を通しても、勾配のある関係は発生する。第七章「『食べもの』の差別と序列化」（山田厳子）は、日常のなかで不可視化されている問題に切り込んでいる。また、多くの人が利用する電車のなかにもたらされる分断とエイジズムを関連づけたのが第八章「シルバーシート考――モノと分断」（及川祥平）である。日常のなかのモノをめぐる軋轢もまた、本共同研究が解き明かすべき課題の一つであった。

問わねばならないこと、整理し精緻化すべき問題の多さ、それらの大きさ・重さ・難しさを前に、本共同研究のメンバーは何度も逡巡し、行き詰まり、書きあぐね、悶々としつつ議論を交わしてきた。本書収録の各論文の試みはささやかなものでしかないかもしれないが、本共同研究の掲げた大きな問いの解決に向けて、いくばくかの貢献を成し得ていれば幸いに思う。

及川 祥平

○参考文献

有泉貞夫　一九七二「柳田國男考――祖先崇拝と差別」『展望』一六二

伊東久之　一九九六「『内なるもの』と『外なるもの』」佐野賢治・谷口貢・中込睦子・古家信平編『現代民俗学入門』吉川弘文館

及川祥平　二〇二三「民俗学と生きづらさ」及川祥平・川松あかり・辻本侑生編『生きづらさの民俗学――日常の中の差別・排除を捉える』明石書店

今野大輔　二〇一〇「民俗学が差別の問題に取り組むために」田中宣一先生古稀記念論集編纂委員会編『神・人・自然――民俗的世界の相貌』慶友社

篠原徹　二〇〇七「特集にあたって」『日本民俗学』二五二

辻本侑生　二〇二三「生きづらさとインターセクショナリティ」及川祥平・川松あかり・辻本侑生編『生きづらさの民俗学――日常の中の差別・排除を捉える』明石書店

政岡伸洋　二〇一三「差別問題・被差別民と民俗学――その学問的意義と課題」八木透編『新・民俗学を学ぶ――現代を知るために』昭和堂
宮田登　一九九六『ケガレの民俗誌――差別の文化的要因』人文書院
宮本袈裟雄　二〇一一『被差別部落の民俗』岩田書院
森栗茂一　一九九八「民俗社会と差別」小松和彦・香月洋一郎編『身体と心性の民俗』（講座日本の民俗学・二）雄山閣出版
柳田國男　一九九九「所謂特殊部落ノ種類」『柳田國男全集』二四　筑摩書房
好井裕明　二〇〇七『差別原論――〈わたし〉のなかの権力とつきあう』平凡社

差別の現代民俗学——日常の中の分断と排除

目次

第一章

「生理的嫌悪感」の正体

今野 大輔

はじめに

差別という語はきわめて一般的なものであり、その不当性を公の場で疑うような発言は適切でないこともまた広く共有された認識であるといってよかろう。日本ではそもそも憲法第一四条第一項において「すべて国民は、法の下に平等であつて、人種、信条、性別、社会的身分又は門地により、政治的、経済的又は社会的関係において、差別されない」とあるように理由なき差別が禁じられており、近ごろでは平成二八年（二〇一六）にいわゆる「障害者差別解消法」が施行されたこともあって、企業や自治体でも差別を認めない態度を示すことが求められるようになっている。

ひと昔前では差別といえば、人種差別や女性差別、部落差別やハンセン病差別といったものが私たちの知る差別であった。ところが、ルッキズムやエイジズムといった用語が誕生してそれらが一般化し、さらにはセクハラに限定されがちであったハラスメントが、アルコールハラスメント、パワーハラスメント、カスタマーハラスメントなど多様な語を冠して用いられるようになったこともあいまって、いまや差別は法廷やジャーナリズム上の存在ではなく、きわめて日常的な存在となっている。[*1]

しかし、なにをもって差別とするかという認識については、その語を用いる人によってまちまちであるのが実情であり、それが、差別ではなく単なる区別である、という語句の存する余地を設けている。また、差別が社会問題化する際にクローズアップされるのは差別されている側であり、そこで課題となるのはいかにして差別に苦しむ人びとをその被害から解放・救済するかである。こうした社会問題化した差別を病気に例えれば、論じられ、かつ実施されるのは対症療法であり、病気の根本的な治療、つまり彼ら／彼女らを差別する加害行為への対処ないし告発の優先度はそれよりも低い。差別問題にあっては、誰が差別するのかというのは概して見えにくいものである。[*2]

そもそも「差別されること」と「差別すること」は単なる鏡映しのものとは言い切れず、アシンメトリーな関係性にある。前述した例を用いれば、ある人種であること、ある性別であること、ある病気や出自などの属性を（a）とし、「差別される」という行為を（b）とすれば、（a）によって／を理由に（b）という関係は被害に対する異議申し立てとして成立する。一方、「差別する」という行為（c）については、（a）によって／を理由に（c）という関係は単純化されすぎており、（a）によって／を理由に（d）なので（c）としない限り、「差別すること」つまりなぜ人は他者を差別するのかはみえてこない。そしてこの（d）にあたるもの、つまり他者の属性に触れることによって誘発され、人をして他者を差別せしめるものこそが嫌悪や恐怖といったネガティブな感情であろう。小稿は本研究会の主要課題であった「差別すること」に対する回答の一例として、差別を惹起するもののひとつに嫌悪の感情を想定する。そのうえで、嫌悪感情の一言語化例である「生理的に嫌い（または生理的に無理）」という他者評価言説を取り上げ、差別への導きとなりうる「嫌悪」の表現について検討するものである。

一、研究小史

ここではまず、嫌悪に限定せず「感情」が民俗学においていかに扱われてきたのかを振り返ってみたい。心理学は言うまでもなく、社会学や人類学では対象化されている感情であるが、民俗学においてそれを研究対象と認めたのは必ずしも最近のことではない。古くは一九三〇年代に民俗学理論の体系化が進められていくなかで、昭和九年（一九三四）に柳田國男が『民間伝承論』を刊行し、そのなかの一項目として「心意諸現象」を掲げた。この「心意諸現象」は翌一〇年の『郷土生活の研究法』で用いられた「心意現象」として、学界ではより知られている。前者において柳田は俗信の代替語として「趣味・憎悪・気風・信仰」を「心意」に含めており、後者ではその内容を

「知識」「生活技術」「生活目的」に三分している。柳田はこの「知識」について善悪の判断基準となる知識に加え、「虫が好かぬ」というような気質・性癖に対する印象や容貌の良否をも含めており、「心意」には人間の感情面も射程圏内に入れられていたことは、彼が民俗学と心理学の提携が必要であると述べていることからもうかがえよう。

「心意現象」に含まれる信仰や俗信などに対する研究は、現在に至るまで民俗学の中心的なテーマとして多くの蓄積がある。一方で、人間の感情面や好悪については民俗学における従来の調査研究手法が不向きであったためか、必ずしも進んでいるとはいえない。柳田自身も「笑う」や「泣く」といった感情表現を取り上げたことはあったが、「嫌う」ことについて正面から取り上げてはいない。昭和一〇年代の山村調査においては、どのような人物が褒められるかという質問が立項されているものの、これは個人の個人に対する好悪ではなく、あくまで集団として望ましい人間像が回答として記録されている。また、漂泊生活をする芸人や宗教者のような異人など外部の存在が嫌われていた傾向にあることも報告されているが、これも集団によって警戒されていたペルソナ・ノン・グラータといっていいようなものであり、個人の好悪とは別にして考えなければならない。

鶴見和子は、西洋社会において社会変動にはイデオロギーが重視されるのに対し、柳田の社会変動論では情動の変化が重視されると指摘した。鶴見は、柳田が表情、姿勢、仕草などの変化の観察を通じて感情や感覚の変化をとらえ、そこからさらに考え方の移り変わりや人間関係の新しい展開を説いていく手法を挙げ、情動の表出である表情を個人のレベルを超えて社会変動のレベルに組み入れることを学問領域で試みた最初の人物であると評価している〔鶴見　一九九三　一一一～一一二〕。

心理学的領域と民俗学との接続については、伊藤敏による積極的な試みが挙げられる。伊藤は柳田のいう民間伝承を再解釈するにあたり、感情心理学の領域で近年主張されるようになった「感情の心理学的構成主義」の理論を援用している。大平英樹によれば、この「感情の心理学的構成主義」とは、感情を生得的な神経メカニズムを基盤としつつも、環境、文脈、他者にも影響されつつ、主観的・間主観的に創発されるものであるという主張であり〔大

平　二〇二〇　五〕、シンプルにいえば心や感情が「文化」の影響も受けるという考え方である。伊藤はこの理論を用いて、民間伝承が文化を媒介した集団の記憶のメカニズムであり、その集団の記憶は「感情の共構成」[*3]または「感化」によって集団内で維持・継承されると論じた。伊藤の仕事は民俗学と心理学をいかに連携させるかという問題意識に発しており、次のように述べて民俗学が感情を研究の対象にすることの価値を改めて主張した。

「感情」と「文化」や「歴史」を扱う学問として最初に掲げられるべきは、歴史学ではなく民俗学であろう。なぜなら、柳田が構想した民俗学——「民間伝承論」は、まさしく「感情」を含む「心意」と「文化」や「歴史」を包括的に捉える学問である。〔伊藤　二〇二四　一二八〜一二九〕

以上の成果をふまえると、感情は民俗学において埒外に置かれるべき対象ではなく、むしろその草創期から重視されていたものであることは明らかである。しかしながら、各種の感情について広く研究されているわけではなく、心理学との連携もまだ模索の段階にあるといってよい。大平が指摘しているように、感情は文化の影響も受けるものであるならば、なにが人をして他者を嫌悪せしめるかという点について民俗学が割って入る余地はあるとの立場において、小稿では差別に至る感情の表出である「嫌悪」を、特に「生理的に嫌い」という言説から分析していく。

二、嫌悪と差別

次に、差別を考えるにあたって嫌悪の感情を対象にすることの妥当性を検討する。チャールズ・ダーウィンによる『人と動物の感情の表現』（一八七二年）は感情研究の嚆矢であったが、その後の心理学者による感情研究は「悲しみ」、「怒り」、「恐怖」に集中した。嫌悪については、精神病理学領域において嫌悪への関心が高まった一九九〇年代以降になってから、ようやく心理学でも嫌悪に関連する研究が増加するようになった。アメリカの心理学者ポール・ロジンが嫌悪研究の第一人者であり、彼とその共同研究者たちが近年のこの分野にとっての牽引役となっている。ロジンらは嫌悪感情が三層からなるとし、それらを「中核嫌悪」、「動物性嫌悪」、「道徳性嫌悪」と名付けた。「中核嫌悪（core disgust）」は苦味や酸味に対する反応に基づき、そこから吐き気を催すような臭気や生物の排泄物や体液などに対する不快感に派生した、遺伝的基礎をもつ嫌悪である。この嫌悪感情は有害物質や病原体から体を守る身体防衛の役割を果たしている。「動物性嫌悪（animal reminder disgust）」は中核嫌悪の延長線上に位置し、身体損傷、血液、死体などが該当し、精神的尊厳を保つための精神防衛の役割を果たすものである。「道徳性嫌悪（social-moral disgust）」は、犯罪行為やマナー違反など社会規範からの逸脱行為に対して感じる嫌悪感であり、これは社会の秩序維持のための社会秩序防衛の役割を果たすと説明されている。*4 この三層の内、中核嫌悪および動物性嫌悪と、道徳性嫌悪の間には隔たりが存するようにみえる。それに対し、レイチェル・ハーツは前者が人間の肉体的健康と有限の運命を襲う物理的・心理的脅威への拒絶、後者が不純で腐敗した人間を拒絶する機能を果たし、どちらも人間を滅ぼすおそれのあるものを避けようとする点で共通すると述べている〔ハーツ 二〇一二 二九三〕。

このように、人間が進化していく過程で己の身体を守るための機能として身につけた嫌悪の感情は、その対象を実際に肉体へ危害を与えうるものから、個人の精神やその所属するところの社会を乱そうとするものへと拡大させていった。嫌悪はいずれにしても人間の肉体・精神を防衛するために必要な感情であり、これを消滅させることも抑制することも不可能であろう。

では、こうした防衛機能である嫌悪の感情が、いかにして差別と結びつくのかが次の疑問となる。前述のロジンらによると、嫌悪は肉体の防衛に加えて精神や社会秩序の防衛の機能を持つものであるため、時として他者を排斥するのに重要な役割をも果たすという〔今田 二〇一二 七五〕。記憶に新しい例を挙げれば、コロナ禍においてマスクの着用が常識視されていた際、非着用や不完全な着用を原因とした対人トラブルが頻発していた。マスクの着用は直接的にはウイルスの飛散を防ぐ目的でなされるものであったが、それにとどまらず、公共の場での着用が当たり前のこととして規範化されていった。マスクを原因としたトラブルは感染の危険性もさることながら、比較的新しい規範への侵犯に対する嫌悪感が排除や排斥として表出したものである。松尾朗子・田中友理が「集団で共有された道徳観にもとづく善悪判断が嫌悪感情を生じさせ、それにより特定の個人や外集団を排斥するというプロセスが想定できる」〔松尾・田中 二〇二二 一六〕と述べているように、嫌悪の感情は排除・排斥の強い駆動力となりうる。したがって、差別を他者に対する排除や排斥、攻撃を伴う行為としてとらえる場合、他者に対する嫌悪という感情を抜きに考えることはできない。

なお、心理学において嫌悪は「disgust」に対応する語として用いられているが、オラタンジらによると、「disgust」に相当する日本語は、英語および中国語と同等ではないという〔オラタンジ・マッケイ 二〇一四 一〇〇〕。英語圏における disgust（特に disgusting）は日本人が感じる嫌悪以上に、食物や飲料、食行為のような口腔と食物に対する拒否感[*5]として使用されることの多い語である。つまり嫌悪として邦訳される「disgust」は、必ずしも私たちが考える嫌悪と同一のものではなく、さらにいえば欧米の研究成果に基づく嫌悪の感情が、日本人の抱く／考える嫌悪と完全に一致するとはいえないのである。小稿では嫌悪感情の研究について心理学の成果に依拠しているが、後述する実例においてはロジンらによる三層の嫌悪感情とは一致しないものが含まれる。それらは心理学において嫌悪（disgust）とはみなしがたい感情であるかもしれないが、実際に人びとが「嫌悪／嫌い」の感情としてとらえているものである。

三、「生理」の語と「生理的嫌悪」の使用例

(1)「生理」と「生理的」

かつて筆者は、とある面談の場において「どのような人物が嫌いですか」という問いを投げかけられた。それに対して筆者は、「半笑いしながら話をする人物」ととっさに回答した。質問者がなぜそのような問いを設定したのか、また筆者の回答に対して質問者がどのような心証を抱いたのか、いずれも確認する機会に恵まれることのないまま現在に至るのであるが、そうした人物こそがその時の筆者にとって、まさに「生理的嫌悪感」を覚えるような人物であった。筆者はその場で「生理的に嫌い」という表現こそ使わなかったが、その感情を考えるうえで強く印象されたできごとである。

「生理的に嫌い」という感情表現をどのような場で習得したか、筆者はそれを記憶してはいない。学校教育で学ぶようなものでないため、日常生活のなかで友人かあるいはメディアを通じてその語を知ったのであろう。そして筆者以外にとっても、この「生理的に嫌い」という感情表現は、自身で使うことがないにしても初耳の語ではなかろう。ここからは改めてこの「生理的に嫌い」という感情について検討していく。

最初に「生理」の語について整理してみたい。『文徳実録』天安元年（八五七）一一月の条には「何者一夕之命得レ方、則存二其生理（傍点筆者——以下同）一、百年之身失レ術、則墜二其天笇一（なんとなれば一夕の命も方を得ればすなわちその生理を存し、百年の身も術を失えばすなわちその天笇を墜す）」の記述がみられる（佐伯 一九三〇 一六三）。ここでいう「生理」は人や万物の生存原理を表す漢語であり、管見の限りでは日本における「生理」の語の古い用例である。

また、『日本国語大辞典』の「生理」の項では、

①生物が生活していくすじみち。生活する道。生のいとなみ。なりわい。
②生物が生命を維持していく上での種々の現象や機能。また、その原理。肉体の諸現象。
③月経。メンス。

と三通りの説明がなされている。①については中江藤樹の『翁問答』に「それぐの運命をかんがへて、本分の生理士農工商のみちを謀りさだむべし」（有川　一九七六　二六）とあり、近世期にはすでにその用法が確認できる。②の用法は明治二年（一八六九）の『和訳英辞書』に「Generant」の訳語として「生スル力。生理」とみえる。観念的な①に対して、西洋から流入した科学的な②の概念が既存の漢語に回収された形であり、この用法が国内に定着したのはそれ以降のことと考えてよい*6。さらに生理は③のように月経の代替語として現在でも世代を問わず通用する語となっているが、田中ひかるによると一九二〇年代には生理休暇獲得運動において使用例が見出されるという（田中　二〇一九　二二六）。このなかで「生理的に嫌い」という場合、①と③は該当しがたいため、②の生命維持活動に関係するものが最も近いといえる。

次に、この生理に接尾辞の「的」がついて形容詞化した「生理的」についてみていく。柳田國男が「下品な」（柳田　一九九八　一九四）と評した接尾辞の「的」の用法は、西欧諸語の形容詞を翻訳するために、明治初期から広まったとされている（稲垣　二〇一一　二七九）。したがって、「生理的」の語もこうした例にもれず、近代以降に生み出されて広まった表現であるとみて間違いない。

『日本国語大辞典』では「生理的」の語に対して、「①からだの機能や組織の面に関するさま」と「②理屈ではなく本能的、肉体的であるさま」と二通りの説明がなされている。「生理的に嫌い」という場合はこの②を指しているといえる。つまり「生理的に嫌い」とは、対象を嫌悪するにあたって理屈ではなく本能的、肉体的に嫌うと言い換えることができるが、具体的にはどのように本能的、肉体的に対象を嫌うのであろうか。

（2）「生理的嫌悪」の使用例

そもそも「嫌い」と「生理的に嫌い」との間にはどのような差異が存在するのであろうか。人にしろ物にしろ、その対象を「嫌い」と認識するにあたって、他にこのような「〜的に嫌い」という表現はありうるのであろうか。例えば、自身と政治家を含む他者との間に政治信条上の懸隔がある場合、その対象を「政治的に嫌い」と表現することは考えられる。だが、「経済的に嫌い」や「法律的に嫌い」という表現は想像しがたい。「国際的に嫌い」や「民俗学的に嫌い」ともなると、もはや筋の通らぬ言いがかりであろう。これらの表現と比較すれば、「生理的に嫌い」という感情表現は人口に膾炙したものであるといえよう。この「生理的に嫌い」という表現も、生理的の語が定着する近代以降の生まれであることは疑いない。その古い使用例は、管見の限りでは次に引用する明治四二年（一九〇九）の赤沼信東による『半生の僕』の「苦悶の告白」の一節にみられるものである。*7

> 百毒の長、眞にして誠なる哉。足下は不知自ら酒を遠れりと、多幸也と謂つ可し。僕は現に心理療法に訴へつゝ、更に他の告ぐる佳なる説を悉く實行し居れり。故に今は欲するの念なきも、誘惑を恐るが爲め全く生理的に嫌惡したきの念痛切也。憐む可き豎子なるよ。呵々。
>
> 〔赤沼　一九〇九　二〇〕

これは著者の赤沼が柏崎心理療院に禁酒治療を希望した際、『柏崎日報』主筆に宛てて書いたものである。禁酒を徹底させるためには、その誘惑を避けられるよう自身の意思と無関係にそれを嫌うようになりたいという、著者の心情を表すために用いられている。同書の他にその語がどのように使われているのか、以下に数例挙げていく。

Ⓐ吾人の頭脳は同時に二人の主に事ふることを生理的に嫌ふのである。然るに今日の學生は、勉強の方針に於て二人の主に事へねばならぬ様な境遇に置かれて居る。〔二木　一九一二〕

Ⓑ一體、美といふのは、不均齊や亂脈、不整頓不統一を生理的に嫌ふ生物的本能から出發してゐると私は思つてゐる。即ち吾々は、片ちんばな箸を持つ時、不安定感を感じて不快である。それは生理的にさうである。〔岸田　一九三〇　六九〕

Ⓒ新しい形質をもつた生物が、もとの生物と完全に隔離されゝば、そこに二つの種類の生物が存在することになる。しかしこれにはどういふことによつてでもいゝのであるが隔離が必要である。それならば隔離はどんな風にして行はれるのであるかといふと、地理的に分離されることとか、生殖器官があはなくなるとか、生殖時期が異るとか、生理的に嫌惡さるゝ状態になるとか、其他色々の場合がある。〔内田　一九三一　三九〕

Ⓓ更に今一つ注意すべきことは、兒童が食物の好き嫌ひをいふことであります。これは生理的と感覺的との二種があり、生理的に嫌ふ食物は生理變化に伴つて漸次自然の裡に矯正嗜好するやうになりますが、觀た感じ、臭味、中毒などに因る感覺から發生した嫌ひは、これをそのまゝ放置することが愈々嗜好上による明な偏食の弊害を生ずる原因となるのでありますから、これは努めて工夫して矯正してやらねばなりません。〔大日本聯合婦人会　一九三二　一七九〕

Ⓔ「今日もコロツケ明日もコロツケ」といつて毎日コロツケを食はすといふ歌があるが、毎日同じ物を食はせられるといふやうな單調で變化の無い生活では人間は生理的に嫌惡の情を起すし、行つても行つても砂山ばかりの沙漠の旅では苦痛を感ずるのは、人間が變化を求め刺戟を求めてゐることを證明してゐるのである。〔濱田　一九三七　五一〕

Ⓕそして彼等の政黨が頼む地盤は、主として關東、東北地方の農民大衆であり、明治政府の歐化主義に對し

て、生理的に嫌惡と反感を抱いてゐるところの、最も頑迷固陋なる封建思想の所有者だつた。〔萩原　一九四〇　一一〕

Ⓖ主人は、長椅子に黙つて、腰をかけた。いかにも新聞記者らしい、率直といへば率直だが、そんな人を喰つた態度に、仄かな誇りを感じてゐるといつた風な、職業意識を、たいていの人間なら生理的に嫌つたであらう。〔鷲尾　一九四四　三〕

以上は戦前の使用例であるが、Ⓒは例外として、いずれも説明しがたい嫌悪の感情であり、生物学・生理学に関係なく使用される表現であったことがわかる。これは創作文学もその例にもれない。次に挙げるのは戦後の文学作品における使用例である。

Ⓗ又笑つてゐる、と思うと私は、まるで脳神經へ針でも刺されたように、眉をひきつらせた。あけびのような唇、酒に酔つた蛇を思わす眼、これ見よがしの嬌聲、夜毎淫靡な血を吸つて成長する獣のように、日増しに輝く咽喉の白さ。あゝ蟲酸が走る、と私は彼女の笑いを生理的に嫌惡した。嫌われる身より、嫌う方がはるかにつらい。〔廣池　一九四九　七〇〕

Ⓘしかし目白三平は、珈琲店やレストランなどの灰皿の中に、口紅のついた煙草の喫殻を発見すると、何かむかむかした得体の知れぬ不愉快を覚え、今までそこに腰かけていた婦人を非常にダラシのない人のように感じる。婦人は、たしなみとして白粉を塗り口紅をつける。その婦人に喫煙に賛成しておきながら、喫煙の当然の結果として、煙草の喫口に口紅がつくのが不愉快だなどというのは、一寸おかしな話であるが、理窟はどうであろうと彼は生理的に嫌いなのである。〔中村　一九五四　一八〕

Ⓙ千田は色が白く、細面の下に、ヒゲをたくわえていた。鮭の頭というあだ名を持ち、男にしては妙に赤い

唇を持っていた。そんな商売を永くつづけて来て、酒類は一切たしまず（原文ママ）、「何々なのよ」とか「何々してよ」という風な、女言葉をいつも使った。世津子は、この男が、生理的に嫌いだった。千田の話が出るたびに、不機嫌な顔になるのを、お前も前に何かあったのではないかと、大村にしつこくからかわれたこともあった。
〔永井　一九五五　一八二－一八三〕

Ⓚなるほど、と美巳は、一人合点した。彼女はおそらくあのなよなよと女性的な南部久夫が好きになれないで悩んでいるに違いない。いくらちんくしゃの無器量だって生理的に嫌悪を催すような男性のお嫁さんになりたくないのは当り前だ。
〔平岩　一九六〇　二八〕

Ⓛ国村は首を垂れた。叱られてしょげかえった姿である。利重郎は、そういった恰好を嫌った。男が負け犬みたような恰好をするのが、生理的に嫌いだった。一代で丸宮工業株式会社をきずき上げた、利重郎の不屈の精神が許さなかった。
〔新田　一九六三　一五六〕

次の二例は文学作品ではなく、いずれもビジネスコンサルタントによって一九八〇年代に著されたマニュアル本である。女性の社会進出や「新人類」社員の入社によって価値観の違いに直面した男性に対して、「生理的に嫌われる」対象となることを戒める点で共通しており、「生理的に嫌われる」原因を具体的に挙げているため、長くなるが紹介したい。

Ⓜ加山雄三に似た所長の営業所の成績がすばらしいのはうなずけるのだ。なかでも女性特有の〝あの人はどうも虫が好かない。生理的に嫌いだ〟という感情は、人間関係を決定的に悪化させる。いかにすぐれた、部下思いの所長であっても、いったん生理的に嫌われたら、何を言っても反発されるだけである。では、セールスレディーはどういうときに、所長に対してそのような嫌悪を覚えるのだろう。彼女たちの話を聞

くと、顔や形は大して関係ない。ハンサムに越したことはないが、別にそれにはこだわらない。だとすると何か。男性にとってはほんのくだらない、とるに足らない、ささいなクセやしぐさがきっかけになることが多いようだ。たとえば、○食事中にペチャペチャ、クチャクチャと下品な音をたてる。○人前でも平気でチーンと鼻をかむ○中年ぶとりで、腹のところにもたついたワイシャツをズボンを下げて平気でなおす。恥も外聞もないように。○帳簿や、書類、本などをめくるときに、指にツバをつけてめくる。○彼女たちのおしりを意味もなくさわる。○そばによると油足の臭いがしたり、ワキガがある。○ふけが肩のところにいっぱいついている。こうしたことが積み重ねられると、次第にその所長のやることなすことがすべていやになってくる。命令や叱言に反発するばかりか、ほめ言葉やねぎらいの言葉をかけてやっても、〝あの人に言われると気持ちが悪い〟〝あの人がそばにくるだけで身の毛もよだつ〟ということになってしまう。(中略)全般的に嫌いというのを分析してみると、とにかく清潔というのが何よりも求められているようだ。

〔本井　一九八七　一九六~一九七〕

Ⓝ部下や上司に、生理的に嫌われたらお終いである。誰も「生理的に嫌い」とは言ってくれない。だから、嫌われる側も気づかない。多分に身だしなみの悪さや不潔なイメージが積み重なって「嫌いイメージ」が固まってしまう。一度、貴方もチェックしてみてほしい。もし、貴方の上司が、上の十項目のどれかに気づいても、正面切って言ってはくれないだろう。まして部下は言えない。それでいて陰では「虫が好かない」などと敬遠されてしまう。チェック目標は皆無を目指す(筆者注――以下は欄外の一〇項目)。・爪が伸び、特に小指の爪を伸ばしている・シャツの襟や袖口が汚れている・髪にべったり光るほど油をつけている・いつも肩にフケがたくさんついている・タバコの置き放しや灰で机上が汚れている・背広がキザ過ぎたり不潔なイメージがする・見えるところなのに靴を脱ぎ足を触る・仕事中に平気で大きなあくびをする・人と話しているとすぐ貧乏揺すりをする・人前で鼻をほじったり鼻毛を抜いたりする。

〔水井　一九八七　二〇〕

これらは現在でも日常的に用いられている「生理的に嫌い」の表現とほぼ一致したニュアンスのものであろう。注目すべき点は、Ⓗが性的魅力を振りまく女性の笑い、Ⓘは女性による喫煙、ⒿおよびⓀはフェミニンな男性、Ⓛは叱責に打ちひしがれている男性の姿、ⓂとⓃは清潔感やデリカシーの欠如と、要素はまちまちではあるが理由を明示していながらも、いずれもそれらのために嫌いとはせず、「生理的に嫌い」と総括していることである。つまり嫌悪に値する様々な要素があっても、そのために「嫌い」であるとはせず、その要素によって自分の意思とは別に、つまり「生理的に」、「嫌い」という感情が引き起こされると、ワンクッション置いた表現として用いられていることがうかがえる。

四、「生理的嫌悪感」の実態調査

(1) 生理的嫌悪を生じさせる因子

他者評価としての「生理的に嫌い」という表現は、近代になって「生理」の語が一般化して以降生み出されて定着していった。当初からこの表現の示すところは、自分の意思の及ばない本能的な嫌悪感であった。筆者の関心は、他者への嫌悪を表す際になぜ直接的な理由ではなく、あえて「生理的」の語が附されるのかという点である。この表現がどのように使用されるかを分析するにあたり、筆者が令和三年（二〇二一）から令和五年（二〇二三）にわたって、二か所の学校で学生に課したレポートを参考にしたい。

このレポートは小稿と同じ『「生理的嫌悪感」の正体』と題し、そのような感情を抱く場合や対象について記述してもらうものであった。対象となった学校は二校であり、Ⓐの専門学校においては令和三〜五年度の八八名、Ⓑの四年制大学では令和五年度の五三名の、合計一四一名に対して同じ題目で課した。なお、学生の年齢はいずれも二〇歳前後である。

学生たちには自身の経験を主として記述することを求めたが、知人に話を聞く、SNS上のナラティブを収集して分析を加えるなどした者もあった。また、アンケート形式ではなく自由記述であるため、嫌悪感を覚える対象への描写などにはバラつきが生じたうえ、複数挙げる学生も少なくなかったが、ここではまずそれらを大きく一二種の因子にカテゴライズし、彼ら／彼女らがどのようなもの／ことに対して生理的な嫌悪感を覚えるのかを、報告数の多い順に示していく。*8

① 清潔感の欠如

最も多くみられたものが、対象の容姿の不潔さやだらしなさに対して覚える嫌悪感であった。不潔以外にも「よれよれの服」「脂ぎった髪」「髪や眉が整っていない」「口臭や体臭など臭いがきつい」などの容姿や身体に関するものだけでなく、咀嚼音や箸の持ち方のような食行為の際のだらしなさも同じ文脈で取り上げられている。

表現は学生によってまちまちであったが、これはいわゆる清潔感という語で理解可能であろう。前節で紹介した一九八〇年代のマニュアル本でも清潔感の欠如が生理的に嫌われる対象の代表的なものとして取り上げられている。また、豊田弘司が大学生を対象に行った調査でも、他者から嫌われる特徴として「不潔」が性別を問わず最も多く報告されている〔豊田　一九九九　七三〕。この清潔感には見た目だけでなく臭気も含まれており、ロジンらのいう「中核嫌悪」に通じる嫌悪感であることがわかる。そのためか、全体の三割の学生がこれを挙げており、これは次の②に倍する数字であった。

② 常識や道徳の欠如

次に多く挙げられたのはエチケットやマナーを軽んじる行為に対する嫌悪感である。これにはキャンプ場や観光地で出くわした騒々しいグループや、電車の空き座席に荷物を置く人物といった、実体験に基づく例が挙げられている。エチケットやマナーは必ずしも絶対的な基準を持つものではないため、その感じ方もそれぞれであろうが[*9]、自分の中に一定の規範ラインを設け、それを超える行為に対して生理的な嫌悪感を覚えると自己分析する者が複数いたことは注目できる。

③ 粗野な言動や態度

ここでいう粗野な言動や態度としては、本人に対する者もよりも、第三者、とりわけ接客業のスタッフに対する「タメ口」やカスタマーハラスメント的な言動を目にした際に覚える嫌悪感である。②に包含しうるものともいえようが、より暴力性・権力性を感じさせる言動に対する嫌悪といえる。

④ 性格や価値観の不一致

これも自身の基準や理想像に照らし合わせて、それと合致しない相手に覚える嫌悪感である。対象に落ち度がなく、本人に悪意・敵意を向けていなかったとしても一方的に感じてしまう嫌悪であり、自分の意思の及ばない「生理的な」感情の共感しやすい例であろう。

⑤ パーソナルスペースの侵犯

これは③と④に次ぐ数が挙げられている。「距離」や「距離感」の語で説明されるものだが、多くはコミュニケーションの際、特に初対面の場でのなれなれしい態度や言葉に覚える嫌悪感である。この感情を説明するにあたって「パーソナルスペース」の語[*10]を用いる者が複数おり、この語と概念がそうした嫌悪感の説明を容易にしている。

⑥陰口をたたく

その場にいない第三者に対する悪口を聞くことに対して覚える嫌悪感である。ここでは陰口をたたくこととしているが、換言すれば裏表のある性格を垣間見た際に感じるものであり、前述した豊田弘司の調査では「性格に裏表がある」ことが同性から嫌われる特徴として最も多く報告されている〔豊田　一九九九　七四〕。

⑦外見や声が合わない

特に容姿と声（話し方を含む）に対して覚える嫌悪感であるが、報告した学生によると必ずしも客観的な美醜とは関係ないようである。たとい対象がアイドルであっても、その容姿や声が自分にとって合わなければ嫌悪感を覚えるというのは他の学生とも共通しており、④に包含しうるが、より対象を視聴覚的に観察した結果といえる。

⑧人間以外

本レポートは生理的嫌悪感を覚える対象として、あくまで「他者」つまり人間を想定していたが、虫、血液や毛髪、「蓮コラ」[*11]を目にした際に覚える嫌悪感を取り上げる者もいた。これらは前述した「動物性嫌悪」に該当する。

⑨自己中心的人物

本レポートは二〇歳前後の学生が対象であるため、嫌悪対象として友人や同級生が多く例示されている。「自分の話はするが人の話は聞かない」や「自分の意見を曲げない」、「自慢話が好き」などの自己中心的な言動は、対象に悪意がなくてもこうした場に遭遇する、またそうしたことが回を重ねることによって嫌悪感を抱くようになるという。

⑩ **空気を読まない行動**

落ち込んでいる同級生の面前で楽しそうに話す、セクシュアリティについて軽率な発言をする、といった行為が挙げられた。その場の雰囲気や常識への心配りを欠く行為は、⑨の自己中心的人物と同じように、対象が必ずしも悪意を抱いていなくても嫌悪感を覚えるきっかけとなりうる。

⑪ **自己投影**

他者の中に自身と似通った要素を見出し、そのことに対して言い知れぬ嫌悪感を覚えるというものである。数こそ多くはないが、これはさらに二種に分類できる。ひとつは自分自身の嫌いな要素を対象も同様に持っている場合に覚えるもので、「同族嫌悪」の語が使われていた。いまひとつは競争意識に近いもので、自分にとっての理想像に近い人物や、いわゆるアイドルなどの同じ対象を支持・応援することおよびそのファンを意味する「同担」を嫌悪対象として複数の学生が挙げた。

⑫ **異性**

これは以上に挙げた諸行為を特に異性が行った場合に感じるという報告と、異性そのものに対して生理的嫌悪感を覚えるという報告の両者があった。[*12] 自身と異なる性別の対象の行為、存在そのものに対してそうした嫌悪感を覚えるということについて、「女性の防衛本能」によるものという分析を加える者もいた。本レポートの対象となった学生は女性が数の上で卓越しているが、女性から男性へという方向性が顕著であり、その逆は一例を除いてみられないという特徴を示した項目であった。

以上の一二の因子にはロジンらによる三層の嫌悪感情で説明可能なものも含まれるが、絶対的に観察可能な基準が存在するわけではなく、個人が有する規範ラインを超えるような言動に直面した際に、「生理的に嫌い」という感情を覚えるようであることがわかる。また、学生たちが示した「生理的に嫌い」という感情のなかには、単なる嫌悪だけではなく、対象の言動への怒りと軽蔑が含まれているものもみられた。こうした感情は「他者糾弾感情」と呼ばれ、内在化された社会規範・文化規範からの逸脱（侵害）によって喚起される〔今田　二〇一九　四二〕。自分の中に設定された道徳観、人との距離感などの規範ラインを超える言動に対して覚える「生理的に嫌い」という感情は「他者糾弾感情」のひとつであり、嫌悪にとどまらず怒りや軽蔑といった異なる悪感情を伴いうるのである。このような強い拒絶を伴う感情は心理学的には嫌悪ではなく、むしろ憎悪や軽蔑という別の感情としてカテゴライズされるべきであるのかもしれないが、発話者（小稿では学生）がそうした感情であっても「嫌い」と表現していることは無視できないため、小稿ではすべて嫌悪としてとらえている。

なお、金山富貴子の研究における対人嫌悪原因の因子分析では、次の一〇種が抽出されている〔金山　二〇一〇　七九〕。

① 横暴な言動：人を傷つけるような悪口や嫌味など無神経な言動。
② マナーの欠如：感謝の念の欠如など、最低限の礼儀やマナーを欠く言動。
③ 尊大な態度：知ったかぶりなど、他者への威張った態度。
④ 計算高い自己演出：上の立場からよく思われるような態度。
⑤ 内向的な雰囲気：周囲と馴染もうとしない消極的雰囲気。
⑥ 不愉快な言動：幼稚な考えなど、知性の低さに対する不愉快さ。
⑦ 互いの相違：趣味や価値観の相違。
⑧ 私への否定的態度：自分を嫌っていると感じられる拒否的態度。

⑨　非魅力的外見：外見や服装などが魅力的でないこと。
⑩　ずうずうしさ：人の意向を気にしない関わり方。

本レポートで挙げられた生理的嫌悪を生じさせる因子は以上と重なるものが多く、⑪の自己投影を除いて嫌悪の特徴として際立って違いをみせるものはないといえる。

(2)　生理的嫌悪感を覚える対象

ここまでどのようなもの／ことに対して生理的嫌悪感を覚えるかを列挙したが、次はそうした感情を抱く対象についてみていく。これは大きく二種に分類できる。ひとつは、町中や電車内で見かけたような、まったくの他人に対して覚える嫌悪感である。特に①の「清潔感の欠如」や②の「常識や道徳の欠如」は瞬間的に判断されるもので、その相手と自身との間に何の関係もなく、さらに自身に対して向けられたものでなくても、そうした言動を目の当たりにした際に生じるものである。ただしこの場合はその対象と人間関係を有していないため、嫌悪感もその場限りで継続されるものではない。

もうひとつは、家族や友人など、すでに自身と関係を有している知人に対して覚える嫌悪感である。これは今まで友好的であった対象の言動が気になりはじめ、それが一定の水準に達した段階で「生理的に嫌い／無理」な対象へと変化するというものである。そして、一度こうした経験をすると、「その人がとる行動や態度の全てが気になるようになって」しまうように、二度とその対象を肯定的に評価することができなくなるという報告が多数みられた。前者が瞬間的・短期的なものに対し、後者は遅発的・永続的な生理的嫌悪感であるという差異がみられる。

一方、対象の差と関係なく共通してみられるのは、この嫌悪感を覚えた相手に対する強烈な拒絶の姿勢である。前者の場合、該当する因子を持つ対象に遭遇すると「体が拒否してしまう」や、「見たくない、近づきたくない、受け入れられない、避けたいような感情」、「これ以上知りたいとも思わないし関わりたいとも思わない」といった意見がみられた。後者でも同じように、関係を有していた知人であっても「生理的に嫌い」な対象へ変化することで、「関わりたくない」、「身体的な接触を絶対に避けたい」、「声も聞きたくない、自分の視界にすら入れたくない」、「今でも一生関わりたくないと思う」、「ただ歩いていたり、ご飯を食べていたりするのを見るのさえ嫌だった」といった、強い拒絶の経験が多く報告されている。「生理的に嫌い」と同種の「生理的に無理」という語を用いる例もあったが、対象といかなる関係の構築・継続も不可能というニュアンスのこの表現は、峻拒の姿勢をより強く表しているといえよう。こうした峻拒は前節で挙げた文献からは推し量りがたかったが、この感情に対する分析を行った本レポートではよく表現されており、単なる嫌悪感とは隔たりが存在することを示している。

以上が、筆者が学生たちに課したレポートから取材した、生理的嫌悪感を覚えさせる因子とその対象の傾向である。これらは統計的な裏付けがないものであるため説得力に欠ける点も認めるが、現在の若者たちにとって「生理的に嫌い」という語は今も通用する表現であり、日常生活で経験したことのある感情であることを示すことができた。また、この感情は単なる嫌悪よりもさらに強烈な拒絶を伴うもので、対象とのあらゆる関係性構築に対する峻拒の姿勢が表れている。このような「生理的に嫌い」となる因子は時代によって変化するのか、小稿で示した事例は二一世紀初頭におけるひとつの時代的記録点ともなるだろう。

また、「生理的に嫌い」という感情も、それが引き起こされる要因は一様ではなく、瞬間的に生じるものもあれば、徐々に蓄積されていくものもあった。ただ、小稿で一二種に分類した生理的嫌悪感の因子は、対人嫌悪原因の分析と比較してもそこまでかけ離れたものではなかった。つまり「普通の嫌悪感」とも呼べそうなものであったが、なぜそうした嫌悪感に対して「生理的」という修飾がなされるのであろうか。

五、なぜ「生理的に」嫌うのか

学生たちのレポートをみる限り、生理的嫌悪感を覚えるもの／ことには明確な理由が存在することは明らかである。そのためいずれも「不潔だから嫌い」、「臭いから嫌い」、「態度が悪いから嫌い」、「性格が合わないから嫌い」、「見た目が嫌い」と言い換えることも可能であろうが、そうした明確な理由は後景化して「生理的に嫌い」という表現で代替される。なぜ彼ら／彼女らはそれでも「生理的」の語を冠して嫌悪感を表現するのであろうか。ここではその意味を考えていきたい。

本レポートでは「生理的嫌悪感」の実例を求めたが、その表現を使う意味を分析した者もいた。いずれも興味深い分析であるので、まずはそれらをみていく。

・「生理的に無理」という言葉を一番多く耳にしたのは中学生の時だった。女子の間で生理的に無理である男子の話は何度か話題にあがっていた。本当の意味など分からずとりあえず嫌いだからという、一種の表現方法だったように思える。

・高校生ぐらいの世代の若者たちがちょうど理解できる言葉として「生理的嫌悪」が用いられていること、また多感な時期であることにより他者へ向ける感情が敏感になっていること、発言に責任を感じていないことが原因ではないかと考えた。

・全てを解釈して言葉にするのには、脳で処理しきれないので、まとめ上げて生理的に無理、生理的に嫌だといった言葉になるのであろう。

・特定の人物に対する嫌悪感というものを、それらの事前状況を言語化することができない場合や、あるいはその過程を意図的に省略している場合や、無視または認知していない場合に用いられがちな言葉であるからである。

・その判断した要素が多すぎるためにそれらを瞬時に自分の中で整理をつけて表現できないから、便利な言葉である生理的に嫌いという言葉で表してしまおうとしたのではないだろうか。

・嫉妬による嫌悪感を「生理的に嫌い／無理」という言葉で正当化しようとしているのではないかとも感じた。そして、無意識のうちに嫉妬心をその言葉で隠そうとしているのではないかと考えた。

・「生理的」という言葉は便利なもので、様々な理由から嫌いになっているが、それを表現するのははばかられるために生理的と使うこともある。（中略）自分が悪者にならずに端的に嫌いということを表すことができる。

・心の底から、体の底から、全身から対象への嫌悪感が溢れ出ているのだ。そのくらい嫌だという表現方法で、「生理的に」という言葉が世間では用いられているのではないか。

これらの分析からまずいえることは、若い世代にとって「生理（的）」の語自体は、現在も月経を表す語として一般的に用いられていることもあってか、自身の身体に関するものとしてすでに身近なものであるという点であろう。そして、自身が対象に感じる嫌悪について、その理由を言語化できない、認知できない際に用いるうえで便利な語でもあることがわかる。

「生理的」の語は先述したように「①からだの機能や組織の面に関するさま」と「②理屈ではなく本能的、肉体的であるさま」と説明されるが、特に後者は適用範囲が広いうえに理解できそうで理解しづらい、曖昧でつかみにくいニュアンスを帯びている。そのため、言語化しがたい嫌悪感を示すのには都合のよい語なのである。

この「生理的」の語がもたらす曖昧さに加え、本能的・肉体的な体の働きや反応であるため自分の意思では抗しがたい感情であるとして、自分で自分を他者化することも可能であるゆえ、「清潔感の欠如」、「外見が合わない」など直接的な理由への言及を回避しながら対象への強烈な嫌悪感を示す際に用いる語として便利なことが、この「生理的に嫌い」という表現が使われる所以であるといえる。

また、この表現が広く用いられる背景としては、小稿の冒頭で紹介した「感情の共構成」が参考になる。「感情の共構成」について大平英樹は、平成一八年（二〇〇六）のインドネシアにおける地震の直後に現地で行った調査をもとに、外部からトラウマという概念と言葉を与えられた村では、それによって自らの心身状態を統合して、その内容を集団内他者と共有して彼らの心身状態の凝集性が高まったと述べた〔大平　二〇二〇　一〇〕。この「感情の共構成」に照らし合わせれば、「生理的」という語を獲得することにより、自身が覚えた嫌悪感を、より具体的に見えるかのような形で言語化することで自らの心身状態の統合がなされる。嫌悪感を喚起する因子また規範ラインは個人間で異なるが、「生理的」という一見科学的だがその意味するところは曖昧な語を冠した「生理的に嫌い」という表現は、平易ながらも適用範囲の広い曖昧さを持つため人びとに共有されやすいものだったのだろう。「生理的」という「科学的な言葉のヴァナキュラーな用法」*13により、説明しがたい嫌悪感情は、表面上ではあろうが相互理解可能な感情へと変化するのである。ただし、平易さと裏腹に「生理的」への理解はまちまちであるため、内実は個々人で大きく異なることが小稿で分類したように多様な「生理的に嫌い」な対象を生んでいる。

ルッキズムやエイジズムが云々される世相において、他者の容姿や年齢を理由に嫌うことは不適切だとされている。しかし、私たちはこの嫌悪という感情から逃れることはできない。そこでこの「生理的に嫌い」という語を用いることによって、その感情を自分の意思では抗しがたいものとして自身を他者化し、対象への強烈な嫌悪感を遠慮なく表現することを正当化しているのである。

おわりに

柳田國男は五〇年にわたる豊富な旅の経験をもとに、日本人は泣かなくなったと述べた。これは一九四〇年代のことであり、筆者はその変化を実感することはできないが、「男の子なら泣くな」と言われた経験はある。悲しみにしろ喜びにしろ、人前で泣くことを非とすることや「歯を見せて笑うな」など、感情の抑制を強いるような言説は柳田が世を去ってからも長く存在した。現在では個人の自主性や感性を尊重する傾向もあって、感情を素直に表現することはむしろ肯定的にとらえられるようになってきているが、依然として「嫌悪」や「怒り」といった感情は抑制すべきものとみなされている。例えば、会話の際に誰かに対する嫌悪感を露骨に示せば周囲は眉をひそめるだろうし、その嫌悪感をSNSなどで公表すれば中傷行為としてトラブルに発展するおそれもあろう。こうしたネガティブな感情は、今でも秘すべきものとされているといってよかろう。しかしながら、「嫌悪」も「怒り」も人間の基本感情[*14]であり、どれほど努力をしてもその感情を完全に捨て去ることなど不可能である。

この嫌悪感情は「他者を『けがらわしい』と感じて排斥対象にする場合においては嫌悪は排斥行動をみちびく直接的な原因となり得る」〔今田　二〇二一　七五〕ように、自身と区別された存在をこの感情に基づいて排除、場合によっては攻撃する動機となり得る。対人嫌悪においては理由が明瞭な場合と不明瞭な場合が考えられる。前者は直接の利害関係を持つ、あるいは直接危害を加えられたなど、敵対関係や恨みなど直接的な「する／される」経験に基づくものである。これに対して後者の理由が不明瞭な対人嫌悪は、まさに「何となく」や「生理的に」というような、直接的な「する／される」経験を伴わない相手に対するものである。こうした「生理的に嫌い」のような、対象との直接的な関係を伴わない嫌悪であっても、排斥、さらには差別に拡大する危険性をはらんでいる。「差別すること」をとらえるにあたって、筆者が嫌悪感情に着目した所以がここにあり、理由の不明瞭な嫌悪感情の一表現形態として取り上げたのが「生理的に嫌い」という他者評価言説である。「生理的に嫌い」という言説は、人間が手放すことのできない嫌悪感情を、自身を他者化して正当化しつつ表現するひとつの有効な手段として近代以降連綿と使われ続けてきている。

小稿は「生理的に嫌い」という表現から「差別する」ことに迫ろうとしたものである。嫌悪が、人間にとって捨てられない感情であるなら、それに起因する差別も完全に防ぐことはできないのかもしれない。こうしたパラドックスに対しては、堀田義太郎の次の言葉が背中を押してくれるだろう。

> 私たちは自由に行動したり考えたりしているように見えて、実はそのふるまいや思考や感情の流れを規定するある種のテンプレートのなかで生きています。（中略）しかし、だからといって居直っていいわけではなく、自分がどういうテンプレートのなかで生きているのかということを自覚・反省して、問題があるならそれを変えていく、あるいは変えていこうとする必要がある――月並みですが、私はそれが学問や研究をする意義の一つであり、そのための素材を提供するのが研究者の役割であろうと思っています。
>
> 〔西倉・堀田　二〇二一　一六～一七〕

手放すことのできない嫌悪感情が、自分自身では何によって引き起こされるのか。嫌悪感情は自身の持つ価値観や規範ラインが大きく反映されている。この感情が生じる原因を「生理的」の語に託さず、なぜ嫌悪の感情を覚えるのかを見つめるステップが差別に至らないための足止め効果を持つのであろう。

最後に、小稿では嫌悪感情の心理学における研究成果に大きく依拠しているが、嫌悪を引き起こす道徳逸脱の分析において、ケガレへの言及がみられた〔北村　二〇二一、松尾・田中　二〇二二〕。筆者は民俗学が差別を論じるにあたってケガレ概念を安易に用いるべきでないと主張してきたが〔今野　二〇二三　一九六〕、心理学における嫌悪研究にケガレの有効性が議論されているのは興味深い。民俗学ではすでに過去の研究対象の観があるケガレであるが、嫌悪と差別を検討するうえでは、それに対する分析が今後も必要なのかもしれない。

○注

＊1　ここでいう日常的とは、差別すること／差別されることが日常的になったというよりは、差別の語そのものが様々な場面で用いられるようになったことを指す。

＊2　部落差別やハンセン病差別のように、国家のような上部機関がその加害者として告発の対象となる場合があるが、それはそうした機関が「差別する側」ではなく、「差別する側」を生み出す下地を拵えてその構造を放置したことが問われる。

＊3　大平は複数の個人による相互作用の結果、感情経験が共有されていく現象を「感情の共構成」と呼んでいる〔大平二〇二〇〕。

＊4　ロジンの研究については今田純雄による整理〔今田　二〇一九〕を参考にした。

＊5　吐き気を催すような感情が近い。

＊6　明治一九年（一八八六）の「東京人類学会規則」では東京人類学会の目的として「本会ノ目的ハ人類ノ解剖、生理、発育、遺伝、変遷、開化ヲ研究シテ人類ニ関スル自然ノ理ヲ明ニスルニ在リ」とあり、人体の機能としての「生理」は近代に入って一般化していたとみてよい。

＊7　同書は国立国会図書館のデジタルアーカイブにて閲覧が可能な資料の中で最も古いものであるため、これが本邦における「生理的に嫌い」という表現の初出とはいいきれない。

＊8　一二のカテゴリーはあくまで筆者が整理のために設けたものであり、絶対的なものではない。また、学生には複数のカテゴリーにあたる例を挙げる者や、実例は挙げず生理的嫌悪感の分析やウェブサイトの引用を記述する者もおり、各カテゴリーの獲得数と学生の総数とは一致しないため小稿では詳細な実数は示していない。

＊9　道徳判断の基準は個人内のものにとどまらず、集団で共有される側面もある〔松尾・田中　二〇二一　一五〕。

＊10　パーソナルスペースの語自体は一九三〇年代に用いられたが、その概念を整理したのは文化人類学者のエドワード・ホールである〔渋谷　一九八五〕。

＊11　ハチの巣やハスの花托のような、穴が集合している対象に感じる不快感（トライポフォビア）の一形態である。トライポフォビアについては〔佐々木・山田　二〇一八〕を参考にした。

＊12　レポートを課した二か所の学校ではいずれも名簿で学生の性別を明らかにしていないため、ここでいう異性は学生の性自認に対する異性である。

＊13　本研究の報告時における及川祥平による表現。

＊14　心理学者のポール・エクマンは、「怒り」「嫌悪」「恐怖」「喜び」「悲しみ」「驚き」の六項目が人間の持つ基本感情とし、それに対応する表情を示した〔ローゼンワイン・クリスティアーニ　二〇二一〕。

○参考文献

赤沼信東　一九〇九『半生の僕』赤沼孝四郎
有川董重編　一九七六『翁問答 保辰琉聘録 琉球奇譚 神道記』沖縄郷土文化研究会南島文化資料研究室
伊藤敏　二〇二四「『民間伝承』とは何か――感情の心理学的構成主義による『民間伝承』の再解釈」『日本民俗学』三一七号

稲垣智恵　二〇一一「近代日中における接尾辞『的』の受容」『東アジア文化交渉研究』第三号
今田純雄　二〇一九「嫌悪感情の機能と役割――Paul Rozinの研究を中心に」『エモーション・スタディーズ』第四巻Si号
今田純雄　二〇二一「嫌悪と排斥――特集『社会的共生と排斥行動：嫌悪関連感情と排斥の心理的プロセス』に掲載された六論文へのコメント」『エモーション・スタディーズ』第七巻第一号
内田昇三　一九三一『岩波講座 生物學〔特殊問題〕』岩波書店
大平英樹　二〇二〇「文化と歴史における感情の共構成」『エモーション・スタディーズ』第五巻第一号
金山富貴子　二〇一〇「他者への嫌悪傾向と自己の嫌悪的言動傾向との関連」『立正大学心理学研究所紀要』第八号
岸田劉生　一九三〇『圖畫教育論』改造社
北村英哉　二〇二一「穢れと社会的排斥――感染忌避と宗教心の観点から」『エモーション・スタディーズ』第七巻第一号
今野大輔　二〇二三「ケガレ」及川祥平・川松あかり・辻本侑生編『生きづらさの民俗学』明石書店
佐伯有義　一九三〇『六國史 巻七(文徳實錄)』朝日新聞社
佐々木恭志郎・山田祐樹　二〇一八「トライポフォビア――過去から未来へ」『認知科学』第二五巻第一号
渋谷昌三　一九八五「パーソナル・スペースの形態に関する一考察」『山梨医科大学紀要』第二巻
大日本聯合婦人会編　一九三二『學童の家庭教育』三省堂
田中ひかる　二〇一九『生理用品の社会史』ＫＡＤＯＫＡＷＡ
鶴見和子　一九九三『漂泊と定住と』ちくま学芸文庫
豊田弘司　一九九九「大学生における嫌われる特徴の分析」『奈良教育大学教育研究所紀要』第三五巻
永井龍男　一九五五『女の靴』鱒書房
中村武志　一九五四『沢庵のしっぽ』四季社
二木謙三　一九一一「脳を害せざる勉學法」『実業之日本』第一四巻第二号

西倉実季・堀田義太郎　二〇二一「外見に基づく差別とは何か――『ルッキズム』概念の再検討」『現代思想』第四九巻第一三号
新田次郎　一九六三『道化師の森』講談社
萩原朔太郎　一九四〇『阿帯』河出書房
ハーツ、レイチェル　二〇一二『あなたはなぜ「嫌悪感」をいだくのか』（安納令奈訳・綾部早穂監修）原書房
濱田増治　一九三七『商業美術講座 第二巻基礎篇』アトリエ社
平岩弓枝　一九六〇『美女誕生』角川書店
廣池秋子　一九四九「萬華鏡」『文藝首都』第一七巻第七号　新太陽社
松尾朗子・田中友理　二〇二一「道徳判断と嫌悪感情――神性・清浄基盤に着目して」『エモーション・スタディーズ』第七巻第一号
水井正明　一九八七『部下をイキイキさせる法』にっかん書房
本井一夫　一九八七『女性セールス活用法』同文舘出版
柳田國男　一九九八「国語史　新語篇」『柳田國男全集　第九巻』筑摩書房
ローゼンワイン、バーバラ・クリスティアーニ、リッカルド　二〇二一『感情史とは何か』（伊東剛史・森田直子・小田原琳・舘葉月訳）岩波書店
鷲尾雨工　一九四四『滿洲建國の人々』潮文閣

第二章

ニオイの行方

皮革産業を取り巻く言説

岡田　伊代

はじめに

ニオイの捉えられ方や、それによって引き起こされる社会的な反応に関する研究は、人文科学の分野では歴史学、社会学、文化人類学や民俗学などによって蓄積されてきた。近年、歴史とニオイの関係は一層注目されつつある。[*1]民俗学においては、香りの研究として、年中行事や民間信仰における「香り」の利用について各地の事例の蓄積があり、体臭などへも研究がなされてきた。[*2]

ありとあらゆるものに存在している数限りないニオイのうち、「悪臭」の烙印を押されたニオイは貧困と関連づけられ、貧困を蔑視する差別へと結びつき、ニオイに関わる人々を意味づけてきた。一九五〇年代以降、ニオイは高度経済成長期の中で公害に含まれるようになった。悪臭防止法の制定のきっかけになった工場のうちの一つが化製場である。皮鞣《かわなめ》しを行う製革業や油脂の加工を行う業種などもこれに含まれ、被差別部落によって営まれてきた歴史的背景を持っている。筆者が調査地としている東京都墨田区の製革業や油脂業を営む地域では、ニオイへの苦情が増加することによって工場の操業が困難になると意識されており、悪臭が公害と指定されて以降は、仕事にまつわるニオイを脱臭する一方で、ニオイに対する認識の在り方が検討されてきた。いわば、ニオイを焦点に、産業従事者と周辺住民との関係性が模索されてきたのである。

本論では、東京都墨田区の製革業を事例として、近代以降、主に一九五〇年以降の公害化の経緯と周辺地域からの受け止められ方を各種調査報告書・新聞記事から整理し、当事者のニオイの体験を聞き取り調査と地域内に存立していた小学校の児童文集の作文から確認する。都市近郊の製革業においてニオイはどのように認識され、その言説はどのように作られてきたのか、ニオイは差別する理由としてどのように使用されてきたのかを明らかにしたい。

なお、民俗学では調査内容の実証性の担保のため地域名や個人名が大変重要な要素であるが、産業や地域を取り巻く差別問題をふまえて表記を控えることをご了承いただきたい。地域名はA地区とし、地域名が含まれる書籍の出典についても明示を控える。

一、先行研究の検討

(1)ニオイの価値づけ

本節では、ニオイに関する先行研究を確認し、ニオイが歴史的、文化的にどのように取り扱われてきたかを確認する。なお、ニオイには「匂い」と「臭い」の漢字表記があり、前者は良い香りに、後者は不快なくさみについて使用されているが、本文中ではこの言葉自体の評価を伴わぬよう、引用文以外では「ニオイ」と表記する。

まず、先行研究からニオイがどのように価値づけられてきたのかを確認する。

ニオイの代表的研究としては、フランスの社会史研究者であるアラン・コルバンの『においの歴史――嗅覚と社会的想像力』(原題『瘴気と黄水仙――嗅覚と社会的想像力』)がある。コルバンによれば、一八世紀までのニオイの研究は体質や職業、食生活とニオイの相関性に着目するものであったが、一九世紀以降においては、病気を引き起こす「社会にたちこめる臭気」と貧民のニオイとが関連づけて考えられるようになり、そこで「悪臭」というものが発見されたという。ブルジョワジーたちは疫病対策のために公衆衛生学を重視することで、貧民窟や売春婦とニオイとを結びつけて「悪臭」と称し、忌避感を高めていった。やがて、勤労階級のニオイをも悪臭とすることで、ブルジョワジーは自らを正当化していった。社会的な認識が変わることで、医学的な言説も変わり、伝染病の発生源は悪臭のある人や場所と結びつけられた。また、悪臭があることは性格にも影響しているとされ、臭いがしない労働者が望ましい労働者像として登場した。清潔であればよく働く、よく働く者は臭くない、家庭をよく切り盛りし責任を自覚してよい労働者となる、という理論を生み出したとする。やがてこの言説や認識は庶民層にも浸透し、やがて下等人民・下等社会なる空間を作り出した。ニオイという衛生価値で地域や人を軽蔑するようになり、公衆衛生学によって悪臭追放が目指されると、自己と他者の放つニオイの差異に人々は敏感になっていったという〔コルバン　一九九〇　一八七～二一三〕。

では、日本ではどのようにニオイの言説は変遷したか。民俗学においては、ニオイや清潔がケガレ観の成立に関係することが指摘されてきた。新谷尚紀の「歴史と民俗にみる『禊ぎ・祓へ・清め』」によれば、奈良時代から死や血との接触を避けようとする触穢思想が起こったことで、「清潔であること」は信仰的な意味合いから重視されるようになった。汚れは健康な生命活動のためには洗い流す必要のあるものとされたため、神事や政治に関わるものは、禊や祓といった行為によって心身を清める儀礼が発生したと新谷は指摘している。汚れは「穢れ」と同一視されるようになり、聖的な空間などにも清潔さが求められることとなった〔新谷　二〇二一　一六五〕。

岩本通弥の「装い――穢れと清潔」によると、清潔や衛生をめぐるあり様は、洗濯や入浴、台所や井戸などの水回りにまつわる風習や空間に近代衛生観が導入されることで変化してきたとする。日本における日常的な洗濯は目視できる汚れを落とすことが重要視されており、衣類のニオイ対策は汗臭いニオイの除去程度の内容にとどまっていた。しかし、近代以降、西洋的衛生観の導入によって、身体的な汚れと精神的な汚れとが同一視されたことで、国家は下級階層などの周辺的存在に対し「不潔なために悪徳に染まった人々」という差異を創造した。トラホームや眼病などの罹患者数を減少させようとしたり、日本人を清潔な民族であると位置づけたりすることで、近代的な国民像が創り上げられ、ニオイを含む不潔さは貧困・不衛生・怠惰・反体制性などとの相関性が見出されていくこととなったと説明する〔岩本　二〇〇三　六五～九九〕。

近代以降の日本における悪臭の発見や、ニオイと差別との歴史的な関係性については吉村智博による議論が詳しい。都市では公衆衛生が法律や警察によって取り締まられたことで、「臭気」に対するまなざしをより強化したという。

日本の下層社会に属するスラムや、被差別部落の中でも多様な人々によって構成される都市部の部落では、種々のレッテルの中にニオイも含まれた。「得体の知れない未知な空間とそこに住まう人々」というイメージは、嫌悪感がまとわりついたニオイによって構成されたと吉村は述べる。これらの地域は、一般労働者や通勤圏に居住する人々と空間的な断絶があり、ニオイはルポルタージュなどを通して、様々な予見と偏見を脚色する一要素となったという〔吉村　二〇二二　二七〜三三〕。

　三橋修も『明治のセクシュアリティ』において近代日本における部落差別の一つの指標が「悪臭」、とりわけ皮革業に対するそれにあることを指摘している。江戸時代においては町中が雑多なニオイで満ちており、厳密な評価が行われることは少なかった。しかし、明治五年（一八七二）には、東京府から出された布告に初めて「臭気」という単語が登場し、牧畜を人家から離れた場所で行うよう指摘がなされ、明治六年（一八七三）には牧畜を市街地から完全に移転させた。この際に臭気を布石として、「市中獣皮曬製業者《しちゅうじゅうひじゅうせいぎょうしゃ》を市街地へ移転」するように布告を通達した。その理由は「悪臭甚ダシク人身之健康ヲ害」すると言い、伝染病予防との関係性が絶たれて悪臭のみが移転を指導する理由になったと三橋は指摘している。明治一〇年（一八七七）のコレラ流行の際、貧困者の集住地域における罹患率の高さが公衆衛生的な観点から注目されることとなり、「不潔」という言葉が登場した。その後の都市部においては、農産物の生産から隔離されていることもあり、肥取りなどの仕事を担っていた都市部落は警察から臭気を出さぬよう、厳しく指導されるようになった。加えて、いくつかの地域で行われていた製革業も同様に衆目を集めた。動物の肉や骨、皮の加工で使用する薬品によって発生するニオイは「悪臭」としてメディアにより書き立てられ、行政からも、改善を必要とする地域として見做された。都市化するためには公衆衛生を完遂する必要があると認識され、そのような行政の認識は、ジャーナリズムによっても流布された〔三橋　一九九九　一一八〜一七二〕。

　このように、悪臭は近代に発見されると、貧困問題と結びつき、精神性をも説くキーワードと化した。この過程において、皮革産業も製造工程におけるニオイが悪臭言説と結びつけられたことで差別は強化された。当初は西洋の理論に則った疫病対策としての臭気忌避であった言説は、そのうちに「悪臭」だけが独り歩きをはじめたことで、ニオイによって特定の仕事やそれに従事する人たちを排除できるようになっていったと言えよう。

（2）言い換えられる差別理由

「悪臭」とされたニオイを理由として排除される前からも、様々な理由によって一定の人や地域が排除されるという出来事は発生してきた。理由の如何を問わず、排除される状況を覆すことの難しさは、差別の構造によるものであることが指摘されている。

文化人類学において、関根康正はケガレ論を援用しながら、差別が三者関係の中で起きていると指摘している。固定された排除は、自己と他者の二者間で完結することがなく、差別者・共犯者・被差別者という三者間によって引き起こされる。社会の中で固定化された不浄は、当事者が自力交渉することのできない状況も引き起こす。差別者と共犯者とによって排除された被差別者は、社会の外の存在として認識されるため、永久的ケガレである不浄をまとう者として成立させられていくという〔関根　二〇〇七　一七五～一八〇〕。

また、排除の理由が語られる場面については、特定の施設建設への反対運動の動機である「必要性を認めても、自分の家の近くには建ててほしくない」というＮＩＭＢＹ（Not In My Back Yard の略、以下ニンビーと表記する）をめぐる議論がある。トム・ギルは、表面的な反対理由は敷地選択の過程、事業そのものへの批判、施設への嫌な予感、施設そのものの問題などであっても、実際には施設利用者や施設関係者への偏見が隠されており、直接的に言いたくない理由を違う理由で言い換えていることを指摘している。構造的に、社会には中心と周辺があり、その間に大きなグレーゾーンがあるということを認識する厄介さを避けようとする意識そのものが、この現象の起きる理由であると述べる。特定の人間や社会を汚名化する原因をつくっているのは「社会」ではなく、個人の評価の集合体であるので、個人の行動とそれを取り巻く構造には相互関係があると指摘している〔ギル　二〇〇七　二一～三二〕。

先述のとおり、近代以降、下層社会の生活環境の劣悪さが注目され、それが被差別部落の差別理由の一つであるとされてきたが、環境が改善されて差別が軽減されることはあっても根絶に至らない理由について、民俗学者の宮本袈裟雄は「筋」の観念や理論が出自の差別を存続させていることを指摘した。日本の共同体においては憑き物筋や、病気の罹患原因を家系によるものと認識したり、作物の系統にも「筋」が求められたりしてきた。「こうした筋の観念が差別を存続させてきた要因の一つであり、筋と善悪の価値判断を切り離し、筋に代わる価値基準を普遍的なものとすることが出来るか否かという点も、差別の解消にとっては重要なことではなかろうか」と指摘している〔宮本袈裟雄　二〇一〇　一五八～一五九〕。また差別をめぐる関係性については、差別をさせる人、する人、される人という三者関係を指摘した〔宮本　二〇一〇　一五八～一五九〕。

筋と差別に着目した研究では、社会学の阿久澤麻理子によるものが新しい。阿久澤は差別する人々の語る差別理由は一種のレイシズムに位置づけることができると指摘した。差別する側が「被差別部落にルーツのあるものは生まれながらにちがいがある」という考えを手放さないために身辺調査を行っていることについて、「生まれながら」という考えは何らかの差異が世系によって引き継がれているという考え方に基づいており、血筋の違いを意識され、親から子へ引き継がれるものであると考えられている限り、それは一種の人種差別であるとしているが、他方、時代に併せて差別を行う理由は変化してきたと分析する。反差別運動やそれに伴う行政・国家単位で行われてきた積極的な格差の是正であるアファーマティブアクションによって、被差別者たちは嫉妬の対象とされ、やがて対応自体が逆差別の汚名をかぶることになった。「逆差別」はそのうちに優遇されているという「特権批判」へと姿を変え、特別措置の有無の実態とは無関係に、差別撤廃を求めることそのものが特権獲得行動として捉えられるようになった。差別理由の転向は反差別や人権擁護の進展とともに差別の変容が起きるが、その理由を替えて差別を行うのは差別する側であると阿久澤は指摘している〔阿久澤　二〇二三　二〇四～二一五〕。

このように、差別や排除は差別者・被差別者の二者間ではなく、三者間によって行われるという構造のために、理由に関係なくその状況を覆すことは難しく、排除は恒常化している。その理由としては公衆衛生などの社会問題が表向きに語られる一方で、本質の部分には排除対象の人々に関わる理由が隠されている。民俗社会においては筋といった血脈に対する考え方が用いられてきたと指摘され、同様に社会学においても生まれながらの出自や血を重んじた排除理由はレイシズムに類似するし、その差別理由もまた時代によって変わりゆく過程が示された。つまり、「差別する理由」は、差別する側の都合に合わせて言い換えられていると言えよう。

(3) 製革業とニオイ

では差別理由の一つとして用いられるニオイは、その後どのように認識されてきたのか。ニオイは戦後、全国的な公害問題への関心の高まりの中で是正の対象となった。環境省によれば、昭和四二年(一九六七)に制定された公害対策基本法(現在は環境基本法)において、悪臭は典型公害の一つに挙げられ[*3]、昭和四六年(一九七一)の悪臭防止法の制定から国による規制が開始された。悪臭防止法における典型的な悪臭原因は、①養豚場や養鶏場などの平屋で気体の排出施設を持たないもの、②石油精製工場などのように煙突など特定の気体排出施設などから悪臭原因物が排出されるもの、③化製場などのように悪臭原因物が事業場から排出される廃水に含まれているものが挙げられ、この三種類についての規制基準を設けている〔日本環境衛生センター　一九九六　二〕。

東京都公害研究所大気部の石黒辰吉は、東京都では昭和四四年(一九六九)から悪臭や有毒ガスに関する苦情が急増したと述べている。その多くは塗装、化学薬品工場、家畜、食品、下水関係であった。化製場については、件数は少ないが一工場当たりの被害の程度が大きく、ニオイへの嫌悪性も高い一方で、根本的に解消するためには長い時間を要し対策も大掛かりになることが見込まれる中で、各種対策が講じられていたと回顧している〔石黒　一九七三　三一九〜三二〇〕。

公害の面から、戦後改めて問題視された製革業をはじめとする化製場のニオイは、やがて「是正されるべき被差別部落の環境問題」として認識された。

桜井厚は「差別と環境の複合的問題」においてその経緯を整理している。差別によってインフラ整備が遅れた被差別部落では、一九六〇年代以降の解放運動による環境改善要求によって地域の道路などの改善が行われてきた。各種地域の産業も改善の対象になったが、製革業はその改善が難しく、煤煙、振動、臭気などの公害を伴いながら地域の基幹産業として担われたことで、受苦と受益が表裏一体となってきたことを指摘している〔桜井　二〇〇三a　一九～四二〕。また、解放運動によって就労状況の安定化を目指したところ、行政や大企業への就職が望ましいものとなり、地域の基幹産業からの離脱が目標になった。これにより、経済基盤としての役割が軽減したことで、地域の生活に根差していたはずの部落産業の施設は「迷惑施設」として認識されるようになった可能性があると指摘している〔桜井　二〇〇三b　三二〕。地域を支えてきたはずの基幹産業には部落産業としての側面が色濃く残り、「被差別の表象」、つまり差別の目印になったことで「迷惑施設」化が発生したといえる。部落外からは公害問題を意識した「環境問題の言説」によって、地域内からは部落産業を忌避する自己疎外によって、こうした現象は発生した。就労の安定を目指した「社会的公正」は、現在は地域の脱地場産業化ではなく、産業自体の社会認識の変革・上昇を目指しており、産業そのものの就労価値を引き上げることに移り変わっている〔桜井　二〇〇三a　一～一八〕。

民俗学的視点からは、阿南透が岩手県宮古市の都市化に伴うニオイへの意識の変化について、漁港の化製場を事例の一つとして分析している。生活の都市化によって、人とニオイとの距離が遠退いた影響により、地域の主たる産業である水産加工業をニオイの発生源として捉え直させた。その結果、工場は「ケガレ」化を起こし迷惑施設化したという。背景には昭和四〇年代以降、ごみ処理、し尿処理、残飯や生ごみなどの最終処理が行政や専門業者、つまりプロに委託されたことによって生活の中に悪臭が発見されたことや、地域清掃が強制されたり、市民同士で掃除の出来栄えを採点するなどの行政指導によって、住民の間に清潔さに対する相互監視の構造が生まれたことがあると阿南は分析する。このような意識の変化によって、ケガレの範囲が拡大したという〔阿南　二〇一一　一五三

〜一五四〕。これは明治時代に都市において悪臭が発見されていった過程とも重なるようである。

　製革業がどのように眼差されてきたのかに話を戻すと、小倉慈司によって奈良時代からその変化が起きたことが指摘されている。本来、牛馬を屠畜したり皮を剥いで加工すること自体に対する賤視は存在していなかった。これまで皮革生産が賤視されてきた理由の一つには生産に伴う悪臭の問題が指摘されてきたが、小倉は当時すべての皮革生産が卑賤視されたわけではなく、牛馬に関わるものに限定されてきたことを考えると、腐敗臭や生産に伴う水質汚染だけでは説明しきれないとしている〔小倉　二〇二〇　七〜九〕。小倉によれば、八世紀から九世紀にかけて、動物資源の有効活用の点から屠畜を禁じて弊牛馬の利用が推奨されたことで、死体損壊への忌避と皮革生産のための皮剥ぎに対する嫌悪感が強まった。賤視観が生み出されたのは、これに加えて当初は金銭授受によって得られていた牛馬の死体が無料で引き渡されるようになった時期と重なるという。また、朝廷内に立地していた工房の問題から、作業の全てが生産者に委ねられたことで、職人たちが利便性の高い河原周辺に移住し、その後に皮革生産にかかわる身分が、より下層へと移行した可能性も考えられるとしている〔小倉　二〇二〇　一三〜一四〕。このように、もとは一体化していた生き物の解体と製革業は時代を下ると分化し、産業を取り巻く事情もそれぞれ異なっていった。

　桜井厚は「移動経験と被差別アイデンティティの変容――都市皮革業者の生活史」において、本論と同じ地域を対象とした調査から、東京の製革業をはじめとした皮革産業を事例に、その差別理由の分析を行っている。東京都では「皮革産業は部落だ」という図式が成立しているという意識のある当事者がいたり、被差別カテゴリーが皮革産業やその関連企業に従事するという職業によって象徴される傾向があったりするという。そして、他者からの差別的なまなざしを受けていたのは、皮革産業を地場産業とした地域であったからと分析した。つまり、差別の理由は、地域や系譜という門地から職業へと、言い換えれば属性的なものから選択的なものへと移り変わり、被差別部落に加えて皮革産業を営んでいるから差別対象になるのではなく、皮革産業は差別対象であるという職業そのものへの差別感・忌避感が強くなったとしている〔桜井　二〇〇六　一三六～一五八〕。

（4）問題の所在

先行研究においては以下のことが確認できた。まず、日本において、汚れは穢れと同一視されて排除すべきものとして奈良時代から意識されていた。世界的にも悪臭と貧困や病理が強く結びついた近代においては、それを公衆衛生と関連させることで、改善する必要のあるもの、また社会から疎外されるべき存在として認識されるようになっていった。それは日本においても同様であり、国家もメディアもニオイを含む汚れについて記述することで大衆の意識を方向づけたし、清潔さは個人や集団の性質の認識にまで影響を及ぼし、都市下層社会への差別的な意識と結びつくこととなった。それは被差別部落についても同様であった。戦後の部落解放運動とそれに伴う国の同和対策行政においては、地域の環境改善が求められることとなり、インフラ整備とともに製革業や油脂業といった地域に根付いた仕事についても改善が試みられることになった。一方で、差別する理由は、排除をする人々によって時節にあわせて変化させられ、言い換えられていくことが確認できたことになる。特に製革業にまつわる悪臭言説についても、時代や状況によって立ち現れるものであり、奈良時代には悪臭とは異なる理由で賤視が始まった可能性が指摘されてきた。部落差別における差別理論は「筋」をはじめとするルーツに差異を見つけようとし、生まれながらの差異を探そうとしていることにレイシズムとしての性格が指摘されてきた。

差別する理由は、差別者が自由に組み替えることができるもので、解放運動の中では被差別者も一体となって差別視される理由を除去しようとした。それは差別によって遅れた環境を改善し、住みやすい環境を獲得することを達成させてきたが、同時に差別する理由を強化することにつながった可能性がある。今では被差別部落との関係性ではなく、皮革産業との関係性に差別理由が見出されていると指摘されている。

戦後、高度経済成長期の過程において、製革工場や屠畜場などが公害を発生させる施設として全国的に排除されようとしたり、運営方法が問題視されたりしている。東京都も例外ではなく、限られた場所にのみ操業許可の下りる化製場関係の仕事は、存立条件のために必然的に過集中し、行政の紹介もあって新規事業者が増えるなどの状況下において汚水、ニオイが公害となっていく。明治時代から第二次世界大戦戦時中までの皮革産業の「強制移動」についての論考は複数あるものの、戦後の動向については同和問題の視点を重視するか、公害問題の視点を重視するかに大分でき、当時の状況を正確には把握しかねる。しかし、当地での生活を探るためには戦後に改めて皮製革業を排除する理由が再編成されていく過程を検討する必要があると考える。次節では、業界史、地域史、調査報告書、インタビュー記事、新聞、児童文集、聞き取り調査をもとに、今もなお地域住民にとっての心配ごとであるニオイが、どのように周辺地域や本人たちにとって埋め込まれてきたのか、戦後の地域とニオイとの結びつきが再構成されていく過程を明らかにしたい。

二、調査地におけるニオイの問題化

(1) 調査地の概要

本節では皮革産業の中でも明治時代から製革業を基盤に発展した東京都墨田区において、ニオイが問題化していく歴史的経緯を、これが公害とされる戦後を中心におさえる。その際、『皮革産業沿革史』、地域史、東京都による各種調査報告書を主な資料としたい。

調査地であるA地区は東京都の東部にある墨田区の中でも北東に位置している。東を荒川放水路、南を旧中川に挟まれた地域である。西側の大通りもかつては堀であり、水によって区切られた三角形の形をした一地域である。用地指定では地域の大半が区内唯一の工業地域（第一種工業地域）に分類されている。[*4]

A地区になめし革の製造が始められたのは、明治二五年（一八九二）に警視庁から布告された「魚獣化製場取締規則」が契機であった。これにより、東京府下の市街地で営まれていた「魚獣ヲ原料ト為シ、油、脂肪、膠、鞣、肥料其他工業材料ヲ製造スル場所」であった魚獣化製場に類する工場や作業場がA地区へと移転してきた。化製場には製革業の工場も分類されており、移転の要請に従い東京府東部、現在の東京都台東区浅草近辺の工場や職人たちは、A地区や他の地域へと分散した。A地区では先行して人工肥料工場などが操業していたが、基本的には農村であった（東京部落解放研究会　一九九四　三三～四六）。当時は軍用の牛革を主に製造していたが、戦後は戦時中に統制下で産業に従事していなかった者や新規事業者などを中心に、豚革（ピッグスキン）を製造する工場が増加した。現在では、牛、羊、山羊、爬虫類など種々の革を生産する工場が並立している。地域内には製革業の他に原料である原皮を扱う問屋とその貯蔵倉庫や、製革業の部分的な仕事を請け負う工場、皮革の仕上げ加工を担う工場、皮から取れる油脂を石鹸や食品に加工する工場、魚や家畜の骨や腸を加工して飼料などを造る工場がある。

　現在、主な生産品である豚革は、生産量比率をみるとA地区を含む東京地区が全体の九四％を占めている。『令和三年経済センサス』によれば、墨田区にはなめし革製造業に分類される事業所は令和三年（二〇二一）時点で三四社あり[*5]、『令和五年度製革業実態調査報告書』では東京地区全体で事業所が二九社あり、そのうち約半数が豚革の製造を行っている（日本皮革産業連合会、日本タンナーズ協会編　二〇二三　一〇一～一〇二）。地域はまさしく革と油脂の製造で成立した歴史を持つ。戦前に九一社あった製革工場は戦時中の統制によって整理されたが、昭和二五年（一九五〇）には五〇社程度まで回復した（墨田区商工対策室すみだ中小企業センター　一九八八）。その後、疎開者や戦地からの引き揚げ、戦後の新規参入者により、昭和五二年（一九七七）には皮革関連産業を含む二一三社の地域内の工場が確認できるなど、高度経済成長期に工場が激増した[*6]。しかし、昭和五〇年代から高齢化と経営状況の悪化や、公害対策の装置の設置費などの負担によって工場の廃業が増えた。空き地となった工場跡地は宅地として利用され、新しい住民から工場に対する苦情が寄せられるなどの問題が発生し、この三〇年ほど地域の課題となっている〔岡田　二〇二〇〕。

（２）公害化していくニオイ

Ａ地区は、昭和三〇年代以降長期にわたって、都内でも有数の悪臭が発生する工場のある地域として注目を浴びた。その議論の中心は後発的に近隣地域から転入してきた魚腸骨処理工場であるが、この工場の発生させる悪臭は周辺の人々からは製革業に基づくものであると誤解されることが多々見受けられた。ここでは、公害化したニオイにどのような言説が発生したのかを、文献調査及び聞き取り調査の内容から提示する。先行研究には戦後のＡ地区における公害問題と同和問題の両面から議論するものが少ないため、地域における言説を歴史的背景とともに捉えるべく、これらの調査報告書と、Ａ地区での資料調査及び聞き取り調査内容の両方から確認を進める。

先述の通り、製革業のニオイの公害化は戦前からはじまっていた。明治時代に市街地から移転を命ぜられていた製革に関する工場は、大正一五年（一九二六）に関東大震災による都市計画に併せて、市街地建築法によって乙種工業に指定され、東京湾の埋め立て地にある乙種工業指定地域への移転案が行政から提示された。[*7] これに対してＡ地区を含む都内の製革工場は反対意見を陳情しており、その要件の中には公害発生源としての認識による行政指導を否定する内容が含まれている。昭和九年（一九三四）一月に提出されたその陳情書を要約すると、移転指定地区が①用水確保に不良がある、②沿岸部という自然環境が製品製造に適していない、③立地が悪い、④移転先に予定されている地域住民は移転を望んでいないなどの理由から不適切であるので、現在立地している地域を乙種特別区に指定し、移転しないことを希望している。それに加えて、Ａ地区での操業を継続することの利点には、①用水確保が安定している、②位置が最適、③運搬交通の便利がよい、④立地条件として周辺を堀や川で区切られていて自然と一般住宅とも距離をとることができているので適切、⑤軍需産業である国産の製革業は保護をする必要が考えられるが移転は産業継続に大きな問題を持っているとして、移転の命令は法律上適切ではないなどの陳情書と、臭気発生の理由をもって特別地区規則に加入するのは妥当ではないという意見書も提出されている。また、化製場には様々な業種の工場がまとめられている件について、製革工場とそれ以外の魚腸骨処理工場などとは分けて検討の必要があると言及している（東京人権歴史資料館編　二〇〇八　六九四〜七三八）。

なお、これ以前に公衆衛生を理由に化製場の集約を行った前例には、明治八年（一八七五）の東京府下の屠畜場の集約があった。理由は豚や肉の屠畜を勝手に行い「不潔臭穢《きたなくくさく》」、近所の迷惑になっているというものであり、都内の屠畜場は四か所に集約することが東京府知事大久保一翁から発せられている。[*8] この他にも新聞記事からは、当時の市民の間で「悪臭」が注目されていたことがうかがえ、肥の汲み取りや魚屋の腸樽、塵芥集積所からの悪臭などが度々投書欄などで問題視されている様子がみえる。[*9]

（3）混ざるニオイ

戦後、高度経済成長期において全国的に大企業による「公害」が問題となるなか、中小企業の工場による公害も問題視されるようになっていった。近代以降続いてきた製革業に対する悪臭言説が継続する中で、A地区においてはそれまで存在しなかった産業が参入することによって新たなニオイが生まれた。

東京都東部の墨田区・江東区・江戸川区は中小工業地帯で、関東大震災以降、日用品や工業製品製造の下請け工場がぎっしりと密集している地域として発展してきた。そのため河川のヘドロや煤煙は戦前から発生していた。昭和四四年（一九六九）の調査では、墨田区は中でも密集率が高く、従業員三人以下の工場が都内平均の半分の面積で営まれており、区全域が工場地域を形成している点が特色であった（東京百年史編纂委員会編　一九七九　一〇七九〜一〇八〇）。

とりわけ注目すべき点はA地区における魚腸骨処理工場の増加である。魚腸骨処理工場とは、文字のとおり魚の頭や骨、腸を用いて飼料を作る工場であり、養鶏の餌として人気が高かった。戦後人口の増加に伴ってA地区周辺では昭和二五年（一九五〇）頃から悪臭の発生が問題視されており、特に夏季になると、もともとA地区にあった魚腸骨処理工場から魚の腐敗臭が発生していた。行政の調査では、この時点では皮革工場のニオイはそれほど強くなく、魚腸骨処理工場の臭いに対しては皮革工場も被害者であるとしている（東京百年史編纂委員会編　一九七九　一一二四〜一一二五）。この魚腸骨処理工場の営業は昭和二三年（一九四八）頃にはじまり、以前は油脂の製造をしていた。住民数が少なかったもののニオイについてはA地区周辺地域から抗議が起き、地元と周辺町会とが一緒に悪臭追放同盟を結成して立ち退き交渉を行っていたという。その後、昭和三三年（一九五八）に二軒の魚腸骨処理工場が、東京都の指導によって葛飾区から移転してきた。加えて昭和三四年（一九五九）には板橋区からも同工場が移ってくることになり、地域では抵抗運動が行われた。その工場は建設を断念することになったが、そのほかの工場は操業を続けていた。昭和三九年（一九六四）、地元では公害対策委員会が作られ、処理工場の経営者も交えて解決方法を模索しようとした。同時期に、町会有志によって皮革業や獣脂業に従事する人を除いて、被害者同盟が結成された。被害者同盟は独自に決議文を工場へ提出し、東京都や公害防止事業団に改善策を求めていたという（東京百年史編纂委員会編　一九七九　一一二五〜一一二九）。

先行して昭和三六年（一九六一）の東京都議会定例会で、工場側から「魚腸骨製造工場などの土地あっせん方に関する請願」、住民側から「魚脂製造工場より発生する公害解消対策措置方に関する請願」とがそれぞれ提出され、行政調査が行われた。魚腸骨処理工場は元々は人家のない湿地であるから移転してきたが、人口の急増に伴い、同地が工場の立地には適さなくなっていた状況が、公害の加害・被害両者から認識されていたといえる。住民側の陳情書を提出したA地区の一つの町会からは「明治時代以降、皮革工場の集中地域として知られてその製造工程において、いろいろと工夫を重ねて環境を改善してきた」ことも訴えられた。昭和三六年（一九六一）度の都による調査報告書では製革工場と魚腸骨処理工場の両方の調査が報告され、近世以前からの系譜によって支えられてきた産業であることに配慮しつつも、合理的に集約することを目標として公害対策を行うことがかかげられた。魚腸骨処理工場は全国的には漁村や漁港での立地が多いが、戦後、農家における化学肥料使用の増大に伴い人糞処理が地方自治体によって行われたのと同様に、農家の肥料としての魚腸の需要が低下したことで業種自体が独立し発展したという。市街地には取り扱い業者も処理工場もなく、もともと農村地域で業種が発展し養鶏場や養豚場と隣接するようになっていった経緯があった。苦情を言う地域こそあれど、魚腸骨処理工場の排斥運動が起きているのは墨田区のA地区のみであり、その理由は住宅地と隣接していることや、周辺に魚腸骨の受益者である農家がいないといった立地に関係があると報告書では分析された。なお、排斥運動を行っている住民自身が従事している製革業については、薬品のニオイを中心とした「かなりの強い臭気を出す」と指摘もしている〔東京都首都整備総務部編　一九六二　一二〜一五〕。

その後、昭和四〇年（一九六五）の同和対策審議会答申と、昭和四四年（一九六九）の同和対策特別措置法をふまえて、昭和四九年（一九七四）に東京都から「同和対策事業基本方針」が打ち出された。同和地域を指定せずに類似する措置が必要な地域を確定させて東京都独自の対策が行われることになった事業方針には、化製場集団計画の推進、公害防止設備設置資金貸付や、公害防止対策の視察などが盛り込まれ、産業や地域の改善が射程に入っていた〔東京都総務局同和対策部企画課編　一九七五　五九〜六〇〕。

魚腸骨処理業は昭和四七年（一九七二）に制定された悪臭防止法によって指導対象となり、A地区で魚腸骨処理工場を営む四業者は協同組合を設立し、都によって建設された密閉型工場へ移転することで公害問題の一時的な解決となった。当時の新聞によれば、ニオイによって地元の人たちは「嫁の来手がいない」「店に客がよりつかなくなる」「せっかく集めた従業員が逃げ出した」などを理由に反対運動を展開しており、三つの町会がそれぞれ反対同盟を結成して、チャーター機などを使って反対ビラをまいたという。当時の墨田区公害課長は「A地区一帯は処理業者が古くから操業しているので、地面に染み付いた臭気もあり、簡単には〝無臭地帯〟にはならないと思う」「下町の鼻つまみだったこの地区が生まれ変わるのも夢ではない」と新聞の取材に答えている。*[10]

臭気問題で一番の課題となっていた魚腸骨処理工場の問題が一段落したのち、東京都は昭和四七年（一九七二）度の東京都公害局実態調査の「化製場集団化基本計画案調査」で調査した対象事業所を再度調査した。製造業における公害問題のうち、中小零細企業を発生源とする公害は独自の問題で、各工場によって公害を抑えることも難しく、住工混住であることが公害発生の理由であり、製革業を取り巻く問題も同様であるとした。製革業の場合の具体的な問題は臭気と汚水であるが、油脂業の場合は原料の腐敗臭の問題であり、原料の入手や流通面を考慮すると都市型立地が望ましく、現在地で解決方法を模索する必要があると評価した（東京都経済局総務部　一九七五　二六三～二六七）。移転の選択肢も提示したうえで、基本的には現在地での集約化と廃水処理などの対策については共同化することが望ましいと評価をしていた（東京都経済局総務部　一九七五　二八八～二九二）。

東京都の調査を受けて、地元自治体でも広く区内の公害に関する調査や対策案が検討された。『墨田区の公害――現状と対策』によれば、墨田区では昭和四四年（一九六九）に公害課を発足し、環境部が昭和五〇年（一九七五）に発足した。公害の特徴は、加害者も別の現象では被害者となり、被害者もまた何らかの形で公害現象に参加している点であると同書は指摘する。そして墨田区のように小規模な工場が多い立地において、住宅と作業所との混在する割合が大きい市街地ではその傾向が顕著であることも示唆され、公害と共存しているような生活であったことがうかがえる（墨田区環境部公害課編　一九七六　五）。区内の悪臭の発生源は化製場、皮革、油、膠、肥料、飼料などの製造工場、塗装工場、ゴム工場、染色工場、メッキ工場、合成樹脂加工工場から食品関係の工場のニオイまで多岐にわたっており、シンナー・ゴム臭の苦情が多く、化製場については苦情件数は少ないが、被害人口が多く被害範囲が大きいとされている。春先から秋口にかけて、曇天・微風などの気象条件によっては二キロメートルの範囲に悪臭の訴えがあるとした（墨田区環境部公害課編　一九七六　五七）。

その後、東京都による昭和五二年（一九七七）の報告書では、A地区内を、①皮鞣しを行う製革工場、②これ以外の工程を行う製革関連工場、③皮革関係以外の獣脂や獣骨などの原料を処理して油脂や肥料を作る獣脂獣骨の工場に分けて、実態把握を進めるとともに公害問題への言及が行われている。主な公害は製革および製革関連工場では汚水、油脂関係の工場では悪臭であるとし、周辺住民との関係性が良好である場合は苦情を受ける件数は低下する傾向にあり、狭い地域に同業種が密集していることは、公害に対してある種の寛容性を生み出す一要因になっていると分析した〔東京都経済局編　一九七七　二三〜二五〕。経営者からは、公害を改善するためには資金難であることが訴えられ、汚水の一括処理施設の建設、公害問題や対策の手引書の作成、協同の排水浄化槽の建設が自治体に依頼されるなど、工場ごとの対策では手が回らない現実が提示された。また、油脂業を公害産業として見捨てないでほしい、組合を作りたいなどの意見があげられ、厳しい経営の実態と工場継続の希望が垣間見える〔東京都経済局編　一九七七　三八〜三九〕。

このような公害対策として綿密な調査が継続されたのには、先述の通り、同和対策事業であるという背景があった。同和対策特別措置法の終了を迎える前年の昭和五六年（一九八一）には、都は「東京都産業労働基本計画」を策定することで、製革業、化製場、製靴業、そのほか履物といった各製造業に関する対策を以降一〇年間継続する方針を打ち出すことで、産業への対応を続けることにした。本計画において汚水・悪臭・騒音などの公害に対して防止策が不十分であること、汚水のほうが重視され、かつ、ニオイに関する項目には原料の腐敗臭と薬品臭が指摘されたが、製革工場に対する悪臭防止技術が未発達であることと、ニオイへの意識が低いことを理由に対策が進まないとした。また、工場ごとの対策は経費が膨大であることなども理由として、設備や工程の一部を共同化することで解決への道筋を検討する可能性を示した〔東京都総務局編　一九八一　二七〜三四〕。

ここまで東京都の作成した報告書の記述や新聞記事から、昭和二〇年（一九四五）以降の地域におけるニオイの評価の過程を概観してきた。皮革製造や油脂業、飼料製造業などが戦前から営まれてきたA地区では、戦後の工場の急増や人口の増加に伴う市街地の拡大によって、ニオイが公害になった。戦前の移転反対のための陳情書では、人家と離れていて好ましい立地であるとされていた状況が、戦後に大きく変化したことがうかがえる。そして、製革業のニオイは、後発の工場である魚腸骨処理工場のニオイと混ざることで、地域全体としてニオイを自分たちの困りごととして抱えることになったといえよう。同和対策・公害対策として約二〇年にわたり継続した調査では、製革業のニオイは住民間で大きな問題になっていなかったとされていたが、地域に関係者が多いことからこれを問題視しないことで、魚腸骨処理工場との差異化を行おうとした可能性も考えられる。一方で、魚腸骨処理工場も、製革工場と同様に行政の指導によってA地区へ移転しており、類似する施設を行政が一つの場所に集めようとした可能性がうかがえる。

では、厳密にいえば製革業だけではない、この混ざりあったニオイはどのように語られてきたのか。

三、当事者たちの認識

(1) 児童文集に見る子どもたちにとってのニオイ

以下では、当時の住民による認識の一端を探るべく、当時地域内になった小学校において作成されてきた児童文集と、聞き取り調査の成果によって、当事者が地域のニオイをどのように評価していたのかを確認する。

昭和一二年(一九三七)から平成一五年(二〇〇三)まで、A地区の中心には地区を学区とした区立小学校があった。戦後の「綴り方運動」の人気を背景に、同校では昭和二三年(一九四八)以降、毎年児童文集が編まれていた。内容は多岐にわたっており、様々なテーマに沿った作文、読書感想文、日記文などの各児童の作品が掲載されている。本児童文集は全四五号で、すべてA地区にある産業教育資料室で所蔵するものである。*11 四五号のうち、工場や革の仕事に関する作文は一五三件あり、大半は両親の職場の話として、家業として営んでいる工場を遊び場にしたことや工員に遊んでもらったことなどの日常における工場とのかかわりが記されている。ニオイについて特に言及しているのは昭和四〇年（一九六五）発行の八号と昭和四一年（一九六六）発行の九号である。八号には一一六件、九号には一一九件の文章が掲載されており、地域の仕事として工場の様子やそこで働く親たちを記述するとともに、二一件の作文でニオイを含む公害に言及されている。八号と九号は『A地区子ども風土記』というタイトルで編纂された。「家のくらし、A地区の人々のいろいろな姿、そして町の様々な現実、A地区の地域の生活がすなおに、たくましく表現されていることを思って」という編集方針が八号で示されており、町、家族、学校、世の中の生産や労働について特化した文集となっている。昭和四〇年（一九六五）は魚腸骨処理場に対する陳情がなされた四年後にあたり、全国的にも公害が注目されていた時期にあたる。

本項では、文集から工場の公害について記述されたものについて確認する。教員による添削の介在や、文集に掲載される作文は優秀なものが選考されている点は注意が必要だが、地域に住まう子どもたちが学校教育・メディア報道・周囲からのまなざしをどのように受け取っていたかがうかがえる資料である。なお、A地区に配慮が必要であると判断される地名などは□に差し替えた。まず、以下の三点は、全体の中でも地区の様子を詳細に描き、公害へも細かく言及しているものである。

八号（昭和四〇年三月一日発行）

・五年生「わたしたちの町」

（中略）A地区は大へん工場が多いことで知られています。大半が皮工場なのです。と場から皮をもって来て、りっぱな皮にするのです。町を歩いて見ると、皮が高く干してあるのが、よく見かけられます。A地区の町は、それほどまでに、皮作りがさかんです。それは、A地区の町が二つの川にはさまれていて水をたくさん使う、ひかく業につごうがよかったからです。二年ほど前まで、A地区一帯、どこへ行ってもみぞだらけでした。しかもみぞからは、皮をあらったかすが流れて来てにおいを感じました。

ところがオリンピックの『東京をきれいにしましょう。』という運動のためでしょうか、大工事が各所で行われ、道路に太い下水路を通し、みぞをうめたのです。今では道路もりっぱになって、みぞが少なくなりました。それに今は、荒川放水路土手を新しくコンクリートで作っています。これで大きな台風がきてもまず、心配はないでしょう。この土手を新しく作るのは、みんなの願いでした。今までの土の土手はずいぶん古いので土手から川の水がしみて、道路はいつもぬれていました。そんな道路をいつも見ていた私たちは、不安な気持で、新しく作られる土手を、待ちこがれていました。それが今はもう完成しそうなのです。

A地区の町はだいぶすみよい町になりました。たゞ皮のにおいですが、それも発達する機械化によって、このなやみもなくなるでしょう。私たちも、A地区の町をもっと明るく、もっと住みよい町になるように、道路に紙くずをちらかしたり、溝に石などを入れないように気を付けていきたいと思います。

・五年生 **「わたしたちの町」**

(中略)このA地区の中には、牛やぶたなどの皮の製造工場が多く、これらのどの工場からもたくさんの水が流れ出るのでどうしても町の中がくさくなってしまいます。こんないなかのような町ですが、私の家の前の道路などは広くて、よくトラックなどが大きな音をたてて通ります。

(中略)まだ□□町が□□とA地区に分かれていたころのようすはどうだったのでしょうか。祖父にたずねてみるとむかしは私の家の前にある道路はなく、そこには下水が川のようにながれていたということがわかりました。今に比べてむかしはずいぶん不えいせいだったのです。でも今は下水が道のまん中を流れているなどということはありません。しかし、皮をあつかっている工場ではむかしのほうが働き手が多かったそうです。

小さなマッチ箱のような家のたちならぶA地区。この町もむかしから見れば少しは住みよくなっているかもしれませんが、私はこのA地区があまり住みやすい所だとは思っていません。しかしこういう仕事もなくてはならないものなのです。私はもう少しこの仕事を機械化することはできないものかと思います。

・四年生「昔の町と今の町」

むかしはあら川で泳げたそうです。でも今はおよぐどころかあら川のそばを通ると、ぷんとくさいにおいがはなをさします。それからむかしは、このへんは田んぼだったそうです。だから□□小学校がみえたのだそうです。でも今は田んぼなんかなくて、家やこうばでぎっしりです。A地区はこうばからでるにおいでぎっしりです。だからぼくは、こうばからでるにおいをふせぐきかいがほしいと思う。むかしは田んぼだったから、においもなく空気がいいところだったと思う。いまはもう少しで月に旅行することができるのだから、くさいにおいをなくすきかいや、またくすりなどがかんたんにできると思う。

このような文章が高学年の作文として多く掲載されている。家族に昔の地域のことを聞いてくるようにいわれ、学習をふまえて記述されたものである。以下、八号に掲載された他の作文については紙幅の都合から、内容の要約を示すことにする。「伸びゆく《地域》」と題して書かれた作文では複数の児童が公害の問題に言及をしている。

・六年生

将来臭くなくなって、清潔になってほしい。バスで親戚が来るときには、においでわかると言われる。清潔な街にしなくてはならないと思う。道をきれいにしてほしい。集団アパートをたくさんつくって、皆そこへ住めばいい。荒川はもっときれいになってほしい。

・六年生

どぶをなくしたい。もっと明るい街灯がほしい。下町の小さな工場だけでなく大きな有名な工場もできてほしい、荒川がきれいになって、東京タワーのようにたかいビルを建てる。道の一メートルおきにゴミ箱を置いて、掃除ロボットを配置したい。A地区がきれいになれば、みんなも幸せになる。

・五年生

小さな工場が協力して大きな工場になればいいと思う。機械化を進めて人手不足を解消したい。

・五年生

今のA地区はあまり良い町とは言えない。どぶを清潔にしたり、空気をきれいにしてほしい。ごみが減ればいい。

・六年生

ほとんどの家が皮革工場をやってるといってもいいくらいで僕の家も皮工場をしている。道がくねっていて、舗装されていない。建物を鉄筋コンクリート造りにしてほしい。

・六年生

道をきれいにしてほしい。立体交差をつくってほしい。町全体が汚れていて臭いので改善したい。自分ではわからないけどよその人が来ると、臭いと思われるのは僕が馴れているからかもしれない。ごみが減ってほしい。

授業中に地域の歴史や様子について学習した内容をふまえて記述したと考えられるが、ニオイ、悪路、路上のゴミ、河川の汚染についての言及が目立ち、これらが意識されていたことが垣間見える。九号でも類似のテーマが組まれ、仕事と公害の問題が取りざたされている。

九号（昭和四一年三月一日発行）

・六年生

革の仕事の機械化が進んでいる。どぶが改善された。皮のにおいが強く、ごみが多い。工場によって大気汚染がひどい。これらを改善したい。

・六年生

とても狭いところに家が密集している。工場が多いので空気が汚い。肥料工場から独特なにおいがするので、A地区に来た人はこの臭いに驚く。草木がなかなか育たないのは、人間の住みやすい環境ではないからだ。煙突からは油煙がでるので、洗濯物が汚れる。町が住みやすくなることを願っている。

・五年生

昔は自宅からA地区小学校まで直進の道で行け、家は少なく、雨が降れば道が泥になり歩けなかった。どぶが汚かったが、今では道がコンクリート舗装され、マンホールもある。工場の半分くらいが皮屋でくさい。この町に初めて来る人は、ハンカチで鼻をおさえて「臭い、臭い」という。

・三年生

どんな街にしたいかという課題について、①におい対策としてどぶに蓋をしたい、②火事対策として木造家屋を燃えにくい家に建て直したい、③A地区小学校をもっと良い校舎にしたい、④ゴミ対策として注意してきれいな街にしたい、⑤緑が少ないので増やしたい。

・五年生

親戚の人が家へ訪ねてくるのに、地域のにおいがわかるという。住み慣れてないのでくさいと言われる。自分は慣れているのでわからないが、親戚がにおうというのだから臭いというのは嘘ではないのだろう。皮の工場のにおい、油のかすや、大小さまざまな皮のかすが道路に落ちている。気持ちが悪くて駆け出したいと思う。すみよいきれいな街にしてほしい。

・六年生

A地区は皮工場が多く、大きなどぶがところどころにある。煙突の煙や皮に化学薬品のにおいに、悩まされている。皮工場を集約して、ベルトコンベヤーで皮を運んで、ごみは地下に土管をつくって沿岸のごみ集積所へ直接運びたい。空気を清浄化したい。将来の町は、五階くらいのアパートやビルが建ち並び、ビルの間には高速道路を作りたい。□□駅が大きくなって、モノレールが通って地下には特急が停まるようにしたい。

・六年生

A地区にある皮工場を一か所にまとめてオートメーションにするのが良い。鉄筋コンクリートで四・五階のアパートを建ててほしい。交通は電車やバスなどを一か所にすればいい。川をきれいにして、煙突の煙をきれいにして、A地区が他地域からも好かれて、みんなから褒められる場所になってほしい。

・六年生

製革工場でつかった水がにおうが、下水に流している。ごみを減らして、道をアスファルトからコンクリートにし、皮革製造に使う薬品を工夫してにおいの発生を抑えたい。

・六年生

二～三年前のA地区は下水道がなく、清掃車も来なかった。夏にはハエが休みなく飛び、よく伝染病がはやらなかったと思っていた。今では清掃車も来るし、下水道もできた。公園も増えた。くず入れを設置しているが、中には全然入っておらず周りにゴミが散乱している。

九号についても、多くはニオイ、汚水、煤煙、道に落ちているゴミを問題視しており、近代的な建造物として高層ビルや高速道路などをあげていることが特徴的である。当時は、A地区におけるニオイは新聞で取り上げられるほど注目されていたこと、行政が対策に乗り出していたこと、そもそも全国的に公害が問題視されていたこと、文章を書くにあたって教員から地域の改善すべき点を検討するように指導があったことなどがこうした作文の背景として考えられる。ただし、ニオイについて直接的な言葉を聞いたと文章に書いているものの多くは、親族を含む非住民から指摘をされたことを記述しており、地域の差異をニオイとして発見される体験をしていることが分かる。

また、児童の多くはニオイを製革業と関連づけて記述しており、行政問題となっていた魚腸骨処理工場との関係性に深く言及するものは確認できない。つまり、児童の多くがニオイの発生源は製革業であると認識しており、地域内外の大人によって認識の枠組みを与えられた可能性が推察される。実際には複数のニオイがまじりあってA地区のニオイが生成されていたとしても、そのニオイには製革業の大看板が掛けられていたわけである。

(2) 地域とニオイをめぐる語り

「くさい」と言う言葉は、A地区においては他地域から蔑視の念を込めて投げかけられる言葉であった。ニオイの問題を改善することは常に地域の課題となっていたと語られ、A地区においてもニオイは周辺地域から差異として発見されて、排除の理由とされてきた。

筆者はこれまでA地区において、製革業に携わる人々のかかわりや、家業の経営、技術の伝承などを中心に聞き取り調査を行ってきた。差別問題について直接尋ねることはなかったが、仕事のしにくさの話に言及されるとき、語りの中にはニオイの問題が必ず登場した。以下では、製革業に携わる当事者の語りから、ニオイの認識を確認してみる。

・事例一　A氏　女性五〇代　製革業*12

話者はA地区で子ども時代を過ごした製革工場経営者の三代目の親族にあたる。C社は新潟県の呉服店に生まれた祖父が、行商で来ていたA地区の景気の良さを見て転業したと言われている。初代は呉服屋時代の顧客であった製革工場で仕事を習い、技術を身につけた。昭和八年（一九三三）に独立し、研究を重ねた製品を作っている。他業種で働いていたA氏だが、家業の技術や親の仕事を途切れさせてはいけないと感じて、家業を継いだ。経営や営業を主に担当している。

そのA氏はA地区にあった自宅から地域外の小学校に通っており、隣の地区の駅まで徒歩で通っていた。その際、川沿いの大きな工場の跡地のあたりに山のように魚の頭や骨が積んであって、小学校へ通うのにバスを使っていたからその周辺を歩いており、帰ってくるときは、その骨の山の横を鼻を覆いながら帰って来たことを覚えていて、「皮屋さんのニオイというよりも（筆者注：魚のニオイがした）」と記憶している。

また、現在は皮革産業と関係のない住民の住宅と工場が近くなったことで、薬品のニオイなどが一瞬でも工場外へ漏れてしまうと苦情につながることや、その苦情が他地域ではエスカレートして部落差別も絡めながら営業妨害になるほどのいやがらせが行われたことなどをふまえて、自社の操業に影響が出ないかと心配している。

・事例二　B氏　男性八〇代　製革業*13

話者の父は、先行してA地区の皮鞣し工場で仕事をしていた親族の誘いで滋賀県から上京した。叔母の働く工場で仕事を覚えた後、昭和八年（一九三三）に独立し会社を興した。戦時中の統制下から地域での存在感が増し、戦後は地域の工場の顔役を務めてきた。ニオイについて苦情が発生した際には、B氏のもとへ区役所の担当者から連絡があり、そこから対応を始めるという。

苦情が出た場合は、区の担当者と苦情を申告した住民の自宅まで行き、計器で臭気・騒音などを測定する。数値を見せることで住民に納得してもらうようにしているという。また、新たに住宅が建設される際は、工場に面した窓は二重サッシにするべきであると建設業者に訴えているが、実現はされていないという。平成七年（一九九五）から建設会社に住宅地でないことを理解している旨の念書と、地区のまちづくり協議会へ建築物の図面を提出することを求めている。協議会の確認を経た書類を役所へ提出することで建築許可が下りるようにルールを作り、協議会で情報を得やすい状況を作っているという。

・事例三　C氏　男性七〇代　製革業[*14]

千葉県で鶏卵問屋を営んでいたが、創業者にあたる話者の父の兄が「革が儲かる」という話をどこかから聞いてきたことで、兄弟そろって上京・転職した。それぞれA地区で製革業として独立することになった。話者も高校まで地区内に住んでおり、A地区の小学校を卒業している。子どものころにあった肥料工場が臭気を出していたことを記憶しており、これは魚腸骨処理工場のことであると考えられる。

現在については、ニオイに注意は払っているが、新しく住む人にとっては製革業の染料が風にのって洗濯物に色が付くと言われては工場が住民にとって脅威でしかなく申し訳なく思う反面、工場の継続の可否を心配している。

・事例四　D氏　男性六〇代　製革業[*15]

福島県出身の話者の父が、東京で鞣し工程で使用する薬品の販売会社に入社し、知識を習得したのち、昭和六〇年（一九八五）にタンナーとして独立した。通勤者であるが、子どものころから父の職場であるA地区にはよく遊びに来ていた。入社したころは町のニオイに慣れなかったという。かつては、最寄り駅を降りると製革工場の薬品のニオイが分かったと言い、工場が減った今では油脂業の業務に伴うニオイがしているという。

D氏は平成二八年（二〇一六）に薬品のニオイが工場の外に漏れてしまい、役所から組合を通じて指導があった。その際、対応にあたったB氏は、嗅いだニオイを苦情の通報をする人がインターネットで検索して、薬品をある程度特定して通報してくるなどの状況があるということも指摘された。

この他、総じて誰もが「昔はニオイがあった、今は全然しなくなった」と語ることが多い。これには、工場の環境を改善したことと、工場が減少したのでニオイが薄れたという二種類の理由がセットで語られる。また、ニオイに関する苦情は「しょっちゅう」語られる。これは自社だけでなく地域の工場全てが自分ごとであり、また直接口頭で言われるなどの場合を含み、行政による集計とは異なる現実がある。

工業地区であるA地区では、騒音や臭気など公害とされるものの基準値が住宅地に比べゆるやかに設定されている。[*16] 本来、基準値に達しなければ公害にならないはずの事象でも、誰かが主観で不快感を覚えると「公害」になる。この「公害」と訴えられた時点で、行政は苦情を申し出た市民に寄り添うため、ニオイには善悪の評価が発生し工場側からは交渉の余地を失ってしまう。かつてニオイの発生源であった魚腸骨処理工場が改良されてもなお、製革業や油脂加工業の工場からは他の業種と同じように、当たり前に、仕事によるニオイが発生している。

また、調査をしていると、A地区外の人からも「昔はくさかった」という語りを耳にすることがある。これには侮蔑的な印象がまとわりついていることがその口ぶりからもうかがわれるし、とある近隣地域の高齢の話者は旧町名の区画ではA地区と同じ住所であるが一緒にしてほしくないと話している。ニオイが変わった後もなお、ニオイが強かった記憶が引き合いに出されて差別されたり、自ら引き合いに出すことで改善の物語を語ったりと、ニオイの記憶は時間を超えて反復されて語られているといえる。また、何がニオイの理由であったとしても製革業が原因ではないことを理解してもらいたいという産業関係者の意識もうかがえる。

化製場を集約する計画や、汚水処理を共同化する計画が先述の行政調査において繰り返し記されてきたが、それは現在も達成されておらず、排水処理施設も各工場で設置している。地域内にあった自治体の所有地が排水施設の予定地であったが、製革業の工場が減少していく過程で清掃工場建設予定地へと計画が切り替えられた。聞き取りでもよく語られるエピソードであるが、平成六年（一九九四）に地域内に開業した清掃工場の事前説明会では、出席していた周辺住民から怒号が飛んだという。「清掃工場の安全性はわかった。それよりA地区の臭いをどうにかしろ」「都の職員はここに住んでいないから他人事なんだ」「東京の真ん中に町ごとと場のようなところがうちらの隣にあるんだ」と行政側に激しく訴えた。会場から次々に皮革関連産業や油脂業をきたない、くさいと非難する発言が相次ぎ、油脂業の臭気対策と清掃工場の建設が駆け引きされた。しかし、臭気対策設備を導入した工場の中にはその負担のため廃業したものもあったという〔北川　二〇〇一　一〇〇～一〇九〕[*17]。

昔話が定期的に語られるものだとしても、ニオイにまつわる昔話は現在の状況を肯定する意味合いであることは少なく、現在もどこかに問題点を見出そうとする語りであることが考えられる。聞き書きの内容からは、脱臭方法がどんなに改良されても、業種にまつわるものである以上は公害の汚名とそれを隠れ蓑とした忌避観を拭い去ることがいかに難しいかが推察される。

四、ニオイの行方

(1) ニオイの言説の変遷

先行研究では、ニオイの言説が変化していく過程と、差別をする理由は加差別者の都合で変化してきたことを確認した。ニオイのなかでも特に近代において発見された悪臭は、疫病予防の観点から忌避が始まり、そのうち悪臭によって貧困や被差別層を見出した。都市の維持に必要である公衆衛生をつかさどる仕事に対しても同様の言説を生み出し、ニオイはその人や地域の性格や潜在能力の価値判断に使われるようになっていったことを概観した。

調査地の事例でも類似の現象が起きている。製革業は、明治時代初頭から不衛生な生業であると見なされ、公衆衛生を前提に度重なる移転の指導を受けてきた。そのうち、問題は悪臭自体に移り、行政という権力側からニオイという要素によって排除する理由を与えられたと言えよう。

戦後は公害問題が悪化したことで、ニオイへの批判的なまなざしは強化された。その際、製革業の従事者は、自分の生活を守るためにもニオイの発生源となっていた魚腸骨処理工場の公害解決のための運動に参加したが、それが解決すると、ニオイの発生源という烙印は再び製革業や油脂業へと戻った。周辺住民が公害問題として悪臭に悩まされていたことは被害であり軽視できないが、公害という前提で一つの生業が排除される過程として本経緯を捉えてみる。

関根の差別の三者関係を援用すると、この時のA地区は、①公害の認定を行う行政、②地域を切り開いてきた製革業・油脂業従事者を含む住民、③公害発生源の魚腸骨処理工場の三者間に分類され、魚腸骨処理工場の一定の排除を行ったと考えられる。しかし、この構造には製革業や油脂業のニオイも問題視する人々を内包していたため、魚腸骨処理工場が隔離されることで地域内の問題発生源でなくなった時には、①以外の要素が組み換えられて、製革業たちを排除できる構造へと形を変えた。この関係性を理解するうえでは、宮本のいう差別をさせる人、する人、される人という分類の方が妥当かもしれない。もっとも、地域住民側から公害問題として行政に陳情しているので、行政と住民のどちらが差別者・共謀者ないしは差別をさせる人・する人という関係にあたるかは流動的と言った方が適切であろう。先述の通り、密閉型の魚腸骨処理工場が完成した時に「下町の鼻つまみだったこの地区が生まれ変わるのも夢ではない」と発言した行政職員は、行政によって地域の状況が生み出されたという現実を捨象し、改善に努めた部分だけしか認識していなかった。このように、加害、加担者だったものも、簡単にその立場を変えたように見せることができ、各立場は、状況に応じて移り替わり、差別をさせる人・する人は日常的な権力関係の上下に留まらず、相互に影響しあって差別を「させる」ことがある。ニオイの言説の変遷は両者の関係の変遷とも相関性があり、三者関係も実はその内部をより細分化して吟味する必要性を指摘できる概念である。

(2)「差別していい理由」の使い方

A地区ではニオイが語られる時、語る人と場面設定に一定の法則が確認できる。①語り手が地域居住者の排除側であるとき、公害問題として明確に悪臭の指摘をすることができる。しかし、②語り手が非地域居住者である場合、悪臭が指摘されることに住民は好ましく思うことが少ない。内部からの排除は、内部に三者構造がつくられるが、②の語りからは、地域に関与する人々全員をまとめて排除対象とみなすようなまなざしが発生する。すると、①は地域内における分類を説明し、自己と排除対象との細分化を定義づける語りに移行する。あるいは、過去の事象に対する排除に関する語りの場面でも、過去と現在との差異を明確にして語り、排除対象との細分化を行っている。この時、明確に区別をする相手は、過去の自己であることもある。

A地区の事例では、ニオイは差別理由として言説を変えながら記号化し、戦後の公害が問題化する過程において、「差別していい理由」として再定義・再構成され、特定の業種との結びつきを強めることになった。実際には魚腸骨処理工場がニオイの発生源であっても、もともと製革業の工場が多く立地していたA地区においては、児童文集にも見えるようにその発生源や理由はまぜこぜになって、皮革産業全体がその汚名を引き受けてきた。

為政者にとって、大衆にとって、その時に都合の良い解釈で排除されたり取り込まれたりしてきたニオイは、公害を解決するための行政調査レベルでは厳密化される一方で、市井の認識においてはそのニオイの厳密な発生源は問われなかった様子が児童文集から見て取れる。ニオイの種類が変わっても製革業はニオイがあるという言説が温存されたまま、その程度は問わず、全国的な公害問題という為政者と大衆にとって排除せねばならぬ対象にされることで、同和対策事業を背景としつつも事業者に大きな負担を強いながら改善が進められてきた。それでも皮のニオイについて児童文集に書かれることはほぼない。公害が意識された年にその記述が集中していることからも、広義の周辺のまなざしを意識せざるを得なくなったと思われ、約四〇年以上かけて地域の生活として根付かせてきた製革業と担い手との距離が揺らいだり、産業の存在を重視する大人と、公害問題を重視した文章を書かざるを得なかった子どもとの間に地域へのまなざしに差異をもたらした。「差別していい理由」は語る者の性質によって、いたって自由に内容を組み替えて、他者排除の刃だけでなく、自己否定の材料にもなってきたことが指摘できるだろう。

（3）ニオイという幻想、ニオイからの忘却

戦後に地域内にある種の分断を引き起こしたA地区の魚腸骨処理工場をめぐるニオイの排除活動は、その活動に終止符が打たれてもなお、ニオイの宿主を変えながら続いている。製革業に対する個人差で感知される「ニオイ」という記号は、数値に見えなくなっても語りの中で生き続けており、自由にリフレインすることのできる、ある種の幻想のようなものと化して、排除したい動機を固定化したり、排除される恐れを呼び起こしたりする装置になっている。

製革業は今後も工場を存続するために、法律を根拠としてある程度のニオイを業種の個性として内包する語りを有している。ただ、実際にニオイがあってもなくても、そこに製革業という近代日本を支えてきた人々の技術や暮らしがあり、その歴史がなくなることはない。製革業の工場が減少する現在、大量の職人たちが最寄り駅から溢れるように出勤したり、夜遅くまで働くことと同じように、将来において、今は忘れたい「くさい」と評されたニオイが、産業の熱量や活気のようなものに変換されて、町の活気というプラスの記憶を呼び起こす装置として活用される可能性も考えられる。

差別する理由として都合よく利用され、忘却が願われるニオイをめぐる言説は、場面に合わせてアイデンティティを語る術として利用されることもある。ニオイは、排除だけなく、異なる文脈の言説へと姿を変えることもあり得るのである。

むすびに

本論では各種の資料から、製革業が盛んな地域におけるニオイをめぐる言説の形成の過程や、その変遷を確認してきた。宮本や阿久澤の述べていたように、門地から個人へ、個人から職業へと差別の理由は移り変わってきたが、A地区では公害問題との関係の中で言説の強化や、再構築が行われてきたことが確認できた。

今回、調査内容としては近隣からの語りが十分に採集できていなかったり、聞き書きの情報が不足していたこと、膨大な文集の内容を的確に精査できたかという課題も残った。今後、個別に改めて検討したい。また、差別の三者関係についても、階層構造と地域社会の関係性を明らかにすることで、公害問題と切っても切り離せない近代工業を理解する手がかりとなる可能性があると考えられる。

謝辞　本論の作成にあたり、調査にご協力いただきました地域の皆様、地域の教育産業資料室の皆様に心よりお礼申し上げます。

〇注

＊1　〔安田　二〇〇七〕などがある。

＊2　例えば〔正月谷　二〇二四〕などの成果がある。

＊3　「公害」は、環境基本法二条三項により、一　事業活動その他の人の活動に伴って生ずる、二　相当範囲にわたる、三　大気の汚染、水質の汚濁、土壌の汚染、騒音、振動、地盤の沈下及び悪臭によって、四　人の健康又は生活環境に係る被害が生ずること、と定義されている。三に列挙されるものは、「典型七公害」と呼ばれる。総務省ホームページ「公害とは」https://wwwsoumugojp/kouchoi/knowledge/how/e-disputehtml（二〇二四年九月一〇日閲覧）

＊4　A地区は八〇・九ヘクタールのうち五一・七ヘクタールが墨田区特別工業地区建築条例によって定められた第一種特別工業地域、二九・二ヘクタールが市街化抑制区域である。第一種特別工業地域のみ、肥料製造や製革業の操業が認められている。墨田区特別工業地区建築条例　https://www.city.sumida.lg.jp/reiki_int/reiki_honbun/g108RG0000174.html（二〇二四年九月一〇日閲覧）

＊5　「政府統計の総合窓口(e-Stat)」、調査項目を調べる－令和三年経済センサス－活動調査 事業所に関する集計 産業横断的集計 事業所数、従業者数「産業(小分類)、経営組織(五区分)、従業者規模（八区分)別全事業所数、男女別従業者数及び常用雇用者数－全国、都道府県、市区町村」https://www.e-stat.go.jp/dbview?sid=0004005673（二〇二五年一月三一日閲覧）

＊6　B氏所有の一九七九年用水型皮革関連企業協議会の嘆願名簿より。

＊7　皮革産業の移転の経緯については、差別的な背景も含めて〔友常　一九九三〕を参照されたい。

＊8　『読売新聞』明治八年（一八七五）二月七日朝刊一頁。

＊9　『読売新聞』東京版においては、明治八年（一八七五）五月一九日朝刊二頁「寄書」の「蛎殻町の肥えとりが臭くていや」、明治八年（一八七五）六月八日朝刊二頁「寄書」の魚の腸樽の臭いがつらいので解決策を求む、昭和一二年（一九三七）三月二一日夕刊四頁「赤字東京を救う　塵芥パルプ製造大規模の計画具体化」などの臭気に関する記事が定期的に散見される。創刊翌年にあたる明治八年の記事においては、魚腸の臭気については五件、肥の汲み取りについては二件、どぶについては二件、悪臭にまつわる記事は一三件に上る。

＊10　『読売新聞』昭和四六年（一九七一）五月二日朝刊一二頁。

＊11　当該産業教育資料室は、地域内の皮革産業及び関連産業に関する資料を有する半官半民の資料室である。

＊12　令和三年（二〇二一）一一月二日聞き取り。

＊13　平成二八年（二〇一六）五月二〇日聞き取り。A地区で子ども時代を過ごした元製革工場経営者で二代目に当たる。

＊14　平成二八年（二〇一六）六月一〇日聞き取りより。

＊15　平成二八年（二〇一六）八月一二日聞き取りより。父の興した製革工場を継いだ二代目経営者。

＊16　東京都環境局ホームページ「悪臭防止法・環境確保条例による規制」https://www.kankyo.metro.tokyo.lg.jp/noise/offensive_odors/restriction_guide（二〇二五年一月三一日閲覧）

＊17　同様の話は聞き取り調査においてもたびたび耳にする。繰り返し語られてきたことで、現場に居合わせなかった人たちにもいつまでも共有されるような、心が大きく動く状況であったことが窺える。

〇参考文献

阿久澤麻理子　二〇二三『差別する人の研究――変容する部落差別と現代のレイシズム』旬報社
阿南透　二〇一一「都市的生活様式の浸透過程（一）――岩手県宮古市の汚物処理」有末賢、倉石忠彦、小林忠雄、内田忠賢編『都市民俗基本論文集　二　都市と都市化』岩田書院
石黒辰吉　一九七三「東京都の悪臭防止対策」『環境技術』二巻五号
岩本通弥　二〇〇三「装い――穢れと清潔」新谷尚紀、波平恵美子、湯川洋司編『暮らしの中の民俗学――（一日）』吉川弘文館
岡田伊代　二〇二〇「『部落産業』をとりまく変化――東京都墨田区の皮鞣し業を事例に」『現代民俗学研究』一二

小倉慈司　二〇二〇「皮革生産賤視観の発生」『日本史研究』六九一
北川京子　二〇〇一「差別と不況にまけない取り組みを」『部落解放』四八七
ギル、トム　二〇〇七「ニンビー現象における排除と受容のダイナミズム」関根康正、新谷尚紀編『排除する社会・受容する社会――現代ケガレ論』吉川弘文館
コルバン、アラン　一九九〇『においの歴史――嗅覚と社会的想像力』新版（山田登世子、鹿島茂訳）藤原書店
桜井厚　二〇〇三a「差別と環境の複合的問題」桜井厚、好井裕明編『差別と環境問題の社会学』新曜社
桜井厚　二〇〇三b「差別と環境問題のはざまで―被差別部落の生活環境史」桜井厚、好井裕明編『差別と環境問題の社会学』新曜社
桜井厚　二〇〇六「移動経験と被差別アイデンティティの変容――都市皮革業者の生活史」桜井厚編『戦後世相の経験史』せりか書房
正月谷眞子　二〇二四「〈香る湯〉――年中行事にみる菖蒲湯と柚子湯」『常民文化』四七
新谷尚紀　二〇二二「歴史と民俗にみる『禊ぎ・祓へ・清め』」国立歴史民俗博物館・花王株式会社編『〈洗う〉文化史――「きれい」とは何か』吉川公文書館
墨田区環境部公害課編　一九七六『墨田区の公害――現状と対策』
墨田区商工対策室すみだ中小企業センター　一九八八『はばたき――墨田産業年譜』
関根康正　二〇〇七「なぜ現代社会でケガレ観念を問うか」関根康正、新谷尚紀編『排除する社会・受容する社会――現代ケガレ論』吉川弘文館
東京百年史編集委員会編　一九七九『東京百年史』六　株式会社ぎょうせい
東京人権歴史資料館編　二〇〇八『日本差別史関係資料集成　七　近代・現代篇　四』科学書院
東京都経済局編　一九七七『東京都皮革関連産業実態調査報告書　製革関連業等実態調査及び都内製革・化製場等全体像の

整理』
東京都経済局総務部　一九七五『東京都皮革関連産業製革、化製場実態調査報告書』
東京都首都整備総務部編　一九六二『昭和三六年度　工場立地並びに再配置に関する調査報告書　第一部』
東京都総務局編　一九八一『皮革関連産業製造業東京都産業労働基本計画』東京都総務局同和対策部計画企画調整室
東京都総務局同和対策部企画課編　一九七五『同和対策関係資料　第一集』東京都産業労働会館
東京部落解放研究会　一九九四『明日を拓く』二・三号
友常勉　一九九三「『近代』のなかの部落差別――東京の被差別部落、強制移転と形成史」東日本部落解放研究所編『東日本の被差別部落――現状と課題』明石書店
日本環境衛生センター　一九九六『特定悪臭物質 測定マニュアル』（監修 環境庁大気保全局大気生活環境室）環境庁
日本皮革産業連合会、日本タンナーズ協会編　二〇二三『令和五年度製革業実態調査報告書』
皮革産業沿革史編纂委員会編　一九五九『皮革産業沿革史』（上）、東京皮革青年会
皮革産業沿革史編纂委員会編　一九八九『皮革産業沿革史』（下）、東京皮革青年会
三橋修　一九九九『明治のセクシュアリティ――差別の心性史』日本エディタースクール出版部
宮本袈裟雄　二〇一一「栃木県における被差別部落の生活と文化」『被差別部落の民俗』岩田書院
安田政彦　二〇〇七『平安京のニオイ』吉川弘文館
吉村智博　二〇二二「近代都市の『臭気』と差別――スラムと部落をめぐって」『ＲＥＫＩＨＡＫＵ』七　国立歴史民俗博物館

第三章

「素朴なる民」の民俗学へ

民俗学が生きづらさについて述べるための「非常民」論

入山　頌

はじめに

「普通ではないこと」をめぐる諸言説は、必ずしもマイノリティへ一義的に還元されるものではない。言い換えれば、「普通ではないこと」はむしろ素朴なことであり、わたしたち自身を支えているものである。暮らしの中で、できないことや価値観の押しつけなどによって自身が矮小化され、生きづらさを抱えることがあるとき、わたしたちは日本民俗学からどのような言葉をもちうるのか。本章では、赤松啓介の非常民という言葉を中心にこの問いについて考えていく。例えば赤松の次の言葉は、現代社会の生きづらさが「普通」という言葉によって無数に再生産されていくことを示唆している。

いったい民衆とか、市民とか、あるいは柳田のいう常民とは、どんなものなのだろうか。というのが私の疑いであった。母子家庭に育ち、漸く小学校高等科を卒業させてもらい、証券会社給仕を振り出しに、小商店や廉売市場の丁稚小僧、露店やヤシ仲間の下働き、超零細企業の工員、どれ一つをとっても、まともなものは一つもない。私のような育ちの者は、民衆、市民、常民の端にも加えてもらえないのではなかろうか。それが長い間の、私の疑問であった。世間でいう民衆、市民、あるいは柳田の常民には、どこかで切り捨てている部分がある。てめえらは人間でねえ、犬畜生にも劣る屑だという感覚が、どこかにあるのだ。（……）われわれ人間の世界が、どのようなものであるか。非民衆、非市民、非常民は、民衆、市民、常民がそうであるように柔構造であり、どのようにでも変化する。これがほんとうの人間だ、などと固定された概念はない。しかし民衆、市民、常民が、常識であるとか、国民道徳、市民倫理などというものは信用しないし、かえってその枠の外に人間を見るだろう。（……）考えてみたら暴走族、暴力団、泥棒、みんな人間ではないか。いまにいうオチコボレ、学校暴力、集団いじめ、少年非行とは、ありゃなんだ。政府、資本家、革命家、学校、新聞その他、あらゆる加害集団が、一斉に新しい差別を造出していることの実証である。金儲けする、立身出世する、これがほんとうの人間だという仮説、規範を作っておいて、これに反抗し、従順でないガキどもは徹底的にしごこうとするのが、臨教審というアホタレがいう自由教育、個性教育だ。

（赤松　二〇〇六　九〜一四）

赤松は、「まとも」、「これがほんとうの人間だという仮説、規範」、すなわち柳田國男が提起した常民という人間像に強烈に反応する。常民という「普通」を示すことで、そこに当てはまらない人は皆「普通ではない」ことになり、それは差別だと強く抗議しているのである。そしてひるがえって、むしろ人間とは、「普通」の枠の外にいるものなのではないか、と述べる。鶴見俊輔はそうした赤松の提起する非常民を「はみだしたもの」と表現した（鶴見一九八八）。

柳田國男の「常民」は、「国民」とはすこしちがうくくりかたで、やがてくる一億玉砕への掛声にわれを忘れる一団とは区別されるが、それでも、平均の日本人として一億人を捉えようとする流儀においては似ている。赤松啓介の「非常民」は、まさに国民文化のいがたにとかされようとする論壇の外に出て、国民文化のおしきせをぬぎすてるさまざまの日常生活のしぐさに目をむける。

（鶴見　一九八八　三六三）

このような、「普通」という言葉によって組み立てられていく排除の構造を、本章では記号論（特に山口昌男による）を参照して整理する。赤松が指摘しているように、「普通」も「普通ではないこと」も実際には柔軟さを持ち、文脈によって逸脱や異常が都度認められることはあっても、固定された枠組み（鶴見のいう「いがた」）はない。「普通」によって生きづらさが生み出されるのは、それが記号として運用された場合である。

一、常民のほとり

(1) 非常民という記号

改めて、記号によって「普通」を説明していくことと、「普通」の方に常民を、「普通ではない」方に非常民を位置づけていくことについて整理しておきたい。そのためにまず、ここで赤松の常民に対する疑義を、本来は柔軟さをもって理解されるはずの「普通」が、なぜあらかじめ揺るぎない意味を持った記号として運用されることがあるのか、という問いに言い換えてみることとする。この点について、山口昌男の記号論を参照しながら検討してみたい。山口は次のように述べている。

よく悪いことをした人間のことを「あいつはマークされている」といいますが、「マークされている」というのは、普通とは違うと見られていることでもある。簡単にいえば、有徴、無徴の二つに分けられるわけです。そこら辺にあって当たり前だと思うもの、何とも思わないものは無徴です。日常生活のありふれた光景を構成しているものは、無徴の記号である。〈山口　二〇〇七　四八〉

そして、この当たり前で、何とも思わない、日常生活のありふれた光景は、排除を前提として成立している、と続ける。

集団には有徴の人間を特にマークする手段があって、ある種の人間を排除します。（……）都合が悪いことには、人間は、排除されるものを目に見えるようにしておいて、外側に置き、内側にいることによって自分のアイデンティティを保とうとする傾向があります。具体的に、「私は……ではない」ということによって、正常であることを間接的に強調し、安心するというところがあるわけです。〔山口 二〇〇七 四九〜五〇〕

この「マークする」という不断の営みは、わたしたちの感情（安心）から生まれており、暮らしの中へと埋め込まれているものだ、というのが「普通」を記号として運用する場合の前提である。人は、自分は「普通」ではないかもしれないという不安をつねに抱えており、安心を得る代償として、受け入れられないもの、自分とは違うもの、共感できないものを排除している。山口は具体例として、学校のいじめを挙げる。

学校の子供集団が、ほんのちょっとしたちがいを取り出すのもそういうところからです。（……）普通の子供とちがったしるし、たとえばどもる、太り過ぎ、やせ過ぎ、色白、色黒、運動神経が鈍くてのろまである。耳が小さかったりするといった、別になんということもないものを極端に拡大することによって有徴性を拡大していく。集団はそういう形で自分たちの防御の体制をつくる傾向があるのです。〔山口 二〇〇七 四九〜五〇〕

排除があらかじめ合理的であることはありえない。それゆえに、わたしたちのなかには、排除をいかにして合理化するか、という問いがつねに、そこかしこに芽吹いている。だからこそ、「普通」、「普通ではない」ということを柔軟に捉えることが困難に感じられ、記号的に運用することで人は自らを守ろうとしてしまうのだ。

つまり、自らの、あるいは周囲の複雑さを認めることができないときに、人は「普通」を記号的に（排他的に）運用する。現実には、わたしたちは様々な言葉にしがたいものを抱えて生きているはずであり、このとき、わたしたちは「普通」に支配され、排除されているわけではなく、自ら「普通」に隷属しているだけなのである。赤松が常民概念に対して感じた疑義は、こうした「普通」の記号的な側面に対するものだろう。

以上をふまえて本章が目的とするのは、そうした受け入れがたく、一方でわたしたちや身近な誰かの核に宿っている複雑さを認識していくことがどのように可能なのか、言い換えれば、生きづらさを抱えて生きることをどのように言語化し、他者と共有していくことができるのかを、赤松啓介の非常民という言葉から考えていくことである。

山口は、そうした受け入れがたい複雑さを「周縁的諸力」と呼んだ。

> そもそも皮相な意味での日常生活を生きる人間にとって、アイデンティティとは、一見不定形のもの・気味の悪いもの・形のくずれたものの感染を絶えず防ぐことによって成り立っている。悪魔、敵、政治的弱者、叛徒、社会的弱者、不具、畸形、狂人、貧民、浮浪者、（特に伝染病のある病の）病人、こういったもろもろの、究極的にはエントロピーの完成としての死のメタファーを、快適な生活の視界からできるだけ遠ざけることによって、一人の「正常」な、しかし弾力性を欠いた生活は成り立っている。
> ところが、弾力性のない（ということは、既に挙げた周縁的諸力を自らのものとして生きることのできない）人間は、自らの力ではアイデンティティを構成する枠組みを維持することができない。（山口 二〇〇二 二四八）

「普通」に隷属せず、自らの複雑さ（周縁的諸力）から言葉にしていくこと、それは、自らの力で自らを構成していくことを意味する。

けれども、それが困難であるがゆえにひとは「普通」に隷属してしまうのである。ではどのように、自らの複雑さを言葉にすることができるのだろうか。

具体的に、まず「普通ではない」ことに悩む素朴な文章を、次にそうした言葉を捉え、理解するための文章をそれぞれ参照してみたい。「普通ではない」ことに苦しむことは素朴なことでもあり、言語化は困難であっても不可能ではないことを確認していく。

(2) 普通でないことの素朴さ

記号に頼らずに「普通ではない」ことを言葉にしていくとき、具体的にどのようなことが想定されているのか。phaは、『ニートの歩き方』という本の中で、自らを次のように振り返っている。

> みんなが当たり前にできているような、毎日決まった時間に起きるとか、他人と長時間会話するとか、大勢の人が集まっている場で適切に振る舞うとか、そういうことが自分はできないのはなぜなんだろう。努力が足りないとか、コツを知らないとかそういうことなのだろうか。十代、二十代の頃はずっとそんなことに悩んでいて試行錯誤を繰り返していた。
>
> 〔pha 二〇一二 一三二〕

phaはこのように、記号として「普通」について述べはじめる。けれども次のように続ける中で、「普通」は柔軟なものに変化していく。

> 世間で模範的とされている生き方、例えば「ちゃんと学校に行ってちゃんと就職して真面目に働いて結婚して子供を作って育てる」みたいなのに違和感を覚えない人は別にそれでいいと思う。人はそれぞれ幸せになれる場所が違うし、そのルートで幸せに生きられる人はそこで生きたらいい。皮肉などではなく素直にそう思う。

けれど、そういった世間で模範的とされている生き方にどうしても馴染めないし適応できなくて、「それって自分が悪いのかな」とか「自分の努力が足りないのかな」とか悩んでいる人に対しては、「別にどんな生き方でもなんとか生きられたらそれでいいんじゃないの。自殺したり人を殺したりしなきゃ」と言ってあげたい。それはその人が悪いのではなくその人と環境との相性が悪いだけだからだ。

〔pha 二〇一二 一三三〕

「普通」を記号として捉える以上、そうでない自分は悩み、試行錯誤してしまう。一方で、「普通」の外側にある自分を(どんな生き方でも)柔軟に環境とすり合わせていくこともできると、pha は述べようとしているのではないか。このとき、少なくとも言葉の上では、「普通」を記号、つまり絶対的なものではなく、柔軟な、相対的なものとして捉えなおすことができるのである。

以上をふまえ、ここで強調しておきたいのは、本章で述べる素朴さとは、「決まった時間に起きる」、「他人と長時間会話する」、「大勢の人が集まっている場で適切に振る舞う」ことができない、というような、これといった理解の仕方や枠組みをもたない生きづらさを捉えるための言葉だということである。極めて具体的だが、生きづらさのより大きな部分(例えば家父長制によって正当化される暴力、能力主義、社会的障壁、多様な性への無理解など)へと還元することが困難なもの、それが果たして少数なのか、そうではないのかわからないものを指している。素朴な生きづらさは、いまだ言葉をもたないが、わたしたちのなかに、確かに宿っているのである。

(3) 言葉になる前の生きづらさ

以上のように、「普通」、「普通ではない」を記号的に運用せず、暮らしの中で柔軟にその複雑さを理解することがどのように可能かを示していくために、貴戸理恵の「関係的な生きづらさ」〔貴戸 二〇一二〕を参照したい。貴戸はまず、以下のように述べる。

「生きづらさ」を理解するための枠組みを、私たちの社会はすでに持っています。その困難が、何に由来する、どのようなもので、それに対する責任はどこにあるのかといった点で、さまざまな枠組みがあります。これらの枠組みに組み込まれる語りは理解され、組み込まれないものは、うまく理解されません。「生きづらさ」を語る側は、理解を求める以上、そうした枠組みを参照しながら、自分たちの現実を語っていくことになります。ですから、これは理解の枠組みであると同時に、語りの枠組みでもあります。〔貴戸　二〇一一　三二〕

ここでいう枠組みを、貴戸は「①学校や仕事などキャリアに関わるもの」と「②『病』『障がい』『老い』『性』など特殊化された個体性」に関わるものに分け、さらにそれぞれの生きづらさが「市場」、「社会」、「当事者」のいずれを重視するかで六つに分けられるとした〔貴戸　二〇一一　三二〕。このうち、①の「当事者」性を重視する部分が、不登校やひきこもり、ニートのような、「『自己責任』を否定しながら本人の主体性をすくいあげる」（自分で選んだ、でも社会に追い込まれた）〔貴戸　二〇一一　三八〕という、理解されづらい、枠組みのないように思えるものとして示されている。自分の選択を尊重するゆえに、あえて生きづらい立場に行きついている状態、それは客観的に見れば理解しづらいものだろうが、貴戸は次のように整理している。

価値の多様化や選択肢の増加のなかで、「正常」とも「異常」とも言えない存在や、「選択」とも「宿命」ともつかない状態が、一定の厚みを持って見出されるようになってきています。不登校・ひきこもりをはじめ、慢性の病や、軽度の「発達障がい」と呼ばれるもの、さまざまな嗜好行動、広い意味での働かない／働けない状態などを、このような観点から捉えることができるのではないでしょうか。それはしばしば、「選択できない」ことから見れば「なまぬるい、ぜいたくな話」と映るものですし、実際、地球上の貧しい地域には、「選択できるようにする」ことを目指す必要がある物質的な深刻さを抱えた局面は未だ多くありますが、どっちつ

かずの曖昧さは、そうした深刻さとはまた別の独特の苦しみを当人にもたらします。〔貴戸　二〇一一　四一〕

ほどなくこのどっちつかずで曖昧な当事者性は、貴戸の「関与者としての当事者」〔貴戸　二〇一二〕という言葉につながっていくことになる。本章でも次の節で引用するが、ひとまずここでは、素朴で未だ言葉をもたない生きづらさの捉え方について、貴戸の論を参照しておく。

さて、赤松が主張する非常民とは、こうした意味で常民のほとりに位置するような概念ではないか、と本章では考える。「普通」を記号的に運用する時、生きづらさをつむぐ言葉は抑圧される。その抑圧に抵抗し、人や社会の複雑さを柔軟に捉えることで生まれる言葉について、二節と三節では検討していく。

二、生きづらさは連帯する

(1) 総中流（普通）社会と生きづらさ

なぜ、「普通」を記号的に用いて要領よく社会を認識しないのか、なぜ複雑な思考を経由してまで、まだ言葉になっていないものを生きづらさとして認識し、言葉にする必要があるのか、それは、生きづらさが連帯を生み出しうるからであり、それゆえにわたしたちの生存に深く関わっているからである。

要領よく社会を認識しようとする支配的な考えの背景には、わたしたちの社会に根強く存在する中流意識があるだろう。赤松啓介は、次のように述べている。

いわゆる民衆、市民、常民と常識的にいわれてきた階層が、九〇パーセントまで中流意識をもつようになったという。これは日本だけではなく、おそらく世界的な現象だろうと思われる。つまり封建社会では町人、百姓、職人であった連中が、近代社会では主人公に上昇し、民衆、市民、常民となり、民主主義、あるいは自由主義で自分たちの世界を作りあげ、あるいは社会主義、共産主義などで新しい枠を作って再生しようとした。もはや古くされた枠にしがみついて革命しようとしても、失敗するのは当然のことである。いまや朧腐れて、死臭がただよっている民衆、市民、常民に、われわれがなにを期待できようか。

〔赤松　二〇〇六　一六〕

赤松が、この根強い中流意識によって、社会が多くの問題を抱え、病んでいくことになる、と主張している点において、フランコ・ベラルティの次の主張も参照しておきたい。ベラルティによれば、日本の根強い中流意識は、個人に「逆説命令（ダブル・バインド）」を植え付けることになったという。

20世紀のあいだずっと、日本の資本主義の発展は、中産階級の消費者を形成することを目指してきました。ただし、その中産階級の消費者というのは、ただ個人主義というかたちにおいてのみ存在しています。だから、日本の資本主義を、もしワツラウィックとベイトソンが用いた表現で理解するなら、それは一連の「逆説命令」を土台に機能していると、そして「ダブルバインド」という苦しい混乱を創出していると言えるでしょう。（…）どのようにすれば、私は競争する個人でありながら、広く行きわたった順応主義を順守できるのでしょうか？　これが、近代日本の文化の基盤で作用している逆説命令なのです。

〔ベラルティ　二〇一〇　二五三〜二五四〕

ベラルティは「こうした日本の状況は、経済とグローバル化現象、そして新しいかたちの不安定労働と簡単に溶けあう」ようになってきた〔ベラルティ　二〇一〇　二五五〕と続け、その結果ひきこもりという社会現象が生じたと分析する。貴戸が述べている、理解されづらい生きづらさはここに位置している。

わたしたちが総じて中流であれば、社会は健全である、という幻想がまずあり（ここにおいて、「普通」は記号的に運用される）、しかし結果そうはならなかった。そのように、赤松も、貴戸も、ベラルティも同じものを見ようとしており、本章も例外ではない。中流といわれている状況はいまやとうに破綻しており、だからこそ、複雑なものを経由してまで、言葉になっていないものを言葉にする、言い換えれば、生存のために、わたしたちが生きづらさを抱えて生きることについて考える必要があるのだ。

赤松が、近代社会においては民主主義も社会主義も共産主義も革命も破綻している〔赤松　二〇〇六　一六〕と述べることと、本章で述べようとしている、生きづらさの言語化はわたしたちの生存とそのための連帯に関わる、という主張は矛盾しない。例えば、ベラルティはひきこもりを社会に対する前衛的な運動とも言える、と述べる。生きづらくあることは、なにかしらへの抵抗も同時に意味するのだ。

ひきこもりをめぐる日本の経験のなかには、何よりもまず、孤独や苦悩のようなかたちで表現される自律性への欲求が働いていると思います。ひきこもりとは、離脱という世界規模で起こる運動の一つの前衛です。彼らは、資本制世界に蔓延する競争や攻撃のシステムとの関係を断ち切ることを決めた人たちです。ひきこもりは、孤独ではありますが、自律的に閉じこもって生きることを決めている人たちなのです。

〔ベラルティ　二〇一〇　二六五〕

ベラルティがひきこもりをそう捉えたように、わたしたちに宿る生きづらさは、すでに破綻している社会の中で、なにか別の新しいものを構築していく力を持ちうる。それは例えば、連帯する力である。赤松は次のように述べる。

いま反人間、非人間の世界の発掘と建設とが始まった。民衆、市民、常民と、かれらの世界、かれらの運動を打開し、非民衆・非市民・非常民、反民衆・反市民・反常民は連帯しようではないか。いまわれわれは、どこに位置するか、それもわからない。しかし、われわれのみが、金儲けとも、立身出世とも無縁な場所で、人間の新たなる地平を切り開く任務を持っていることは明らかである。われわれの連帯のために、心から固い握手を。

〔赤松　二〇〇六　一六　一八～一九〕

次はそうした、生きづらさを核に、生存と連帯を同時に起こしていくような営みがどのような考え方に基づくものかを確認していくこととしたい。

（2）生存のための生きづらさ

素人の乱とは、松本哉が二〇〇五年に高円寺の商店街に店舗を構えたことに端を発する様々な社会活動の総称である〔松本・二木　二〇〇八　一四〕。活動の基本的な考え方は、ベラルティが日本社会を分析する際の競争からの離脱と呼ばれるものが、ひきこもりとは別の形で言葉にされていると言えるだろう。

我々、貧乏人、役立たず、大バカ者、ロクでなし、アホ、マヌケなどなど、その辺をウロウロしてるとんでもない奴ら＝「素人」が本気になって遊び始めたら大変なことになってしまうってことだ！　おい、そこの公園でジャングルジムによじ登ってるガキんちょの諸君！　もはやグウの音も出まい！　君たちに勝ち目はないぞ！　まいったか！　……あれ？

ちがうちがう！　子供に勝ってもしょうがない！　っていうか、勝ち負けの問題じゃない！　わけのわかんない奴らがどれだけ好きなことをやり出すかだ。素人の乱創設者のひとり、小笠原瓊太が二言目に言う口癖はこれ→「素人の恐ろしさを見せつけてやる！」。そう！　何の遠慮もなく、勝手なことをやりまくったらどれだけ面白いことが起こるか！
〔松本・二木　二〇〇八：一二～一三〕

素人と形容される人々の羅列は、赤松が非常民を羅列するそのレトリックと非常に似ている〔赤松　二〇〇六　九～一四〕。また、貴戸が理解されづらいと述べた当事者像とも重なるだろうことを強調しておく。素朴だが「普通」でも「中流」でもない、マイノリティともマジョリティとも言い切れず、生きづらさを抱えながら、なおありふれた暮らしの中を、わたしたちは生きているのだ、という共通の理解のようなものが、ある一つのスローガン、一冊の書物、一人の指導者なくして成立していること、本章においてこの一点が決定的に重要なのである。

以下に引用するのは素人の乱のメンバーのやりとりである。素人（本章でいう非常民）が集まって、何でもいいから何かをするという素人の乱の意義について、次のように言葉にしている。

瓊太：極端にいえば雨宮さん（……）の本とかに出てくるニッチもサッチもいかなくなって死んじゃう人とかは、実はコミュニティがあれば救われるっていう一面はあるでしょ。
一同：そうだよね。
コジエ：結局のところ、根底にあるのは居場所問題でしょ。
陽光：俺、御徒町とかに1人で住んでたら自殺してると思うよ（笑）。〔松本・二木　二〇〇八　一三四～一三五〕

一人では生きていけないという自負が、コミュニティへと向かう、これもまた特別なことではなく、素朴なことのなかにある。やりとりのなかで話題に挙がった雨宮処凛は、次のように述べている。

プレカリアートという言葉が示すように、キーワードは「不安定さ」だ。いま、生活そのもの、生きることそのものが不安定さのなかに放り出されている。生活とあまりに密着した「働く」ということが、根こそぎ崩れている。そしてそれは、私たちの精神まで不安定にさせている。熾烈な競争に勝ち続け、自らがのし上がり続けなければ生存そのものが許されないような世の中で、誰がマトモに生きていけるだろう。

〔雨宮　二〇一〇　二三〜二四〕

生活、生きることは本来素朴であるはずが、雨宮によれば、自立と生存はいまや短絡し、「不安定さ」に覆われている。そしてこの場合の自立とは、暮らしの経済的な部分だけではなく、精神をも蝕む過酷さをともなっている、と雨宮は述べる。

だからこそ人々は、一人では生きていけないというその「不安定さ」を持ち寄り、ともに何かを行うという営みへと向かい、連帯するのである。

具体的に、雨宮が参加したあるデモに対する、貴戸の分析をみてみることとする。デモのイシューはこのような営みの中で、社会課題の解決を求める訴えや、既存の権力に対する抵抗だけではなく、それ自体が生存のための連帯を目的としていることがわかるだろう。

（3）生存のために関与しあい、不安定さを持ち寄る

生存と連帯を同時に起こしていくこと、それは、むしろそうしなければ生きていけないからこそ成立する。また、そうした連帯の現場では、「普通」、「中流」ではない豊かな言葉であふれている。生存のために連帯するわたしたちは、「貧乏人、役立たず、大バカ者、ロクでなし、アホ、マヌケ」〔松本・二木　二〇〇八　一二〕だが、だからこそ豊かに自らを表現することができる。山口の述べている「周縁的諸力」を自らのものとすることができているのだ

〈山口　二〇〇二　二四八〉。

貴戸はそのような、人々が関わり合うことで自身の当事者性を確かめる様子を、雨宮が二〇〇八年の「自由と競争のメーデー」に参加した際のレポートから次のように読み取っている。

ここに挙げられた「生きづらさの当事者」たちは、何か特定の社会的属性によって結びついているのではない。そこでは「ホームレス」と「リストカッター」と「公務員」が一堂に会している。結び目となっているのは、問題をやり過ごしたり、見ないふりをするのではなく、積極的に取り組もうとする関与の姿勢だろう。このような当事者を、「関与者としての当事者」と呼んでみたい。雨宮は、『ビッグイシュー日本版』において、「世界の当事者になる」という連載を持っているが、その副題は「I' m concerned（私は関係がある）」となっている。

〈貴戸　二〇一二　六八～六九〉

雨宮は、こうした生存と連帯を同時に起こし得る運動について次のように振り返っている。

このように、「無条件の生存の肯定」を掲げるプレカリアート運動の中に身を置いていると、無駄に「自己肯定」の気持ちが肥大し、自分にも他人にも甘くなるのでちょっとしたことでも「自分はすごい！」と思えるという効能がある。これは「生きづらさ」にいい。結局、運動によってもっとも救済されているのは私である。

〈雨宮　二〇一〇　三一三～三一四〉

運動の中で、様々な人の苦しさに触れながら、自分の苦しさと向き合うこと、それは自身の救済を意味すると、雨宮は断言する。

言葉にならない生きづらさを抱えるとき、それは「普通」に隷属する自分という殻を破るときであり、自らの「不安定さ」に生存を揺さぶられるときである。しかしこのときはじめて、自らを表現する豊かなことばと出あい、自らを形づくることができるようになる。

一方で重要なのは、「不安定さ」を持ち寄るという連帯の仕方は、無傷ではいられない、決して安全ではない営みであることを同時におさえておくことである。ジュディス・バトラーは次のように述べている。

> 私の考えでは、たとえ不安定性が差別的に配分されているとしても、不安定性の共有された条件は私たちの政治的生にある位置を与えている。（……）不安定性は不平等に配分されており、生は平等に哀悼可能であるとは、あるいは平等に貴重であるとは見なされていない、ということだ。（……）他の誰かが私たちの顔を、私たちには不可能な仕方で見るのであり、私たちの声を、私たちには不可能な仕方で聴くのである。私たちはこの――身体的な――感覚において、常にあそこに、しかしここにいて、この脱占有が私たちの属している社会性を徴し付けている。位置づけられた存在としてであれ、私たちは常に別のどこかにいるし、私たちを超えた社会性において構成されている。このことが、私たちの曝されと私たちの不安定性を確立し、私たちが存続するために政治的で社会的な制度に依拠する方法を確立しているのである。
>
> 〔バトラー 二〇一八 一二七～一二八〕

「不安定さ」が「私たちが存続するために政治的で社会的な制度に依拠する方法を確立している」〔バトラー 二〇一八 一二八〕一方、それはわたしたちが曝されていることも意味している。この連帯はわたしたちの手では占有できない、とバトラーは述べる。それは例えば、「私たちを超えた社会性において」〔バトラー 二〇一八 一二八〕、周囲の過剰な同情や同調、冷笑的な見解、無理解に曝されているということだろうか。

本章「おわりに」では、このように生存のための連帯が、過酷さを伴いながらなお重要であり、かつ、必然性もそなえていることを確認する。ただわたし一人によって世界が成立していない限りは、連帯も曝されも誰かとの間に必ず起こる。社会のこうした部分を、「普通」や「中流」は隠蔽してきたのである。ベラルティが日本のひきこもりを運動の前衛とみたように、もはや隠蔽に供してきたその大きな布は、ほつれはじめてから日々穴を大きくしていると言えるだろう。

そのような作業に入る前に、改めて三節ではこれまで述べてきたような「普通」や「中流」に「非常民」という言葉で抗議してきた赤松の著作から、民俗学的な問いの立て方や方法に関わるような文章を抄出し、民俗学が生きづらさについて述べるための「非常民」論に取り組むうえで、どのような手順を組むことができるかを考えてみたい。[*1]

三、赤松啓介の言葉の断片と現代エスノグラフィー

(1) 方法――話の聞き方

赤松は、ノートをとらない調査を提案している。調査をされる側は基本的に調査する側とは非対称であり、自分の話したことが、誰に、どのように伝わるかを知ることが困難なため、警戒されてしまい、その場合無難な回答しか得ることができない。赤松は、そうした事態を避けるために、聞き取りの際には相手にノートも鉛筆も見せないという。

> 私なども採取の際にはノートも、鉛筆も相手に見せないようにした。一般の田舎の人たちはノートで話を筆

記などするのを嫌い、そういう取材方法をとるとほんとうのことをしゃべらなくなる。記録して残すということになると、誰に聞かれ、また読まれても、ほかから文句の出ないような内容でないと答えられないと自己規制が働くわけである。そうなるともう資料採取は困難で、なかなか信用を回復できない。そこで採取者の記憶力や、整理の問題を生ずるが、ある程度の採取経験を積むと、急所というか、要点の復元はあまり困難でなくなる。〔赤松　二〇〇五　一一三〕

世間話をするように聞き取りをすることができれば、相手も警戒せずに答えてもらえることが期待できるのだ。さらに赤松は、録音をすると調査の精度が落ち、科学的な採取が困難になると主張する。

テープをとって取材されてみると、すぐわかるのは質疑の方法が下手になっていることだ。なんでも聞いておいて、後で編集すればよいということだと思うが、昔の私たちの取材は一本勝負で、それで失敗すれば三年、五年経たぬと再調査はできないと考えていたほどである。というのは一度、質問すれば、相手に一定の観念をつくらせるから、二度目の答案には最初のような純粋さがなくなると考えたからだ。いくらか経験すると、それがわかるので、できるだけ最初の質疑に賭けるようになる。したがって質疑の順序や内容について、事前にかなり検討した。いまはぶっつけ本番だから、答える方もあまり責任のとれない放言をしても、後で訂正できるからというわけで、精神的には楽になっているが、それだけ科学性に乏しい内容になりかねまい。〔赤松　二〇〇五　一六四〕

赤松は、できるだけ調査をする地域の人々の普段の暮らしに抵触しないように聞き取りをすることを心掛けていたことが分かる。普段の会話のように、思いついたことを素直に話してもらい、その要点をおさえて記憶することが重要だ、と述べているのである。

こうした留意は、今日ではエスノグラフィーを記述する上では一般的に理解されていることだ。例えば、筋書きをつくらずに対話に臨むことでよりお互いの文脈に即した情報を構築していくアクティヴ・インタビューについて、北村文は次のように整理している。

アクティヴ・インタビューが着目するのは、まさにこのダイナミックなやりとりの過程である。回答者は単なる「インフォーマント」(情報提供者)ではなく、自身の経験の意味を、その場の文脈に応じて探りながら能動的に組み立てていく。質問者の期待どおりの答えをすることもあれば、時には文脈からはずれるような、あるいは矛盾するような語りを披露するかもしれない。そして質問者もまた、言われたことをただ額面どおりに受け取るのではなく、やはり能動的に、「情報」の構築にかかわっていく。〔北村 二〇一三 五八〕

もちろん、現代においてエスノグラフィーを記述する際には、ノートをとることも録音することもタブーではない。赤松が留意していたことが、現代のエスノグラフィー記述の方法に連なっていることを、ここでは確認しておきたい。赤松は、よそ者(調査者)の仰々しさによって聞かれる側の素朴な回答が損なわれることを心配したのであり、一回性によって支えられた日常生活の中の言葉を聞き取ることができるよう留意していた(それを科学性と呼んだ)。そしてそれは、現代においてエスノグラフィーを記述するなかで試行錯誤されてきた方法論ともつながっている問題意識なのである。

（2）方法――ピンボケした写真のようなポジショナリティ

赤松は、自分が撮る写真はピンボケしており、むしろそのことが重要だと主張する。なぜだろうか。

> 私の撮影した写真はピンボケになったり、突然に横切った人の頭が写ったりしているが、これが本当の写真なのだ。群衆の中で、彼らともみ合いながら写せば、これが当然のことである。特別に与えられた位置や、特権的な待遇のなかで、いかに所望の完全写真が撮れたとしても、それはすでに死物になっているであろう。〔赤松　二〇一七　一九四〜一九五〕

この赤松の写真に対するスタンスを、エスノグラフィーの記述における書き手の立ち位置の問題に重ね合わせてみたい。小倉康嗣はライフストーリーについて説明する際に次のように述べている。

> 語り手がなにを語るか（what）は、誰がどのように聴いたか（how）によって左右される。また、同じ過去の経験であっても、語り手の現在の立ち位置＝社会的状況によって語られ方（how）は変わってくる。そしてそれは聴き手（調査研究者）とて同じである。聞き手（調査研究者）も無色透明な存在ではなく、自らの生と現在の立ち位置＝社会的状況というポジショナリティを背負って聴いているからである（その意味で「聴く」という行為は、きわめて主体的な行為である）。〔小倉　二〇一三　一〇〇〕

赤松は、自身の撮った写真（まさに調査のために訪れた地域の人々のあいだで左右に揺れながら撮った写真）の対極に、特権性（ゆらぎのない、ピントの合った写真）を見出そうとする。そしてそのピントが合った写真（データ）は、死物だろうと述べているのだ。ノートをとらず、録音もせず、もみ合いながら写真を撮ることにこだわる赤松の姿勢は、現代において提案されてきたエスノグラフィーの記述方法や理念にも重なる。

(3)問いの立て方──身近な場所から言葉にしていく

次に、赤松の文章から問いの立て方に関わる部分を参照したい。なにかを書きあらわそうと期することは、素朴なことからはじまることもある。赤松は都市の戦後の変容を次のように嘆く。

> コンクリートで固めた壮大な劇場、演舞場、図書館、博物館群、もとより道路はクルマ第一の高級街道、こんなところへ観劇や音楽を聴きにくる奴、本を読んだり物を見に来る奴、そんなヒマやクルマのある奴それがどんな階層か、いわずともわかるだろう。道頓堀や千日前が生気を失ってきたのは、あんまり高級化しすぎたからだ。表の劇場で芝居や活動(映画)を見て、帰りにその裏の小便たんごの小店で乏しい財布を気にしながら、酒をのんだり、天ぷらを食いつつ、いまみた芝居や活動を一ぱしの劇評家きどりで批評し、帰りにひょろひょろしながら、ほんとに置いてあったタンゴに小便を放尿するという、あの楽しみ。あんな臭いところで食って、なにが面白いというのは、エセ文化人だ。非衛生にはちがいないが、どこにでもだべりながら放尿できるというところに庶民性がある。〔赤松 二〇一七 一六八〕

ギー・ドゥボールは、「都市を破壊する都市開発は疑似的な農村を再構成する。そこでは、昔の農村の自然的関係も、歴史的都市の直接の、さらには直接的に問題とされる社会的関係も失われてしまっている」〔ドゥボール 二〇〇三 一六〇〕と述べた。赤松はまさにそうした庶民性の喪失(戦後日本の経済的な復興が街を生きづらい空間に変容させた)を道頓堀や千日前から感じ取ったのである。

都市の高級化とは何か、階層とは、庶民性とは、そのことはわたしたちの暮らしとどうかかわるのか、というように、街を歩きながら感じたことを、素朴な違和感として言語化し、問いにしていくことが、日本民俗学では重要になる。

本節では、主にその方法において、赤松の提案しているものが現代のエスノグラフィーにおけるリテラシーと重なる部分があることを確認した。現代エスノグラフィーにおいて取り組まれている、記述することの多くは、赤松が提案していたものとそう大きくは離れていない。この意味で、赤松民俗学の応用（赤松の言葉を断片的に現代エスノグラフィーに結びつけて捉えること）は、現代民俗学の方法に参画しうることを主張しておきたい。

このことから、例えばなんとなくはじめたボランティア活動で出会った人たちとの、他愛のない会話や、すれ違いや、楽しいと思える思い出や、仲間の誰もが口を閉ざしてしまうような出来事と向き合い、言葉にしていくこともまた、言うまでもなく現代民俗学である。誰かの、わたしの生きづらさを言語化しようともがくこともまた同様である。

それでは最後に、生きづらさを抱えて生きていく際の「曝され」の過酷さと必然性について、いくつかの文章を参照し、まとめたい。

おわりに

さて、わたしたちが生存のために素朴な生きづらさを持ち寄り連帯するとき、なぜ「曝され」は不可避であり、かつそのこと自体が重要なのか。バトラーは次のように述べる。

もし私が自分自身を説明しようとするなら、それはつねに誰かに対してであり、私の言葉を何らかの仕方で受け止めてくれると私が想定している人に対してである。——たとえ私はどのように受け止められるかを知らず、また知ることができないとしても。実際、受け止める側と位置付けられる者は、まったく受け止めていないかもしれず、いかなる状況でも「受け止めること」とは呼ばれないような何かに関わっているのかもしれないのであり、私はありうべき受け止めへの関係が分節されるような場、立場、構造的位置を作る以外のことはしていない。というのも問題は、ありうべき受け止めへの関係が生じる場が存在する、ということだからだ。ありうべき受け止めに対して、この関係は多くの形を取る。すなわち、誰もこれを聞き取ることはできない、この人はきっとこれを理解してくれるだろう、私はここで拒絶されるだろう、そこでは誤解されるだろう、裁かれるだろう、退けられるだろう、受け止められるだろう、あるいは抱き止められるだろう、といった具合に。

〔バトラー　二〇〇八　一二三～一二四〕

「曝され」の結果、もしある一人に拒否されたことによって孤立するのであれば、連帯は成立しない。バトラーが述べているのは、連帯の成立か不成立ではなく、自らが曝されつづけることでしか受け止めてもらえる人は現れない（受け止めの仕方は分節されない）ということである。

この過酷さをどのように説明することができるだろうか。孤立することや無理解を受け入れることが、どのような意味で不可避で、重要なのか。

モーリス・ブランショは、わたし、という一人の人間を自分自身で認識するためには、他者が不可欠である、と主張する。

存在者は、おのれ自身で満ち足りてはいないが、だからといって、ひとつの欠けることなき実質を形づくるために他の存在者と結びつこうとするのではない。不充足の意識は存在者が自分自身を疑問に付すことから生じる。そしてこの付疑が果たされるために他者が、あるいはもう一人の存在者が必要なのである。(…)あるいはこう言ってもいいだろう、存在者は単独であるが、自分が単独であることを知るのは、彼が単独ではないその限りにおいてである。

〔ブランショ 一九九七 一八〕

誰かがもう一人いなければ、わたしというものは維持できないはずだ、とブランショは述べる。そしてそれは、ある秘密が秘密でなくなることも同時に意味する。

この意味でもまた、最も個人的なものは、一人の人間に固有な秘密としてとっておかれることはなかった。それは個人の限界を破って分かち合われることを要請していた、というよりむしろ、分かち合いそのものとしておのれを宣明していたからである。この分かち合いはそのまま共同体へと反転するが、それによって共同体の中にさらされ、そこで理論化され、定義づけの可能な真理あるいは対象となることもある——そしてそれが分かち合いというものの危うさでもある。

〔ブランショ 一九九七 四八〕

この分かち合いの必然性こそが、生存のための連帯には伴っている。「普通」、「中流」ではないことは多様で豊かである一方、誰か(それは親しい人かもしれず、まだ顔も名前も知らない人かもしれない)に理解されない、拒絶されるかもしれない過酷さも伴っている。

この意味で、非常民は素朴であり、過酷である。非常民の豊かさは、詩的テロリズムにも通じる。

「詩的テロリズム」は、自分以外のアーティストたちにではなく、あなたがしてきたことがアートであることを(少なくともほんのわずかなあいだでも)理解しないであろう人々のために行なうこと。見覚えのあるアートのカテゴリーや政治活動は避けること、議論するためにうろついてはならないし、感傷的になってもならず、無慈悲に、危険を冒し、貶め〈ねばならない〉ものだけをぶち壊し、子どもたちが一生覚えているようなことをせよ。

〔ベイ　一九九七　二〇〕

誰かとともにあることの不器用さは、わたしたちが素朴なる民（非常民）であることを証明する。その不断の営みは、行ったときにはすでにあなただけのものではなく、誰かとともに共有されているものであり、だからこそ「曝され」ているのである。

本章では、「普通」の捉え方をいかに変え、自らの本来の複雑さを言語化することが可能かについて検討してきた。それは、「曝され」ながらも誰かとともにあることによって達成される。そしてそれは、過酷ではあるが困難ではなく、身近なことであることを、素人の乱などから確認した。

生きることの過酷さを、特別なことではなく、素朴な、ともに乗り越えることであるという認識を再生させる方法について、本章では赤松啓介の言葉の断片、特に非常民から考えることを試みた。

○注

＊1　本論に先行して、大月隆寛は赤松啓介によって書かれたものを読む際の姿勢について「『論文』という形式の約束ごとを前提としない仕事に対してなおそのような硬直した読みしか準備できない不自由は、どのような意味にせよ、民俗学を『現在』に解き放つことを最も根の所で妨げる。（…）『書かれたもの』をそのものとして『評価』するのではなく、むしろ、どうしてこのように書いたのか、書かざるを得なかったのか、ということを主体の生の『まるごと』

の場のふくらみに戻すこと。赤松啓介の『仕事』に関する『評価』の位相は、このような国の民俗学の現在をめぐる錯綜した文脈を前提として、より方法的に、戦略的に読み解かれねばならない」〈大月　一九九〇　一七六〉と述べている。さらに赤松の調査の仕方についても「この国の民俗学における『調査』論の多くが、例えば、どのような『調査項目』が設定されるべきか、といったあらかじめある枠組みの中での固定した問い(…)、言わば設計図的配置図的世界観から出られないのに対し、赤松はそのような『何を』ではなく、むしろ『どのように』という実践的上演的世界観に立った一点突破を仕掛けてきている」〈大月　一九九〇　一八四〉と述べた。本論もこの認識に立ったうえで、現代エスノグラフィーにおいて言語化されてきた技術や方法が、赤松の断片的な言葉とどう結びつきうるか、ひいては、今を生きるわたしたちの「生きづらさ」と呼ばれるものを聞き取り、捉えていくうえで、赤松の調査に対する考え方をどのように読み取ることができるかについて考えた。

〇参考文献

赤松啓介　二〇〇五『差別の民俗学』筑摩書房
赤松啓介　二〇〇六『非常民の民俗文化』筑摩書房
赤松啓介　二〇一七『性・差別・民俗』河出書房新社
雨宮処凛　二〇一〇『生きさせろ！――難民化する若者たち』筑摩書房
大月隆寛　一九九〇「まるごとの可能性」『国立歴史民俗博物館研究報告』二七、国立歴史民俗博物館
小倉康嗣　二〇一三「ライフストーリー」藤田結子・北村文編『現代エスノグラフィー――新しいフィールドワークの理論と実践』新曜社
北村文　二〇一三「アクティヴ・インタビュー」藤田結子・北村文編『現代エスノグラフィー――新しいフィールドワーク

の理論と実践』新曜社
貴戸理恵　二〇一一『「コミュニケーション能力がない」と悩むまえに――生きづらさを考える』岩波書店
貴戸理恵　二〇一二「支援者と当事者のあいだ」『支援』二、生活書院
鶴見俊輔　一九八八「はみだしたものから見る民俗学」『潮』一一、潮出版社
ドゥボール、ギー　二〇〇三『スペクタクルの社会』（木下誠訳）筑摩書房
バトラー、ジュディス　二〇〇八『自分自身を説明すること――倫理的暴力の批判』（佐藤嘉幸、清水知子訳）月曜社
バトラー、ジュディス　二〇一八『アセンブリ――行為遂行性・複数性・政治』（佐藤嘉幸、清水知子訳）青土社
ブランショ、モーリス　一九九七『明かしえぬ共同体』（西谷修訳）筑摩書房
ベイ、ハキム　一九九七『T・A・Z・――一時的自律ゾーン』（箕輪裕訳）インパクト出版会
ベラルディ、フランコ　二〇一〇『ノー・フューチャー――イタリア・アウトノミア運動史』（廣瀬純、北川眞也訳）洛北出版
松本哉・二木信編　二〇〇八『素人の乱』河出書房新社
山口昌男　二〇〇二『文化の詩学Ⅰ』岩波書店
山口昌男　二〇〇七『いじめの記号論』岩波書店
pha　二〇一二『ニートの歩き方』技術評論社

第四章

「民俗」は炭坑の暮らしをいかに捉えてきた／こなかったのか

旧産炭地筑豊における「民俗」記述を事例に

川松あかり

はじめに

本章は、かつて日本最大級の石炭産出地の一つであった福岡県の筑豊を事例として、「民俗」という枠組みの中で、炭坑の暮らしが[*1]いかに描かれ、また、描かれなかったのかを明らかにすることを通して、村落社会を中心に行われてきた日本の「民俗」をめぐる記述が、いかに炭坑の排除を助長・温存し、他方で克服しようとしてきたのかを問うものである。

本稿執筆の背景にあるのは、筆者がこれまで筑豊で取り組んできたエスノグラフィックなフィールドワークである。筑豊で炭坑をテーマにフィールドワークをする筆者にとって、「差別」は現地で出会う人々から投げかけられる重要なテーマであり続けてきた。筑豊をめぐっていると、いたる所で「差別」に関わる語りに遭遇した。筑豊外から来た筆者に対して、それはしばしば厳しく筆者自身の立場性を問うものであった。もちろん、実際に現地に行く前から、筑豊に関わる書物を通して「差別」に関わる記述には数多く触れていた。筆者はこうした問題に向き合いたいと思ったからこそ、筑豊を目指したのだとさえ言える。しかし、実際に筑豊の地で地元住民から投げかけられる、「筑豊の差別に、あなたはどの立場からどう向き合うのか?」という問いは、一調査者としての筆者には極めて重たいものであった。

一方、本音を言うならば、こうした「差別」に関わる様々な語りを聞くうちに、筑豊における「差別」とは具体的にどこにある何のことであるのか、次第に混乱した気持ちになっていったことも、また事実である〔川松　二〇二〇a　四〇〕。筑豊にはあまりに複合的な差別構造があり、それが少しずつ姿かたちを変えながら現在にも存在し続けている。筑豊における差別は、筑豊に対する漠然とした差別的感情や地元住民自身による負の感情、筑豊に対する暗いイメージ[*2]などを形成してきたようである。このうち、例えば炭坑労働者への差別と部落差別が重なり合っていった経緯を、田川市石炭・歴史博物館の館長であった郷土史家の安蘇龍生は、以下のように整理している。すなわち、近世以来筑豊で積極的に利用されてきた同和地区住民の居住地区に、近代には炭坑労働力として流れ込んだ他地区の住民が合流し、さらに炭坑労働への蔑視観と危険視から生まれた炭坑労働者への排除観が部落差別意識と重なって、「ふるさと田川（筑豊）を誇れない忌避観の情勢が浸透してい」ったというのである（安蘇　二〇一六　一四）。このように、「筑豊」と「炭坑」と「差別」の結びつきは、部落差別との関係一つをとっても極めて複雑である。フィールドワーク中、あるいは、筑豊外で行われていた筑豊炭坑に関する研究会でも、部落差別と炭坑差別は実際に関係があるのか、それとも別物なのかという議論は、時に熱い論争を呼んでいた。それほどまでに、筑豊－炭坑－差別という三者の関係を解きほぐすことは難解であり、また、現在においてもアクチュアルな課題なのである。

とはいえ、このような壮大なテーマは一朝一夕に解きほぐせるものではない。本共同研究期間中、筆者はまず、そもそも「差別」とはどのように定義されるのか改めて理解しようと努めてきたが、いくつかの議論を参照して浮かび上がってきたのは（特に、（池田・堀田　二〇二一、篠原　二〇〇七、内藤　二〇〇三、西坂　一九九六））、ある区別が不当な差別だと認識されるのには歴史的背景があり、この歴史を明らかにしなければ差別を理解することができないというささか自明の事実であった。そこで本章では、直接「差別」の形成されてきた歴史を跡付けるには至らないものの、我々が専門とする「民俗学」という思考の枠組みと最も関わりが深そうな部分、農村住民から炭坑労働者に対して存在したとされる差別に関わって、そもそも「民俗」という枠組みの中で、筑豊の炭坑に生きた人々の暮らしを記述するという営みがいかに行われ、また行われなかったのかを整理することを課題とする。本章が、筑豊－炭坑－差別という複雑な問題の絡み合いを解きほぐすための一助となれば幸いである。

まず、第一節では「筑豊」という地域とその歴史の概要を示す。続いて、第二節では、「炭坑は農村中心社会から差別されてきた」というよくある言説を土台として、むしろ筑豊を革命の拠点としようとしたサークル運動における言説に、導入的に言及する。筑豊のサークル運動に名を刻む者たちが民俗学に寄せる期待と失望は、おそらく彼らが愛読していたであろう民俗学に対する問いを投げかけている。

では、「民俗学」の枠組みの中からは、炭坑の暮らしや生活、そこに生きた人々の姿は、どのように捉えられてきたのだろうか。第三節、第四節では、その一端を明らかにする作業を通して、筑豊における炭坑と差別という問題を、農村と炭坑の対比という視点から検討する。これを通じて、本章では、「民俗」の枠組みで炭坑に目を向けた民俗学者の足跡を評価すると同時に、「民俗学」の限界を問いたい。

一、(旧)産炭地「筑豊」の概要

(1)「筑豊」とは

筑豊は現在、福岡県を四地域に区分した際の一地域を指す行政区分である。県のほぼ中央部に位置し、直方、宮若、飯塚、嘉麻、田川の五市と、鞍手、嘉穂、田川の三郡によって構成される。人口は令和二年(二〇二〇)一〇月一日現在で三九万七〇〇〇人であり、福岡県内で最小(県の人口の七・七%)、人口減少率は最大である〔福岡県企画・地域振興部総合政策課編 二〇二四 九〕。

ただし、歴史的経緯をふまえると、筑豊は今日の行政区域とはやや異なる範囲も示す。[*3] 筑豊という地名自体が、旧筑前国と豊前国の石炭産出地が近代石炭産業地域として発展していく過程で、一帯の炭田地帯を名指すために生まれたものだからである。そもそも、明治一九年(一八八六)に作られた炭坑主による同業組合「豊前国・筑前国石炭坑業人組合」を、別名「筑豊石炭坑業組合」と称したことが「筑豊」の始まりなのだという〔永末 一九七三 九〕。「筑豊」とは、「遠賀川流域の五郡、すなわち、旧藩時代の筑前国のうち遠賀・鞍手・嘉麻・穂波(のち嘉麻・穂波二郡併せて嘉穂郡）の各郡および豊前国のうち田川郡よりなり、石炭礦業を基盤として形成された歴史的地域的な概念」〔筑豊石炭礦業史年表編纂委員会　一九七三　三六〕なのである。先に言及した安蘇も、「歴史的に見る本来の筑豊とは、地理的には遠賀川とその流域（堀川と洞海湾も含む）、経済的には石炭産出と流通、時には石炭輸出拠点の門司港まで含む範囲で考察しなければならない」〔安蘇　二〇〇八　二〕と述べている。この場合、筑豊は本節冒頭で示した今日の行政区分でいうところの「筑豊」に加えて、北九州地域の一部（中間市・水巻町・遠賀町・岡垣町および北九州市の一部）も含む。その範囲は、筑豊炭田のほぼ中央を南北に貫く遠賀川の起点から海口まで約五六・七キロメートル、東西一二～二八キロメートルの約七八七平方キロメートルを占める。*4 市町村合併の歴史により、かつての筑豊炭田地帯の一部を含む自治体は歴史上相当な数に上る。*5

（2）筑豊における炭坑の歴史概要

この「筑豊」の地名の由来であるともいえる筑豊炭田は、明治時代には日本の全出炭量の半分以上を賄っていた時期もある、日本の主要炭田の一つである。

筑豊で最初に石炭が発見されたのは、伝説によれば文明一〇年（一四七八）、遠賀郡埴生村でのことである*6〔福岡県　一九六三　一二三〕。初めは農民が薪炭の代わりに使用する程度だったが、貞享年間（一六八四～一六八八）に商品生産に転化するようになり、一八世紀後期に瀬戸内海の製塩に石炭が使用されるようになったことで、需要が拡大した。福岡藩・小倉藩は共に石炭をその統制下においた。このような体制下で、石炭採掘には、長い間農閑期の副業として地元の貧農があたったが、生産規模が拡大するにつれ専業労働者が出現していったという〔永末　一九七三　三八〕。

明治時代になると石炭採掘は藩の統制を解かれ、明治五年（一八七二）、鉱山心得書の布告により、鉱物資源は国有となる。明治六年（一八七三）には日本坑法が定められ、民間人の鉱業経営の手続きが明示された。これを受けて、多くの小規模炭坑が誕生した。その後、明治二〇年代に実施された様々な政策により、筑豊にも中央財閥資本が進出し、炭坑の大規模化が進んだ（筑豊石炭礦業史年表編纂委員会編　一九七三　二一～二二）。明治三〇～四〇年代には、「大竪坑時代」と言われ（永末　一九七三　一三〇）、石炭産業の近代化が進んだ。産業革命期の筑豊では、男女のペア（典型的なのは「夫婦一先」）で就労する家族労働形態が定着したという（西成田　一九八五　七二～八二）。この時期には、納屋制度という労務管理制度が築かれるが、これは一九〇〇年頃から解消され、大炭坑では直轄雇用が広がっていった。戦時体制下になると石炭の国家統制が行われ、炭坑は戦場にも例えられた。戦時中は、日本の植民地支配下の朝鮮半島や中国大陸の人々を動員したり、連合軍捕虜を働かせたりして、石炭の採掘が続けられた。筑豊では、戦時体制下の昭和一五年（一九四〇）に最高の石炭生産実績を記録している。

戦後も石炭の国家統制は続き、傾斜生産方式という石炭優遇政策がとられた。戦争によって住居や職を奪われた人々や、引揚者等多数の人々が炭坑を目指し、「こうした急速な石炭の増産態勢は、未熟練な炭鉱労働者を増加させ」たという（藤野　二〇一九　四八）。経営史・経済史を専門とする島西智輝が統計資料等を基にまとめたところによれば、日本の炭坑労働者は昭和二二～二三年（一九四七～一九四八）に四五万人前後で最高となっている（島西　二〇一一　二四）。しかし、昭和二三年（一九四八）にこの政策が終わり、昭和二四年（一九四九）のドッジラインでデフレ政策がすすめられると、朝鮮戦争を契機とした特需を最後に、炭坑は不況に見舞われる。日本の他の産炭地と比較した筑豊の特徴は、財閥系資本、地場大手資本、中小零細炭坑が、狭い範囲にひしめき合っていた点にあるという（福岡県田川市総務部総合政策課編　二〇一〇　四、高橋編　一九六二　二四～二七）。歴史学者の藤野豊は、この時期政府が進めた炭鉱合理化政策は大手炭鉱と中小炭鉱の命運を大きく分けることになったと指摘する（藤野　二〇一九　四九）。地元の郷土史家・永末十四雄は、昭和二七年（一九五二）の景気後退の時点で特に筑豊では閉山が続出し、六二坑が閉山したと述べている（永末　一九七三　二一六）。さらに昭和三〇年（一九五五）には石炭鉱業合理化臨時措置法が制定され、昭和三四年（一九五九）からはいわゆるスクラップ・アンド・ビルド政策が始まる。

この政策下で、合理化の遅れていた筑豊ではスクラップが進み、昭和三七年（一九六二）以降は大炭坑も「なだれ閉山」と言われて次々と閉山してしまった。こうして、地場大手資本の貝島炭礦の露天掘りが閉山することで、昭和五一年（一九七六）には筑豊の炭坑は全て閉山となったのである。

ここでは、戦後の石炭産業の衰退過程にやや重点を置いて筑豊の炭坑史を概観した。これは、高度経済成長期に民俗学が消えゆく生活文化を記録することに焦点を当ててきたことが、以下の議論にとって重要なポイントとなると考えるからである。高度経済成長期の急激な生活様式の変化は、「民俗」を消えゆく何ものかとして記録しようとする民俗学的まなざしを活性化したが、一見近代化の最先鋒と思われる炭坑業、ことに合理化が遅れ旧態依然とした労働形態が染み付いていたとされる筑豊の炭坑業もまた、高度経済成長に伴って消滅していったのである。

二、民俗学への期待と批判――戦後文化運動の言説から

「民俗」の枠組みで炭坑の暮らしがどう捉えられ、また捉えられなかったかを考える際の一つの参照点となり得るのは、筑豊をその象徴的な場の一つとしていた戦後の左翼的な文化運動の言説だろう。筑豊は昭和三三年（一九五八）から昭和三六年（一九六一）にかけて、先鋭的な文化創造運動を展開した『サークル村』の拠点だった。

杉本仁は、当時、『サークル村』の理論的支柱だった谷川雁と民俗学者の宮本常一には、「共同・共鳴関係」（杉本　二〇〇五　八三）があったと指摘している。岩本通弥も両者のつながりを指摘しながら、戦後の民俗学周辺に、特に苦難や搾取の中でも力強く生きる民衆に注目し、民俗学の「過去志向」に対して「現在志向」を標榜する『民話』等の文化運動が存在したことを指摘している（岩本　二〇一二　四六〜四九）。民俗学と近くにありながらこれとの差異を強調したグループと、筑豊で展開したサークル文化運動の指導者たちは、当時極めて近しい立場にあった。

『民話』の周辺に集っていた人々は、民衆の暮らしを捉える際、とりわけ「底辺」や「貧乏」に着目した点で、戦後のアカデミズム民俗学とは異なっていた。戦後の左翼的文化運動に近しいところにいた宮本常一や谷川健一は、『日本残酷物語』〔一九五九〜六一〕や『近代民衆の記録』〔一九七一〜七九〕といったシリーズを監修している。『サークル村』と同時期に刊行された『日本残酷物語』第五巻では、「近代の暗黒」として、「坑夫の内臓」「地底の変異」という節が設けられ、『サークル村』の中心人物だった森崎和江や谷川雁が執筆者となっていた。『近代民衆の記録』は、テーマごとにその分野に関わる重要文献資料が収められたシリーズだが、第二巻「鉱夫」の編者はこちらも『サークル村』の中心人物だった上野英信であった。このように、宮本常一や谷川健一といった、いわゆる柳田國男のアカデミズム民俗学からほんの少し外れた位置にいた民俗学者たちを介して、『サークル村』と民俗学はつながりを持っていた。

森崎和江・上野英信・谷川雁らの炭坑に関する文章を読めば、彼らがいかに民俗学に可能性を見出しつつもその枠組みに限界を感じていたかがうかがえる。[*7] 本章で見ていくように農業中心の村落社会から排除され蔑視されてきたのが炭坑だが、その炭坑町のど真ん中で展開した文化創造運動の雑誌に、この運動のオピニオンリーダーであった谷川があえてつけた名前は『サークル村』である。谷川は「一つの村を作るのだと私たちは宣言する。奇妙な村には違いない」〔谷川　一九五八　二〕という一節で始まるこの有名な創刊宣言で、サークルが背景に持っている旧来のアジア的共同体の中にある連帯の質を壊さないままに、それを新しい文化運動の主体として昇華させようと訴える。そのような古い共同体の質を保ちつつ新たな共同体を生み出す実験の場として、炭坑町は最適と考えられたのだろう。谷川とともに『サークル村』に参加した詩人の森崎和江は、それから一〇年以上後に出版された『奈落の神々　炭坑労働精神史』〔一九七三＝一九九六〕において、農村共同体から排除された炭坑労働者たちがいかにして新しい思想を生み、神を生み出してきたかを、史資料も数多く参照しながら論じあげている。

筑豊で炭坑労働者たちと生活を共にしながら旧来の共同体を超える人々の連帯のありかたを模索したこれらの文

化運動の担い手たちは、「民俗学」や「民俗」なるものを横目で見つつ、その枠組みでは自分たちが直面する炭坑の人々の暮らしや日常は描かれ得ないことを、看破していた。そうした戦後の民衆の歴史・暮らしを描くという運動から、民俗学への期待と失望をともに見出すことができるだろう。[*8]

三、「民俗資料緊急調査」と「炭坑民俗」という視点

（1）「民俗資料緊急調査」における炭坑の描かれ方

それでは、「民俗学」や「民俗」の枠組みにおいて、実際には炭坑の暮らしや日常はいかに描かれなかったのだろうか。また、実は描かれていたということはないのだろうか。

日本全国で統一的なフォーマットで「民俗」が調査された例として、福岡県では昭和三八年（一九六三）に実施された「民俗資料緊急調査」がある。これは、「管内に所在する有形無形の民俗資料の実態を把握し、その保護に資するため、緊急的に」〈西垣編　一九七五　八八〉実施された。調査は、各県から三〇の地区を選定し、二〇の質問項目に沿って行われたという。したがって、規範化された民俗調査の記述の枠組みの中で、炭坑の暮らしがどのように描かれ、また、描かれなかったのかを観察する一つの材料となるだろう。そこで、本節では、福岡県の民俗資料緊急調査の記述のうち、筑豊炭田域内に含まれる地区の記述を検討する。

西垣編〈一九七五〉に掲載された『民俗資料緊急調査手引』によれば、この調査では、「生産生活の差異による各地区の民俗資料の特色を明らかにすることを主眼とするもので、生産・生業の典型的なものを中心とし、生活様式の地方的特色をも考慮して」〈西垣編　一九七五　八八〉県内から三〇か所の地区が選ばれたという。またこの調査における民俗資料の定義は以下のようなものである。

衣食住、生産、信仰、年中行事等に関する風俗慣習、及びこれに用いられる衣服、器具、家屋その他の物件で、わが国民の生活の推移の理解のため欠くことのできないもの（文化財保護法第二条第一項第三項）

〔西垣編　一九七五　八八〕

さらに、「調査の方法」の項目には、「伝承者」についても指摘がある。これによれば、独断を避けるために「できるだけ正確な伝承者（なるべく土着の老人）」〔西垣編　一九七五　八八〕を選び、数名の伝承者について調査して正確を期しつつ、「最も優れた伝承者一名の話を中心として記述し、他の伝承者の話で相違点のある個所を註記・補足（話者名をそれぞれ明記して区別）する方法が望ましい」〔西垣編　一九七五　八八〕という。さらに「調査の時点は、できるだけ古い時代に置き、伝承者が過去に体験し、また記憶にあるもの（父祖等の経験の見聞）を採集すること」〔西垣編　一九七五　八八〕とも記され、より古い時代の「民俗」を記録する意図が明らかである。

こうした手引の下、筑豊炭田域の地区から選定されたのは、遠賀郡芦屋町・北九州市若松区大字脇田浦・鞍手郡鞍手町大字長谷・直方市大字福地字上境・飯塚市大字明星寺字北谷・嘉穂郡筑穂町大字内野・田川市東区大字伊田・田川郡赤池町大字上野であった（表一）。炭坑業は、筑豊地域の「生産・生業の典型的なもの」であろう。しかし、表一を見ると地区の多くの「主たる生産」は農業である。筆者の知識の及ぶ範囲でも、例えば町内各地に広く大小さまざまな炭坑が分布していた鞍手郡鞍手町の中から、純農村で炭坑のなかった長谷が選定されているように、当該調査にあたっては炭坑が所在しない地区が選び取られていることに加え、地区内の農業従事者に焦点化する意識があったものと考えられる。しかも、「副業・兼業・その他の仕事」さえ、ほとんど炭坑について触れられていない。唯一、嘉穂郡筑穂町大字内野に「炭坑の石炭運搬」と記されているのみである。しかし、例えば筆者でさえ、平成三一年（二〇一九）四月に長谷で偶然話を聞いた二名の地元住民から、昭和三〇年代に石炭運搬の仕事にかかわったことがあると聞いている。このような当時としては新しい「生産生活」は、「民俗資料」として拾い上げられるにふさわしいものではなかったのかもしれない。

一方、例外的に、遠賀郡芦屋町の「主たる生産」が明治三五年（一九〇二）頃のひらた船とされている点は興味深い。ひらた船は、遠賀川の船運業で、明治期に鉄道が普及する以前は、石炭輸送を担った。調査報告には文化、文政期にはすでに盛んだったと記される。主たる生産が船頭とされることで、芦屋町の報告は衣食住といった暮らしに関わる項目も、船上で過ごす時間が多い船頭ならではの内容になっている。炭坑についての報告がほとんどない一方で、その輸送を担った芦屋町の「民俗」のみは石炭産業に関連する記述が主軸となっているのである。これは当然その上流域に江戸時代からあったはずの石炭産業を、主たる生産や副業・兼業として捉える視点が、「民俗」の枠組みには欠けていたことを明らかにしている。芦屋町では副業・兼業の欄にも「コークスムシロ」とあり、石炭産業に関わる様々な職種があったことを知らせる。上述の通り、穂波郡筑穂町内野の兼業・副業に「石炭運搬」の記載があり、直方市大字福地字上境、田川市東区大字伊田、田川郡赤池町大字上野でも、「運搬」や「兼業・副業」の項目で川ひらたに触れられている。明治二〇年代半ばから開通していった鉄道の普及により消滅していった川ひらたは、農業ではないものの消滅の危機にある「民俗」の地位を得ていたものと考えられる。

さて、以上のような中で、田川市では三井田川伊田坑が所在した田川市大字伊田が選定されている。伊田の報告では、「総観」にも地域が炭坑町として形成されてきた経緯が記される。しかし、主たる生産の項目には、ここでもまず、「〇種別　水田耕作地帯」と記される。そして、その沿革の記述の中に「ただ、炭鉱業は……」として炭坑の存在が付加的に記述されるのである。続く、仕事・仕事着・住居など、いずれの項目でも、主として説明されるのは農家の暮らしである。ただし、仕事着の項目に、他の地区では見られない「(農業)」の但し書きが付されているのは、書き手が農業以外の仕事着は別であったことを意識していることを表しているだろう。

しかし、以上をもって伊田地区の調査員が炭坑の暮らしを「民俗」の枠組みから捉えなかったとは結論できない。というのも、最後の「その他重要なもの」という項目で、突然炭坑について詳述されるからである。「その他重要なもの」の項目は、地区ごとの違いが最も表れる項目である。ここで伊田の報告は、「本地区は藩政時代より石炭の採掘がはじまり、明治以後は炭坑町として発展しただけに、独特の炭坑民俗が伝承されている。その主なものの概要を記録しておく」（大島他編　一九九六　一四四）という導入文のもと、炭坑で用いられる道具や仕事着、灯火、住居・食事について列挙されるのである（参考一）。その記載項目は「灯火」が加えられている以外、本編の調査項目と重なる。すなわち、田川市伊田の報告は、厚さは違うが農村と炭坑という二つの民俗調査報告をしているのである。当該地区の調査委員には、後に三井伊田坑跡に建設される田川市石炭資料館館長となる花村利彦と、田川市立図書館館長を務め炭坑の記録に多くの貢献をしてきた永末十四雄[*9]の名前が確認できる。第一節（２）で確認した通り、この時期は石炭合理化政策が進展し、筑豊では大手炭坑も閉山されていく時期である。伊田に所在した三井田川鉱業所の伊田坑も、昭和三九年（一九六四）に閉山した。調査委員の花村や永末の所属する田川郷土研究会は、この年「炭鉱資料収集運動」を展開している。彼らは、「炭坑民俗」を記録することの重要性をとりわけ意識していた人物だと言えよう。それでも「民俗」の報告書で炭坑を筆頭にするわけにはいかないという意識もあって、このような記述になったのだと想像できる。

以上、高度経済成長期のただ中で行われた「民俗資料緊急調査」の記述を確認してきた。この結果、①「民俗」という枠組みで人々の暮らしを切り取ろうとする際、当該調査では初めから炭坑は除外されがちだったこと、②ただし、石炭運搬を担い、明治期の鉄道普及で衰退した川船船頭（川ひらた）については「民俗」として捉えられていたこと、③そのような中で、炭坑の歴史記録に貢献した人物が調査委員を務めた田川市では、例外的に伊田という炭坑町の中心地区が選ばれたこと、④それでも、主たる生産として調査報告の中心を占めたのは農業に関する記述であり、炭坑については「その他重要なもの」という項目に、「独特の炭坑民俗」として、付加的に、農業を主生業とする人々とは区別されて記述されたということ、が明らかになった。

（２）「炭坑民俗」という視点

（１）では、田川市東区大字伊田の「民俗資料緊急調査」において、「その他」としつつ「独特の炭坑民俗」が描かれていた点に着目した。この「炭坑民俗」という用語について、次節に進む前に補足しておきたい。

「民俗資料緊急調査」と対照し得るものとして、昭和四五年（一九七〇）の調査に基づく山口県教育委員会発行『山口炭田の民俗　山口石炭産地民俗資料緊急調査報告書』がある。本書の冒頭に示された「山口石炭産地民俗資料緊急調査の概要」によれば、これは、「文化庁文化財保護部記念物課の指導のもとに昭和四五年度文化財保存事業として実施」されたものであり、その目的は「山口炭田内の炭鉱の閉山および廃山に伴い消滅する無形の民俗資料を緊急に調査して記録を保存する」ことだった。興味深い点は調査団長日野巌（山口県文化財専門員・宇部短期大学教授）に続いて「調査員」の筆頭に記されるのが、宮本常一（山口県文化財専門委員・武蔵野美術大学教授）である点だ。本書は一七八頁にわたり山口炭田の民俗のみが記され、宮本はその最後から二番目の章「宇部・小野田炭坑古老聞書（二）」を執筆している。宮本はその序章に、調査は三日で八人の聞き書きしか行えなかったため、自分が会えなかった人からの聞き書きを次章「宇部・小野田・大嶺炭坑古老聞書（二）」の執筆者財前司一に行ってもらったと記している（山口県教育庁社会教育課編　一九七一　一三六〜一三七）。

なお、序章には「調査にあたっての私見」も記される（山口県教育庁社会教育課編　一九七一　一三六）。ここで宮本は、「炭坑習俗調査」においては、在来の民俗調査方法は意味をなさないと述べ、一人の全体験を見ることで初めてその人の中で占めている労働過程、信仰、年中行事などの伝承の資料としての価値を知ることができるとし、語り手ごとにその語りを整理して配置する構成をとっている。本章のテーマから興味深いのは、宮本がこの方法によって、「農民が炭坑にどのようなかかわりあいを持っていたかが明らかになって来る」としている点である。しかし、続けて宮本は、「そういうことから考えて見ると、私の調査は時間的にも十分でなかったし、逢った人も少なくて、炭坑と農民のかかわりあいを何ほども明らかにすることができなかった」という。宮本にとって炭坑の民俗を明らかにすることの重要性は、炭坑と農民のかかわりを明らかにすることにこそあったらしいのである。確かに、宮本に引き継がれて財前が行った「聞書（二）」には、一名の聞き書きしか掲載されないものの、「炭坑への野菜売り」という節が設けられ、末尾には「このように炭鉱周辺の農村部では炭住街で野菜などを売り歩いて日銭をかせいだという話をよく耳にする」という補足がなされている〔山口県教育庁社会教育課編　一九七一　一七五〕。

このように実際に生きた個々人の人生体験全体を視野に入れながら、「炭坑の暮らし」を「民俗」として捉えようとした宮本の影響力は重要だろう。次節では、筑豊における自治体誌／史における「民俗」記述を検討するが、筑豊の民俗学者として著名な佐々木哲哉は、その単著に次のように記している。

いつぞや宮本常一さんから言われたことがある。「炭坑民俗を是非取り上げて欲しいものですな」。以後、そのことが気にかかりつつ怠っているが、資料だけはどうにか見当がついてきた。その中で、「山本作兵衛ノート」と「山本作兵衛炭坑記録画」は、まさに一等資料である。[*10] 炭坑民俗の宝庫である。

〔佐々木　二〇〇七　二一九〕[*11]

前節で見た通り、福岡県の「民俗資料緊急調査」の時点で田川市の調査委員だった花村利彦と永末十四雄は「独特の炭坑民俗」という視点を持っていた。ここでは、花村同様田川市石炭資料館館長も務めた地元の民俗学者、佐々木が、宮本の言葉として「炭坑民俗」という用語を用いている点が注目される。

「炭坑民俗」という視点の成立過程は現段階では十分に解明できなかったが、ここからも戦後民俗学と隣接するところで取り組まれてきた文化運動と、「民俗」という枠組みおよび民俗学者の営みの絡み合いを、確かに認めることができるのである。では、佐々木は実際に「炭坑民俗」をどのようにまなざし、描いたのだろうか。宮本が見据えていた「炭坑と農民のかかわりあい」は、その後蓄積されてきた筑豊における「民俗」の記述の中でいかに明らかにされてきたのだろうか。次節ではこの点をさらに深めていく。

四、自治体誌／史の「民俗」記述における「炭坑の暮らし」の叙述様式の成立

(1) 自治体誌／史における「民俗」記述の概観

前節では、昭和三八年（一九六三）に行われた民俗資料緊急調査の報告を分析してきた。以下では、高度経済成長期以降に積極的に編まれてきた自治体誌／史の民俗編や民俗に関する章の記述から、筑豊において炭坑の暮らしがいかに地域住民の暮らしの中に位置づけられ、また、位置づけられなかったのかを問うていきたい。

表二には、香月（一九九〇　四～五）にあげられる遠賀川流域六市二五町一村において、戦後に出版された自治体誌／史を示した。昭和二〇年代末から、各自治体誌／史が刊行されてきたことがわかる。現状全ての内容を確認することはできていないが、管見の限りでは、昭和三〇年代前半までは、「民俗」を冠する独立した章がないものも多い。また、昭和三〇～四〇年代の「民俗」の章においては、地名の由来、遺物等の文化財、年中行事、伝説・民話、民謡、方言、人物などの項目が特徴で、後の「民俗」記述に一般的な生業や仕事道具、社会組織などといった、本章が捉えたい日常的な暮らしの記述が顕著には見られないため、本章ではこれ以上扱わないこととする。

昭和五〇年代には、ムラの生活中心の「民俗」を記述する自治体誌／史の刊行がある。さらに、昭和六〇年代以降に刊行された自治体誌／史では社会組織や生業、衣食住等、人々の日常的な暮らしに関する記述が見られるものが次第に目立ってくる。ここには、昭和四九年（一九七四）に刊行された『民俗調査ハンドブック』によって民俗調査報告書のひな形が示された影響の大きさがうかがえる。『民俗調査ハンドブック』に従った場合、民俗の記述はまず「村落」について説明するところから始められる。よって、まず基本的にムラの生活から書き出されることに

なる。さらに、このフォーマットに従うと「生業」の項目も農業から始められるが、そこに漁業、狩猟・林業、諸職、交通・交易などと並べて炭坑業についても加えることが可能ではある。「炭坑の暮らし」がいかに描かれまた描かれなかったかを今日において分析しやすい形式が誕生したといえよう。そこで、以下、本章では差し当たり「民俗」に関する記述のうち、特に社会組織および生業に関する項目を検討し、その他の項目には補足的に触れることとする。

また、この時代に出版された自治体誌／史の中には、各章の編集委員・執筆者が明記されるものも多くなり、執筆者の言説分析がしやすくなってくる。そこで表二を見ると、筑豊の自治体誌／史の「民俗」記述において圧倒的な存在感を示すのが八つの自治体誌／史に名前のある香月靖晴であることがわかる。前節でその発言を取り上げた佐々木哲哉も三つの「民俗」記述に関わっており、やはり重要である。そこで、次項からはこの二名が関わった自治体誌／史に絞って議論を行うことにする。

（2）「民俗編」における炭坑の暮らしの記述のフォーマット化と、民俗学者の役割

ここでは特に、『鞍手町誌』と、佐々木及び香月が手掛けた一連の民俗編および「民俗」の章を参照し、「民俗」という枠組みの中でどのようにして炭坑が描かれようとしたのかを紹介する。特に、香月靖晴によって、ムラ・（マチ・）炭坑という人間の居住空間の区分がフォーマット化され、そのことによって三者の交流や、差別関係が描かれるようになったことを指摘する。

① 民俗学者　佐々木哲哉と香月靖晴

はじめに、ここで注目する二人の地元の民俗学者の略歴を紹介する。

佐々木哲哉（大正一二年［一九二三］～令和元年［二〇一九］）は、台湾台北市に生まれた。慶應義塾大学文学部通

信教育課程で池田彌三郎と出会い、民俗学の道に進む。小中高校で教鞭をとりながらフィールドワークを続け、退職後は、福岡県文化財保護審議専門委員、西南学院大学文学部教授、田川市石炭資料館長を歴任。英彦山修験道調査やダム水没地域の民俗調査、文化庁委嘱の緊急民俗調査、福岡県のみならず近隣市町村の自治体史の編纂などに数多く関わった。なかでもライフワークとしたのは宮座の研究だったという〔佐々木 二〇〇七、久野 二〇一九〕。

一方、香月靖晴は、単著『遠賀川――流域の文化誌』の著者略歴によれば、昭和五年（一九三〇）、福岡県に生まれた。九州大学経済学部を卒業後、筑豊地域の中学・高校で教鞭をとる。日本民俗学会、民俗芸能学会、まつり同行会、宗教文化懇話会、田川郷土研究会、嘉飯山郷土研究会会員、福岡部落史研究会同人であると記される〔香月一九九〇〕。香月は、筑豊地域の民俗・芸能や歴史について幅広く論じてきた。本章の関心からは、「筑豊炭田、炭鉱の民俗」「炭坑の暮し　福岡県嘉穂郡稲築町での聞き書き」など、民俗学の視点から筑豊の炭坑の暮らしに焦点化した論述を複数発表している点が注目される〔香月　一九八三、一九九一、二〇〇九〕。また、前項の末尾に述べた通り、比較的新しく刊行された筑豊の自治体誌／史の「民俗」の編集・執筆の多くを担当している。

②佐々木哲哉『田川市史　民俗篇』―ムラを基層に置く炭坑記述

佐々木〔二〇〇七〕の著者略歴に、昭和五四年（一九七九）刊行の『田川市史　民俗篇』が挙げられている。そこで、本書を通して佐々木による炭坑の暮らしの記述を検討する。

本書のまえがきには、佐々木の民俗消滅に対する危機意識が鮮明である。

明治二〇年代に始まる筑豊炭田の開発と、それに伴う近代化の波は、他の農村地域に比べて著しく早い時期にこの地方に及び、在来からの生産共同体的な村落機構を根底からゆるがし、それを基盤に形成されていた伝承習俗の崩壊を早めている。（中略）それればかりでなく、石炭鉱業発展の過程で、県内はもちろん、他県からの流入人口の急増によって、この地方に〝炭坑社会〟と名付けられる特異な社会が形成され、その中で習俗の混淆、あるいは在来の習俗の変質・変容も十分に考えられることである。いわば田川市域の民俗は、県内の他の諸地域とは比較にならないほどの激しい淘汰を経て、今日伝承されてきたということになろう。それだけに、現在伝承されている個々の習俗からその事象の本質を探ろうとする場合には、近隣農村地域との比較によってその消滅部分をおぎなうという、重出立証法的な考察がいっそう必要となってくる。したがって、本篇では、単にこの地域における現在の伝承事実だけを記録にとどめるというのではなく、一つには、その土地に住む住民の日常生活を、民俗文化と社会との有機的な関連においてとらえるという、地域民俗誌の立場から、すでに消滅しているものをも掘り起こしながら、可能な限り時代を遡って再構築したいと考えている。

〔田川市史編纂委員会編　一九七九　三〜四〕

佐々木によれば、田川市における炭坑産業の発展や、それに伴う「特異な」「炭坑社会」の形成は、その「基層」にあるべき農村中心の「民俗文化」を変質させた元凶だということになろう。次の頁で、佐々木はこうも述べている。

近代の一時期に石炭産業都市として栄えた田川市ではあるが、長い歴史の過程からすれば、それは極めてわずかな時期を画するだけで、この国のほかのほとんどの地域と同じく、農耕社会に住民の営みの多くを経てきている。わが国の農耕社会が、永い間にわたって、ムラに祀る神と住民、神のまつりと生活の営みが一体化して、不即不離の関係にあったことはすでに多言を要しない。民俗文化をはぐくみ育ててきた生活基盤の一つに信仰的要素をおいて考えるゆえんである。

〔田川市史編纂委員会編　一九七九　五〜六〕

このような関心に基づき、本書は後に一般化する『民俗調査ハンドブック』的な構成とは異なり、まず「ムラの神と仏」という章から始まる。宮座研究に生涯を賭けた佐々木らしい構成といえよう。以後の章も、やはり農村生活を基本に記される。*12

炭坑について最も紙幅を割いて記されているのは、第三章「イエをめぐる習俗」の第四節「生業」である。この節では、まず「ムラと生業」というタイトルで、明治期の石炭企業の進出前後で田川市内の生業構成がいかに変化したかを示している。これによれば、「明治中期以降の石炭企業の進出によって、鉱業・交通運輸業が新たに出現し、それに伴う商工業の拡大が顕著」であり、明治一一年（一八七八）に「八七・九パーセントと、圧倒的に高い戸数比を占めていた農業が、一〇パーセント台に落ち込み、そのかわりとして、昭和八年の統計では、鉱工業あわせて四七・三パーセントと、石炭産業における賃金労働者の急激な増加を如実に示している」という〔田川市史編纂委員会編　一九七九　二九五〕。ただ、こうした近代化による産業進展については、市史中巻の「産業と産業基盤」で詳述されているので、「それ以前の、前近代的な村落生活における生業についてふれることとしたい」と佐々木は言う〔田川市史編纂委員会編　一九七九　二九六〕。そして、農耕集落、商業や工業、農家の副業、商業地集落、酒造業について論じた後、最後に「石炭の採掘」という節が設けられている。しかし、やはり、明治以降の炭坑企業化・近代化の過程については、炭鉱都市形成の基盤としてすでに中巻で述べているので、民俗篇で取り扱うべき分野としては、「庶民の生業の一環としての小規模経営、すなわち、前近代的な狸掘り時代の慣行を比較的とどめていた斤先掘りが残っているので、そのことについてふれておきたい」〔田川市史編纂委員会編　一九七九　三〇九〕として、ここから「斤先掘り」の記述が始まる。

斤先掘りとは、坑区の所有者＝鉱業権者が契約によって採掘権を他人に貸し、借区料や斤先料を取るもので〔田川市史編纂委員会編　一九七九　三一〇〜三一一〕、戦後は「粗鉱権炭鉱」と名を変え、筑豊で中小零細炭坑を閉山期まで存続させた。ここでは、前田サエノ（明治三一年生まれ）の話に基づいてその仕事について記述されており、中小炭坑の女坑夫の記録として貴重である。前田が働いた糸飛の斤先掘りは、石灰焼きに使われる煽石という種類の石炭で、春になると必要になるため、秋から冬にかけての季節労働的なものだった。このため、専業の渡り坑夫のほかに「近隣農村の潜在的労働力に依存することが多かった」〔田川市史編纂委員会編　一九七九　三一一〕のだという。記述される労働内容は、よく女坑夫の記録に見られるような過酷なものである。そして、佐々木はこの項を

また、零農層にとっては、それが農閑期における絶好の賃銀稼ぎでもあった。いずれにせよ、斤先掘りは、近代的炭坑経営の片隅に残存して、古い石炭山の生産慣行を持続していたもののひとつであったといえよう。〔田川市史編纂委員会編　一九七九　三一四〕

とまとめている。

続けて第二節「石炭山の俗信」で取り上げられるのが、佐々木が本書で最も力を入れている信仰にかかわる炭坑の記述である。本文中には、『山本作兵衛ノート』、『筑豊石炭礦業史年表』といった引用文献のタイトルが付され、本書末尾の参考文献を見ると、上野英信『地の底の笑い話』、山本作兵衛『筑豊炭坑絵巻』、伊藤時雨『うたがき炭鑛記』、金子雨石『筑豊炭坑ことば』などの書物も見られ、本項の記述はこうした文献からの引用が中心になっていることがうかがえる。こうした炭坑の禁忌については、山本作兵衛による絵画・記録をはじめとして一般書でも数多く紹介されている。

佐々木によれば、炭坑口に山神が祀られるのは、金銀銅山の風習を継承したものであって、「この場合の山神（やまのかみ）は、農村で春の農耕開始の時期に里に迎えて田の守護神となってもらう祖霊神の感覚を持つ山神とはまったく別個のもので、むしろ、山林作業に従事する人びとが畏怖していた、たたり神的な性格のものと類似していた」という。「特徴的に言えることは、その信仰が禁忌という形であらわれていること」である〔田川市史編纂委員会編

一九七九　三一四〕。こうして、様々な炭坑の禁忌が羅列された後、「しかし、なんといっても、災害時の死者に対する呪いがその最たるものであった」と議論を進める〔田川市史編纂委員会編　一九七九　三一七〕。そして、炭坑では死者を坑外に運び出しても魂魄は地下に残り幽霊になってさまようと深く信じられていたので、死体を坑外に搬出する際、死霊の道案内が行われていたこと、それでもなお坑内に幽霊話が尽きなかったことが記されている〔田川市史編纂委員会編　一九七九　三一七〜三一八〕。出典は示されていないが、内容的には上野の『地の底の笑い話』とほぼ重なっている。ただ、その結論部に、信仰を主眼に据える民俗学者としての佐々木の議論が付け加わる。

これら俗信の数々は、結局のところ、石炭山の発生期にそこで稼働していた、いわゆる「石炭山の者」と呼ばれる一群の人びとの持っていた信仰にその発源があろう。「げざいにん」という、それら初期の専業的鉱山稼働者に対する賤称は、それが農耕に携わらない人という意味を持っていた。衣食住の中心をなす食生活において、耕すべき土地を所有し、コメの生産に携わる者は、地主神＝田の神を祀る資格を有する者であった。したがって、耕すべき土地を所有しないもの、すなわち、神聖な田の神を祀る資格を有しないものは、たとい農耕に従事することがあっても、そのことで、田の神を祀る側からは蔑視されていた。そこに定着農民にたいし、漂泊の民という意識が感じられる。地主神または氏神を持たず、田の神の祭祀にも携わらないということは、とりもなおさず、かれらの持つ信仰が、定着農民のそれとは明らかに信仰体系を異にしているのを意味する。自然神としての山神を畏怖し、ひたすらそれをはばかることにはじまる信仰が、なんらの神ごと（祭祀）を営むこともなく、祭り日もただ忌日としての感覚で受けとめているだけであり、創唱的宗教の及んだ段階でも、かれらがかかわりを持ったのは、勧進僧・行者・修験者など遊行の宗教家（聖）であったことが、その信仰伝承の中からうかがわれる。〔田川市史編纂委員会編　一九七九　三一八〕

このように、佐々木は「げざいにん」という炭坑労働者に対する「賤称」を紹介しながら、それが農耕に携わらず、耕すべき土地を持たず、田の神の祭祀にも加わろうとしない石炭山の初期の専業的労働者の信仰に起源を持ち、結果ひたすら山神を畏怖する禁忌だけが炭坑の信仰として発達したとしている。それは、佐々木の民俗学的専門知による解説であり、一定の説得力がある。だが筆者には、炭坑労働者への蔑視を、始原に遡る民俗学的な信仰解説によって、正当化してしまっているようにも読め、心の痛みを禁じ得ない。農耕社会に基礎を置く民俗学には、炭坑労働者の信仰を農村の信仰に比べ粗野で呪いばかりが前面に出たものとしてしか、読み解くことができないのだろうか。*13

佐々木は、その単著『野の記憶――人と暮らしの原像』の「共同体の温もり」という章の末尾に、平成一八年（二〇〇六）に『西日本文化』四二三号に掲載された「次、三男たちの行方」という文章を掲載している。この文章では、耕地をもらえない農村の次男・三男たちには、前近代から木挽きや石山稼ぎという出稼ぎがあったこと、近代になって産業労働者となる道が拓けたこと、さらには植民地や海外移民も始まったことが論じられる。そして、「初期の近代産業労働に従事した農民を一括りにして貧農と呼び、「貧農層の出稼ぎ」と片付けてしまうことにはいささか抵抗がある」と言って、当主夫婦が出稼ぎどころではないほど忙しかったことを記したうえで、「私の父は耕作面積一町二、三反程度の、中農の四男だった」と自身の父の話を始める〔佐々木　二〇〇七　八三〕。父は明治末期に台湾の鉄道会社に就職し、内地から許婚だった母を呼び寄せたという。その台湾で生まれた佐々木は、

私の記憶には、我が家に出入りしていたのが同県人か気のおけない同僚の人たちであったことが思い浮かぶ。それは、戦後内地に帰って初めて知った、家族とイエ（親族）と近隣とが密接に結びついてムラをなしている、いわゆる村落共同体とは全く異質のものだった。家族はあってもイエもムラもない、心を許しあった同県人・同僚で作り上げた屈託のない仲間があるだけだった。〔佐々木　二〇〇七　八四〕

と幼少期の思い出を綴る。そして、この文章を、

郷里を遠く離れて、望郷の思いにかられながらも、それぞれが自立した生活を営んでいる〝自由人〟たちの集う世界であった。（中略）一方で、外地での境遇を同じくする人々の間に流れていた連帯の意識は、内地での肩を寄せ合いながら生きてきた共同体の温もり中に育まれたものだったことにも気がついた。

〔佐々木　二〇〇七　八五〕

とまとめる。農家の次男・三男を「貧農」とひとくくりにすることへの抵抗感を表明し、近代的な共同生活の屈託のなさを評価しつつも、佐々木のまなざしの基点は、あくまでも人々の「基層」にある農村的な共同体に置かれていた。それが、右に示したような炭坑労働者の日常に染み付いた信仰の分析にも表れているのかもしれない。

③『鞍手町誌　民俗・宗教編』——「ムラ・マチ・炭坑」スタイルの誕生

既刊の筑豊の自治体誌／史の中でも町の大きさに比して非常に分厚い成果を上げているのが、鞍手町である。*14『鞍手町誌　民俗・宗教編』の刊行時の編集委員長・森正義による「編集後記」によれば、町誌編纂は昭和四三年（一九六八）に着手されて、上〔一九七四〕・中〔一九七七〕、下〔一九八〇〕巻によって完結した。しかし、「私たちの暮らしの中に密着した庶民の生活、つまり生業、人生儀礼、信仰、年中行事などの民俗文化と宗教には、ほとんど触れられていなかった」ため、下巻刊行時から民俗・宗教編が待ち望まれていたという〔森　一九九五　七八九〕。そして、平成二年（一九九〇）に民俗・宗教編の編纂計画が立案され、準備が始まったという。巻末の「町誌調査編集関係者名簿」を見ると、筆頭に監修者として佐々木哲哉の名前があげられる。また、監修者に続けて、調査・編

集員として六名、主任調査員として四名、ボランティア調査員一九名、補助員一〇名、パソコン入力者六名、挿絵作成者一名の名前と、それらの人物のかかわった期間まで詳細に記されている。森によれば、調査編集委員は「民俗」については素人集団であり、さまよっていた時、第三年次（平成四年）から調査編集員として香月靖晴が新規加入し、「専門的で適切な指導・助言は私どもの不安の解消に役立ち、暗いトンネルを抜け出る思いであった」という〔森　一九九五　七九二〕。鞍手町では本書に先立って地区ごとの調査結果をまとめた四冊の聞き取り調査報告書を出しているが、ここでも、指導・助言・監修は福岡県文化財保護審議会専門委員であった佐々木が行っている。また、香月はその第二集から編集に名を連ね、三集からはいくつかの地区担当者として聞き取りも担っているようである。この中には六反田・七ケ谷・永谷・三菱という炭坑町も含まれている。これらの記述から、佐々木と香月も地元の調査編集担当者たちと共に、「民俗」の専門家として一定程度の役割を果たしていたらしいことがうかがえる。*15

また、『鞍手町誌　民俗・宗教編』の編集後記には、本書成立の経緯が詳述される。ここで注目されるのは、以下の記述である。

> 調査に当たっては、当初、調査対象地区を伝統的な民俗文化が継承されているムラ社会を中心に取り上げることになっていた。しかし、調査を進めているうちに、明治以降のムラの生活は、大なり小なり石炭産業とのかかわりをもって営まれてきたこと、それに、町誌である以上、本町の主要産業であった炭坑の人々の生活に触れないのは本町の特色を見落とすのではないかとの考えに至った。併わせて、炭坑と共に開かれていった商店街をも取り上げることになり、戦後の新しい住宅地を除いて町内全地区を調査対象とした。
> 〔森　一九九五　七八九〕

確かに、事前の調査報告第四集には、例えばすでに第三集で取り上げられている「永谷」が再び取り上げられる等、明確にムラと炭坑、それによってできた商店街を区別して追加的に調査が実施されたことがうかがえる〔鞍手町誌編さん室編　一九九三a、一九九三b〕。

さて、このような調査の結果、六五六頁にわたる大部の民俗編が完成した〔宗教も入れた総頁数は七九三頁〕。その冒頭「第一章　村落組織」「第一節　村落の概要」には、鞍手町の村落の特徴として、「農村集落（ムラ）、商業集落（マチ）、炭坑集落の三つに大きく分けることができる」と明記される〔鞍手町誌編集委員会編　一九九五　一〕。そして、ムラ・マチ・炭坑の順に具体名を挙げながらその成り立ちが詳述されていく。さらに、歴史伝承・村落の範囲と区分・村落の組織・寄合い……と続くすべての項目について、ムラ・マチ・炭坑の順に説明が行われる。このように三者を区別することで、『鞍手町誌』はムラのみならず、炭坑とそれによって繁栄した商業集落のそれぞれ異なる暮らしを文字通り厚く記述することを可能にしたのである。

また、『鞍手町誌』は三者を区別しただけでなく、互いが人々の暮らしにおいていかに交差しまじりあっていたのかも明らかにしている。第三章「生業」においては、「畑作」の項目の最後に「炭坑の人々の畑作」がある。中小炭坑で働く人たちの中に、納屋付近の狭い空き地や炭坑周辺の山や空き地を利用して自家用野菜や花を作っていた人もいたというのである。大手三菱新入炭坑でも、炭坑内の空き地を利用して自家用野菜を作る人がいたといい、会社は黙認していたとある〔鞍手町誌編集委員会編　一九九五　一三五〕。さらに、稲を作る人もあり、少ない例であるが、田を自分の所有にした人もあった、と記録されている。一方、農家の副業として「炭坑関係の仕事」の項目もある。男性は日雇いの運搬、女性は常勤の選炭婦などとして働いた人が多かったという。また、若松港の沖仲仕《おきなかし》〔港湾荷役労働者〕に出かけた人もあると記されている〔鞍手町誌編集委員会編　一九九五　一三七〜一三八〕。

前項の佐々木による『田川市史　民俗篇』と比べた際に興味深いのは、第六章「信仰基盤」の第四節「炭坑と神仏」だろう。ここでは、炭坑の山の神は愛媛県から勧請された大山祇神と大地主神であるとしたうえで、少数の例外として地の神を祀ることもあった事実を示している。鞍手町の小ヤマである旭炭坑の山神社は、言い伝えによれば、千数百年前からの古い神社だが、明治の中頃から炭坑開発が盛んになると、「いつの頃からか炭坑の山の神として祀られるようになった」というのである〔鞍手町誌編集委員会編　一九九五　三六〇〕。また、永谷の新目尾大成炭坑では、稲荷大神を勧請しているとある。

『鞍手町誌　民俗・宗教編』は、筑豊の他の市区町村の自治体誌／史に比べて非常に重厚で、大小様々な炭坑が位置したこの町らしく炭坑を見逃さないものとなった。推測の域を出ないが、ここでの経験が、特に二〇〇〇年代以降の自治体誌／史の「民俗」の常連執筆者となった香月の叙述スタイルの確立に影響を与えたのではないかとも思われる。[*16]

④ 香月靖晴による「民俗」記述——ムラと炭坑の関係を描く

先述の通り、香月は、嘉飯山地区を中心に二〇〇〇年代以降出版された自治体誌／史の「民俗」叙述のほとんどを手掛けている。[*17] これらに特徴的なのが、「ムラの暮らし」と「炭坑の暮らし」（と「マチの暮らし」）を別項を立てて論じている点である。香月が関わっている自治体誌において最も早くこのような叙述形式がとられているのは、昭和五九年（一九八四）刊行の『頴田町史』である。[*18] 本項では、香月が執筆した民俗編を参照しながら、香月が「ムラ」と「炭坑」の暮らしを区別することによって、何を描き得たのかを検討する。

まず、佐々木が『田川市史　民俗篇』の冒頭を、炭坑による農村の変容を指摘するところから書き始めていたことを思い出しながら、香月による「民俗」章のまえがきを確認しておきたい。これは、いずれの自治体誌／史でもほぼ共通する内容と文章構成になっている。ここでは、ミニマムである『稲築町史』から引用する。

> 民俗とは、民間習俗の略で、毎日・毎月・毎年繰り返される人々の暮らしである。例えば、毎年元日に雑煮を食べるのは、先祖から代々伝えられているならわしで、日本人の生活慣習である〔稲築町　二〇〇四　四六三〕。

この後に、これを「伝統的生活文化」〔飯塚市史編さん委員会編　二〇一六　四七〕とか、「生活文化史」〔中間市史編纂委員会　二〇〇一　七一五〕、「文化の最も基層の部分」〔中間市史編纂委員会　二〇〇一　七一五、川崎町史編纂委員会　二〇〇一　七六三〕だと論じる場合もある。一方、ここで引用した『稲築町史』の場合は、続けて、

その慣習は、日本全国一律ではなく、嘉飯山地区にはそれなりの特徴があり、その中にも嘉穂町の山付きと、平地で炭坑地帯であった稲築町とは異なるものがある。さらに細かくいえば、町内の大字・小字ごとや家ごとにも違う慣習がみられる〔稲築町　二〇〇四　四六三〕。

と、「民俗」の多様性や個別性を強調する文脈で、さりげなく炭坑についても導入している。さらに、その調査対象を提示する記述も、二〇〇〇年代以降刊行のものではほぼフォーマット化されている。例えば、もっとも最近に刊行された『飯塚市史』では次のように述べる。

民俗も、時代によって変わります。『飯塚市史』の対象にした年代は、昭和時代の初めごろから（戦前）、日中・太平洋戦争をはさみ（戦中）、敗戦後（戦後）から炭鉱閉山を経て現在までです〔飯塚市史編さん委員会編　二〇一六　四七〕。

また、平成一三年（二〇〇一）に発行された『川崎町史』では、

民俗は先祖から代々の慣習といいながら、緩やかに変わっていき、ときには昭和一〇年代の戦争中や同三〇年代以後の高度経済成長期のように急激に変化することもある。それで、聞き取り調査では昭和一〇年ごろ

を基準にして、それより古くさかのぼることにした。しかし、実情はこの時代のことを聞くのも困難な状況で、戦争中から戦後に及ぶこともやむを得なかった。炭坑については、戦中・戦後に創業したところもあってこの傾向が強い。本文中には、「戦争中」「戦後」などとことわって書いているのでご了解願いたい。
〔川崎町史編纂委員会編　二〇〇一　七六四〕

とある。こうした前書きの記述に、佐々木のように炭坑を「民俗」消滅の原因として位置づける姿勢は希薄である。むしろ香月は、炭坑の消長も含めて「民俗」の枠組みで捉えるべき地域の人々の暮らしの一つであるとみなしているようである。[*19]

本編の構成に目を移そう。香月の民俗編構成の特徴は、「第一章　社会生活」において地域の概要などについて述べたのち、「ムラの暮らし」、続けて「炭坑の暮らし」という節を設ける点である。[*20]これに「マチ」が加わる自治体誌／史もある（『稲築町史』『川崎町史』）。『飯塚市史』は、「はじめに、民俗とは」の末尾に「以下、旧来の農村集落はムラ（村）、飯塚・天道のように商店が多い所はマチ（町）と民俗用語はカタカナで記し、炭鉱はそのまま炭鉱とします」〔飯塚市史編さん委員会編　二〇一六　四七〕として、ムラ・マチ・炭坑をあらかじめ分けたうえで議論を進めている。[*21]

「炭坑の暮らし」を扱う節では、域内に所在した炭坑の概略が述べられたのち、『民俗調査ハンドブック』に示された項目[*22]におおむね沿った記述が行われる。「ムラの暮らし」に対応させる形で執筆されたものと思われる。最も忠実に対応させているように思われる『中間市史』では、集落、住居、クミと寄り合い、施設・共有物品、共同作業、共同意識、炭坑の気風という項目がたてられていた。このほか、『稲築町史』では近所づきあいについて記している。

このように、炭坑の暮らしをムラやマチとは別の節を立てて論じたうえで、これらの自治体誌／史では「家族と親族」・「諸集団」の節を経て必ず「ムラと炭坑とマチ」〔川崎町史編纂委員会編　二〇〇一　八〇一〕、「ムラ・マチと炭坑の関係」〔稲築町　二〇〇四　四八五〕という節が設けられる。*23

この節で論じられる内容は、項のタイトルや論述順序にこそ多少の違いがあるものの、ほぼ同じである。すなわち、まず、ムラ（やマチ）の人たちが炭坑（やマチ）で働いていた事実が示される。『川崎町史』は「町内のムラから炭坑に働きに行くか、本町・吉原に店を出したり働きにいった人がないところはない、といってよい」〔川崎町史編纂委員会編　二〇〇一　八〇二〕と、「ムラから炭坑・マチへ」の流れが当たり前にあったことを示す。『筑穂町誌』も、ある地区では「ほとんどの人が炭鉱に働きに行った」といい、「その賃金が収入の八～九割を占めていたという」と述べる〔筑穂町誌編集委員会　二〇〇三　三二六〕。『稲築町史』は「戸主は炭坑に勤め、農業は妻や年寄りに任せる兼業農家も少なくなかった」〔稲築町　二〇〇四　四八五〕とする。

続けて、ムラから雇用関係以外で炭坑に行くこともあったことが「経済関係」などと称して記される。その代表としては下肥くみと野菜などの行商があげられ、町からの注文取りや配達もあったとされる。『稲築町史』は、「下肥くみは戦後まで農家が頭を下げてくませてもらっていたが、戦後しばらくして化学肥料が出回るようになると、炭坑側からくんでくれと頼むようになった」〔稲築町　二〇〇四　四八五〕と、興味深い両者の力関係の変化を指摘している。

また、一方で炭坑からマチ・ムラへ働きに行く人もいたことも記される。「炭鉱の人たちは農家の出身が多いので、主婦などが田植えや稲刈りなどの農繁期に雇われていた」〔稲築町　二〇〇四　四八五〕ほか、『川崎町史』や『中間市史』は、年季奉公で炭坑からマチやムラの子守にやられた子供がいたことを記している。また、『飯塚市史』は、戦後の炭坑のストライキのときにマチやムラにアルバイトに出かける人が少なくなかったことも、ここに記している。

ここからは全書に共通ではないが、ほかに記される項目として宗教関係、炭坑の補償関係、ムラ人の炭坑施設利用について書いてあるものも複数ある。『川崎町史』と『稲築町史』は、マチ・炭坑の人がムラの神社の氏子になれないため祭に加われず、マチの神社や炭坑の山の神祭にムラの人が関わることもなかったと指摘する。一方、『川崎町史』はムラから会社に役員が寄付をもらいに行っていたこと、炭坑主が神輿を寄進することがあったことなど、炭坑側はムラの祭事に対して「積極的であった」という〔川崎町史編纂委員会　二〇〇一　八〇三〕。炭坑の補償関係については、炭坑による地盤沈下や川の汚染に対して、ムラと交渉が行われ、ボタ拾いや映画鑑賞、病院利用、電灯の施設、金銭的補償、石炭の提供など、様々なことが行われていたことが、それぞれの地域の事情に即して具体的に書いてある。炭坑施設利用については、炭坑の売店、共同浴場、炭坑での映画や芝居などを多くの人が利用していたことを指摘していて、『川崎町史』はこれも鉱害補償の一環だったとしている。

差別・排除の問題として重要なのが、いずれの自治体誌／史にも最後に付される「お互いの意識」「住民意識」「ムラ人の炭鉱意識」などのタイトルを付された項目である。その内容は、それぞれ少しずつ異なっている。まず、『筑穂町誌』は、聞き取り対象者がそう話したのであろう、「ムラの人たちは、炭鉱また炭鉱住宅に住む人たちに対して好感を持っていたし、対立感情はなかったという。これは、ムラ人の炭鉱に働きに行く人たちが多く、炭鉱の人たちをよそ者意識で見下していたのでは、仕事にならなかったからだという」〔筑穂町誌編集委員会編　二〇〇三　三二七〕とし、炭坑によってムラの人たちは現金収入の場が得られ、暮らしが豊かに変わったのだと結論している。しかし、その他の自治体誌／史は、むしろここでムラ人の差別意識を記している。『稲築町史』、『中間市史』、『飯塚市史』はいずれも、炭坑の人々の「宵越しの金を持たぬ」という気風が「ムラの人たちの肌に合わないものがあった」〔中間市史編纂委員会編　二〇〇一　七五一〕と指摘する。中間市史は、

村落共同体の排他意識と相まって、ムラの人たちにとって炭坑の人たち、特に坑夫は「タンコンモン」というよそ者であり、一般に交際はあまりなかった。中間町と底井野村の合併が進められていた昭和六年、底井野村合併反対派の人たちが県知事あてに出した懇願書の一節に「殊ニ中間町ハ炭坑地ニテ町民ノ気風遊堕享

楽ノ風全町ニ漲リ、――中略（両町村が合併すれば）――思想的ニ純朴ナル青年子女ノ将来真ニ戦慄スベキモノアリ」とあるのは、当時のムラの人たちの意識が如実に示されている。これに対して、中間町の人たちの強い反発があったという。

（中間市史編纂委員会　二〇〇一　七五一）

という事例を、『稲築町史』は

三井山野炭坑の例で、昭和一一年、広島で陸軍に入隊したとき、先輩の兵隊から「炭坑モンがよう兵隊にこられたのう」とからかわれたり、年代は少し下がるが、結婚してこちらに来るとき、「どうして炭坑なんかに」といわれた人もある。昭和初期、四国に帰省するときは、親から上等の着物を着せられ、決して「炭坑」という言葉をいわないように口止めさせられたという。

（稲築町　二〇〇四　四八六）

という事例を記す。香月にとって出身地の人たちが坑夫に示した態度が「暖かいとはいえなかった」（川崎町史編纂委員会編　二〇〇一　八〇四）ことは印象的だったようで、『川崎町史』ではこのことに一項設けているほどである。香月は、ムラの人々からの炭坑の人々への蔑称、「タンコンモン、古くはタンコタロウ（炭坑太郎）、イシヤマタレ（石山太郎）、ゲザイワラ（下罪輩）」（稲築町　二〇〇四　四八六）などもあえて記す。小炭坑の多かった『川崎町史』においては、「その底流は、古くは圧制山と呼ばれ炭坑で坑夫に対する暴力的な管理が行われていたことと、ムラ人の村落共同体の中に潜む、他者を排除する『よそ者』意識が大きかったと思われる」（川崎町史編纂委員会編　二〇〇一　八〇三～八〇四）と指摘される。また、香月は、ムラと異なりマチの人にとっては「炭坑の人たちは最良のお客さまであり、粗末には扱えなかった」（稲築町　二〇〇四　四八六）と記す一方、「が、ムラと同じような『よそ者』意識が全くなかったとは言えない」（川崎町史編纂委員会編　二〇〇一　八〇四）というニュアンスを残すことも忘れなかった。さらに、炭坑労働者への蔑称を紹介した後、『稲築町史』では、他方で職員は「ショクインサン」と呼んで特別扱いだったこと、三井山野炭坑などのオオヤマの幹部職員は「テイダイデ（帝国大学出身）」などといって、ムラの名士扱いであったことも記している（稲築町　二〇〇四　四八六）。

それでも、香月はいずれも希望のある文章で章を終えようとした。『川崎町史』や『飯塚市史』は、戦中・戦後にかけて炭坑の地位が変わり、政府が石炭産業を優遇したり、労働組合の活発な文化運動が行われたりして新しい文化が流入することで、ムラの人たちの意識も時代とともに変わっていったと結論付けている。また、『中間市史』や『稲築町史』、『筑穂町誌』は、炭坑によって地域が経済的に潤ったことを描き、例えば『中間市史』の場合は、「社会生活の中においてお互いの交流は欠かせないものがあったのである」（中間市史編纂委員会編　二〇〇一　七五二）と締められた。

本項の最後に、時代を遡ることになるが、昭和五九年（一九八四）の『頴田町史』について触れ、香月の「民俗学」らしい記述の可能性（と同時に限界かもしれない）も提示しておきたい。*24『頴田町史』は、二〇〇〇年代以降の香月の記述スタイルが確立する以前のものだが、ここでもすでに「ムラ」と「ヤマ（炭坑）」を分けた記述が行われている。さらに、『頴田町史』に特徴的なのは、後の『民俗調査ハンドブック』的フォーマットとは別の形で記述が進み、「ヤマ（炭坑）の暮らし」についての記述のなかに「年中行事と娯楽」「人生儀礼」といった、後の記述では別の章に配置される項目が、炭坑についてのみ取り出されて論じられている点である。この時期までの他の自治体誌／史の「民俗」記述では、多くは炭坑の記述があったとしても、年中行事や人生儀礼の項目では、それが炭坑についての記述なのか、農村についての記述なのかが明示されず、しかし農村の「民俗」であることを匂わせるものになっていた。一方、二〇〇〇年代以降の民俗記述では、第一章でムラ・マチ・炭坑を分けることで、後の章ではこれらの区別を適宜示しながら記述を行えるようになったが、やはり、炭坑のみの「年中行事」や「人生儀礼」だけをまとまった形で論じることはない。その点で、『頴田町史』はかえって炭坑の「民俗」を浮かび上がらせているのである。

例えば、年中行事の正月については、次のような記述がある。

> 農家や商家のように直接的に季節にかかわることはなく、炭坑内の作業が分業化して、坑内外の勤務時間帯も異なり、仕事始めや終わりの祭りや祈願を統一的・周期的に行う状況はなかった。また何日も炭坑労働以外に、時間を割く余裕はなかった。しかし、炭坑労働者自身農山村出身者が多く、炭坑《やま》の生活の中にもムラの生活慣行がほそぼそと生きていた。正月準備は、子供達に晴れ着や下駄を買ってやる親心はあっても、ムラ内のような細かい関心はなかったが、それでも餅をつかない家庭はなかった。餅つきは、納屋の中でも物持ちの家があり、うす・きね・せいろなどをもっている家を中心に、五・六軒位共同でついた。炭坑内の青年達が「ツコツコまわろうや」と、数人組んで、餅つきに回りお礼をもらうこともあった。餅の量は一軒一斗を下ることはなかった。入口にしめ飾りをする家庭は半分位だったという。きちょうめんな人は、つるはしなど作業道具を家に持ち帰り、しめ縄をはって餅を供えることもあった。大みそかに主婦は、正月三か日の食物にお煮しめを作り、夜家族そろって運そばを食べた。元旦には雑煮を食べ、御飯は炊かなかった。数の子は安くて、はちの中で水に浸しておき、家でもしょっちゅう食べたし、数少ないが年始まわりをする人もあって、客が来るとこの数の子を酒のさかなに必ず出した。正月の楽しみは何と言ってもばくちで、となり近所知人が集まり夫婦共々、札もん（花札など）やサイコロで遊んだ。集会所（会館というようになる）に会社が招いた芸人の芝居なども見に行った。
> （頴田町史編纂委員会編　一九八四　一〇八八～一〇八九）

「ツコツコさん」は、筑豊の炭坑の暮らしに関する記録や元炭坑労働者の語りにしばしば登場する。「ムラの生活慣行がほそぼそと生きていた」と言いながら、時間的・金銭的余裕のなさからそれがかなわないこともあった一方、正月を祝おうとする炭坑町の人々の思いが「ツコツコさん」という筑豊の炭坑町の人々の記憶に鮮明な正月の風習につながっていたことが、しみじみと感じ取れる。それはばくちや芝居などと同様、正月の楽しみの一つになってもいた。一方、作業道具に餅を供える人もいたという記述に、炭坑労働者らしい想いを感じとれる。

また、人生儀礼については、「人の一生にかかわる行事は炭坑内でも、ムラの慣行が生きていて、炭坑独特のものは少ない。（七・人の一生の項参照）」〔頴田町史編纂委員会編　一九八四　一〇九〇〕とある。その一方、

死亡の際も、ムラの慣行が生きているが、坑内での死亡の時は、魂が残らないようにと、死者の名を呼び「あがりよるぞ」などと叫びながら坑外に運び出した。棺おけは坑外大工が作り、会社の火葬場で石炭を使って火葬した。遺骨は殉職者慰霊碑の奥の炭坑墓地に埋葬することが多かった。仕事には初七日がすんで出勤したが、それまでは魚を食べてはいけないといわれた。〔頴田町史編纂委員会編　一九八四　一〇九一〕

と記されている。これは佐々木による『田川市史』や、近年刊行された自治体誌／史にも欠かさず書かれる炭坑独特の「民俗」であるが、香月はこの後にムラの民俗と炭坑の民俗の違いの淵源を解説したりする代わりに、こう述べている。

殉職者には、会社が葬式を行った。一家の働き手に死なれ、残された家族は近親者をたよって炭坑を去ることもあったが、明治坑では強制的に納屋から出すことはなかったという。子供が一人前に働けるようになるまで、主婦に仕事をあてがってやることが多かった。しかし主婦の仕事は楽ではなかった。例えば、坑内での発破の際、マイトを入れたあと穴をふさぐ「土せん」作りがあり、赤土を捜してきて家でかますを広げ、その上でこねて作ったが、昭和一三年ころで一本八毛、百本作って八銭、非常につらい生活だったという。〔頴田町史編纂委員会編　一九八四　一〇九一〕

このように話者の名前を出さずに「年中行事」や「人生儀礼」を項目主義的に並べていくやり方は、第三節（2）で引用した宮本の「山口炭田の民俗」の方針を思い出すと、後退的であると言うべきかもしれない。しかし、右記の引用箇所を見ると、このような「民俗学」の枠に沿った記述をすることで、『頴田町史』はかえって、炭坑に暮らす人々の生活の中に農村出身者としての暮らしがまだ生きつつも変容していた事実を、具体的に浮かび上がらせているように思われる。そのような中で、ツコツコさんのような「独特の炭坑民俗」というにぴったりの風習も育ったのだろう。葬送儀礼の項目では、上野の『地の底の笑い話』や山本作兵衛の記録など、数多くの炭坑の暮らしをめぐる記述が捉えてきたように、坑内から魂を地上におらび上げるという、[*25]こちらもまさに「独特の炭坑民俗」とでも呼ぶにふさわしいものも描き出している。その信仰としての成熟いかんに香月は一言も触れてはいないが、炭坑夫が事故死した際、他社のように残された家族を社宅から追い出すことはなかったという明治炭坑においても、その後の妻の仕事は非常につらいものになったと、淡々と事実を記している。筆者には、このような事実の具体的な記述によってこそ、民俗学が描く炭坑の暮らしの、もっとも深く人々の心意に切り込んだ記述が実現しているように思われる。

以上香月靖晴が手掛けてきた自治体誌／史における「民俗」記述の特徴を参照してきた。香月に『鞍手町誌』の方法を引き継ぐ意識があったかどうかは本章では明らかにしえないものの、彼はムラとマチ、そしてヤマ（炭坑／炭鉱）の生活を分けて記述する、筑豊地域の自治体誌／史における「民俗」の記述スタイルを確立した。さらに、これらを区別したうえで、三者が交流し合うことで地域の暮らしが成り立っていたことや、それにもかかわらず炭坑の人々に対してムラやマチから差別意識があったことも記述することを可能にした。このようにして、香月は戦後文化運動の言説が描き出そうとした「残酷」や「底辺」の人々の暮らしも含めた「民俗」記述を行うことに、一定程度成功しているように思われる。一方、加えて香月は、個別の慣習・慣行の実践を見ると、炭坑にもムラと連続した慣習・慣行が多くあることを指摘しつつ、生活状況の違いによって生じている差異の側面も具体的にこまやかに描き出すことに成功している。このような記述の中に、筆者は民俗学者こそが捉えるべき、そしてまた捉え得る、炭坑に暮らした人々の心の機微をも、描かれているように思われる。こうした暮らしの詳細に関する具体的な聞き書きの記述を基に、今後我々には、宮本が問うた「炭坑と農民のかかわり」や、それを主たる課題に据えること自体の意味について、改めて問い直すことが求められるのではないだろうか。

おわりに

自治体誌／史の「民俗」の中に位置づけられるということは、地域に暮らす一般の人々の日常的な暮らしの歴史に位置づけられることであろう。さらに、それは、奇しくも佐々木が農村共同体のありかたを都市的な生活を営む人々の根底にも潜在する何か普遍的な「温もり」としたように、肯定的に位置づけられるものでもある。そのこと自体の評価も慎重に行わなければならないけれども、これまで「民俗」が、人々の暮らしを肯定的にまなざす枠組みであったことは事実だろう。そして、そこで、筑豊の炭坑業が盛んだった地域でも、あくまで農村の村落社会を中心とした記述が行われてきたという事実は、やはり無意識的に炭坑を、民衆のあるべき暮らしや、共同体のあり方から排除してきたことを示していよう。それは、戦後の高度経済成長期において積極的に民俗調査が展開された時期の事情を汲むならば、やはり当時において、炭坑もまた、どちらかと言えば基層的な民衆の暮らし、すなわち「民俗」を破壊するものの側に置かれがちであったからだとも予想できる。しかし、この頃、実は炭坑の暮らしはすでに終焉しつつあるものだった。『鞍手町誌　民俗・宗教編』は、この炭坑の暮らしの消滅をとりわけ意識する調査者らによって行われたことが予想できる。ここで生まれた「ムラ・マチ・炭坑」という集落区分によって、炭坑の暮らしは「民俗」の中に明示的に位置づけられた。『鞍手町誌』の編さんにも関わっていた香月靖晴は、その後この記述方法を二〇〇〇年代以降に出版された複数の市町村誌／史で展開した。

炭坑の暮らしは、一貫して農村共同体（ムラ）や商業地区（マチ）のものから区別された、別様の人々の生活として描かれた。しかし、いったんそのような区別を設けることで、さらに、香月は、ムラ・マチと炭坑の日常的な交流関係を項目を立てて論じ、加えてそのような日常的な交流にもかかわらず炭坑に対するムラやマチからの差別的なまなざしが確かに日常的に存在したことをも、「民俗」の中に書き込んだのである。

このような、農村共同体を標準に据えた上で炭坑の共同体を別のものとして分けていく見方は、サークル運動の書き手にもあった。その意味で、未だに農村を基準としてなされる区別を乗り越える地域の暮らしの記述の枠組みは、筑豊に生み出されていないのである。とはいえ、それによってこそ炭坑の暮らしが初めて焦点化され記述され得たのも事実である。この中で、『頴田町史』の記述に顕在的に描かれているように、香月はあくまで「民俗」の調査項目的な視点を維持したことで、徹底して炭坑の暮らしを民俗学者としての視点から眺めつつ、そこに交流と差別を同時に見出していく静かなまなざしを獲得したように思われる。調査者の評価や議論なしに具体的な事実のみを記した『頴田町史』の記述には、ムラの慣行を残しつつも変化させながら生きる炭坑の人々の心の機微がむしろ鮮やかに示されているように思われる。

最後に、本論の課題と展望を示して本章の結びとしたい。本章は、筑豊と炭坑と差別を結びつける言説の実態に迫る一歩として、「民俗」という枠組みが果たしうる立場の功罪を概観的に論じたに過ぎない。現実には、本章の第二節で断片的に触れたサークル文化運動などのように、人々の「暮らし」を描く枠組みは「民俗」だけに限定される必要はないのであり、自治体誌／史に実際炭坑の暮らしがいかに描かれていたかを捉えるには、「民俗」以外の章も分析の対象に入れなければならないであろう。例えば、本稿で「民俗」の限界を浮かび上がらせる事例として言及した佐々木の『田川市史　民俗篇』は、他の巻と記述が被らないようにその対象を前近代的なものに限定していることが明記されている。決して佐々木自身が炭坑の暮らしを見落としていたとは限らないのである。こうした様々な分野からの記述を考慮に入れるなら、筑豊の各地域ごとに存在する郷土研究会の取り組みなどを具体的に検討することで、「民俗」の枠組みに留まらない、より多様な「炭坑の暮らし」の探究や記述・記録の側面を明らかにできるはずである。例えば、本章では断片的にしか触れられなかった「民俗資料緊急調査」の担い手であった花村利彦や永末十四雄はいずれも田川郷土研究会の重要なメンバーである。田川郷土研究会は、閉山期から「炭鉱資料収集運動」などによって炭坑の暮らしを記録しようと奮闘してきた団体であり、その取り組みはユネスコ「世界の記憶」に記載された「山本作兵衛コレクション」の形成にも深く関わっている〔川松 二〇二〇〕。

また、本章はすでに名の知られた地元の民俗学者である佐々木哲哉と香月靖晴の、ほんの一部の成果を参照しながら論じたものに過ぎない。各民俗編および民俗章の形成過程には、さらに多くの地域住民の歴史実践――筆者自身が以前提起した用語を使わせてもらうならば、「日常的な民俗誌実践」〔川松 二〇二〇b〕――があったはずである。『鞍手町誌 民俗・宗教編』が、調査編集員のみならずパソコン入力者や補助員までの名前を列挙しているのは、それらの人々も地域の人々の暮らしを記録するうえで重要なアクターだったことが関係者に意識されていたからだろう。本章執筆までに十分に閲覧・検討することのできなかった他の自治体誌／史を読み込み、「民俗」の枠組みで、またこの枠組みの外で、炭坑の暮らしをだれがいかに記述してきたのか、さらに深く検討していくことで、本章の当初の目論見も初めて達成されるであろう。

そして、これら多様な探究活動と共に、筑豊・炭坑における差別という問題がいかに捉えられ、語られ、克服されようとしてきたのかを解きほぐす取り組みの積み重ねがあってこそ、筑豊・炭坑と差別という主題の複雑な絡まり合いの歴史とその現在形を、はじめて地域住民の――あえてこのような民俗学用語を用いるなら――「心意」に寄り添いながら明らかにすることができるようになるのであろう。

○注

＊1　「たんこう」には、「炭鉱」「炭坑」「炭礦」など複数の表記があり、その使い分けは複雑である。最も多く耳にする使い分けとして、一鉱業所全体や炭鉱会社全体をさす場合は「炭鉱」、一つ一つの坑口を指す場合「炭坑」と記すとするものがあり、これに則れば本章の主題となる「たんこうの暮らし」を表現するには、坑口に限らない炭鉱町全体を含んだ「炭鉱」の表記を充てるのがふさわしいように思われる。しかし、特に「人」や「暮らし」の視点を重視する人たちの間では、「炭坑」の表記が好まれる傾向にあり、本章が主たる分析対象とする「民俗」の記述においても、「炭坑」という表記の方が多くみられた。そこで、本章では混乱を避けるため、原則として「炭坑」と表記する。ただし、固有名詞や、他の論者の議論の引用の際には、引用元の表記に従うこととする。

＊2　筆者が令和五年（二〇二三）に九州産業大学で行った学外講座において、アンケートの回答を研究に利用しても良いと回答した二一名の参加者に「『筑豊』にはどのようなイメージをお持ちですか。『筑豊』と聞いて思いつくことがらを教えてください」という問いを投げかけたところ、「石炭」や「炭鉱」「ボタ山」に次いで多く得られた単語は「暗い」（四名）であった。

＊3　本段落の記述は、川松（二〇二二）の記述と一部重複している。

＊4　田川市立図書館「田川の歴史・地図等 解説」『田川市立図書館／筑豊・田川デジタルアーカイブ』https://adeac.jp/tagawa-lib/text-list/d100010/ht000010（二〇二五年二月一三日閲覧）

＊5　後に詳しく紹介する香月靖晴の単著『遠賀川――流域の文化誌』四～五頁に、出版された平成二年（一九九〇）当時の遠賀川流域の市町村の人口と町村名の変遷が分かりやすく一覧化されている。本章では分析対象の選定の際、この表を参考にした。

＊6　以下、本項の記述は特に断りがない限り永末（一九七三）に基づいている。

＊7　本章では十分に論じることができなかったが、谷川や森崎、上野の著作を読むと、柳田國男を読んでいることが明ら

かである。上野英信については杉本〔二〇〇五〕に言及がある。こうしたサークル文化運動の担い手が実際にどのように柳田國男やその他の民俗学者の書物を読み、どのように自身の議論を展開したのかを明らかにすることは、先行研究の整理も含めて今後の課題としたい。

*8 ただし、この点について本章では十分に深めることができなかった。『サークル村』やそこに集った人物についての研究蓄積は非常に分厚いものがあるが、それを民俗学との関係で深める作業はいまだ十分に進んでいるとは言い難いだろう。本稿では十分に取り上げられないが、宮本常一の予定調和的な炭坑の記述に対して、上野英信の著作を陰画として取り上げることで、柳田も持っていた常民の世界のやるせなさ、諦念や人生の残酷さなどが浮かび上がるとする杉本〔二〇〇五〕の論考は、こうした方向性を深めるための先行研究として重要である。

*9 報告書には、「永末十四生」とあるが、「永末十四雄」の表記ミスと考えられる。

*10 山本作兵衛は、現在ではユネスコ「世界の記憶」に「山本作兵衛コレクション」が記載されたことで有名な筑豊の一坑夫であり、炭坑絵師である。山本を敬愛した人物として、彩色画を依頼した永末十四雄、『サークル村』の一員であった上野英信は共に有名である。

*11 なお、本書のあとがきによれば、本書の表題が『野の記憶』となった一つの理由は、第二節で言及した岩本通弥の論考〔岩本　二〇一二〕の元になった平成一七年〔二〇〇五〕の日本民俗学会の総合テーマ「野の学問とアカデミズム」で民俗学の過去、現在、未来が論議の対象となったことに触発されたことであり、今一つは、自分自身の「野の学問」、すなわちフィールドワークを振り返りながらそれが未来にどのようにつながるのかを考え直してみたいと思ったからだという〔佐々木　二〇〇七　二二五〕。

*12 ただし、衣生活のなかの「袴・褌・腰巻その他」の「腰巻」と「帯」の項には、炭坑絵師山本作兵衛の著作からの引用として、炭坑の女性の腰巻や帯について記されている。山本作兵衛による坑内労働姿の絵までもが掲載されている。また、第五章「口頭伝承と民俗知識」においても、民謡の節では炭坑唄だけ別項を立てて詳しく紹介している。

＊13　この問題は、本書の二年前に刊行された森崎和江の『奈落の神々――炭坑労働精神史』と対照すると興味深い。森崎はここでの佐々木の主張のような信仰観を土台としたうえで、炭坑労働者たちが農耕に基礎を置く既存の信仰を乗り越える全く新しい神を生み出したのだと、評価している。両者の記述の間で、私たち民俗学者は何を目指すべきなのかが問われているように思われる。

＊14　なお、鞍手町は『サークル村』廃刊後、上野英信が小ヤマの廃坑集落に「筑豊文庫」を設立して住み着いた町でもある。

＊15　かといって、その貢献の程度はその記述のみからはうかがい知れない。本章は、『鞍手町誌』が佐々木や香月との関わりのみによって本章で論じるような意義ある成果を上げたと主張するものではなく、ただ、本書に両者もかかわりがあったという事実を示すのみである。実際には、巻末にあげられた一人一人の個性的な貢献があって成立したものであろうと推察する。

＊16　佐々木が意図的に前近代的な炭坑の暮らしを選択して描いた田川市史から一〇年以上が経ち、鞍手町誌では昭和五・六年を中心とした昭和初期を主とした記述を行い、変遷の必要なものについては太平洋戦争前後まで取材したという〔森　一九九五　七九〇〕。このような捉える時代の違いや、炭坑の現役時代がより遠のきつつある現実も、「民俗」として炭坑を捉えるまなざしの違いとなって表れているかもしれない。

＊17　例外は平成一六年（二〇〇四）に刊行された『大任町誌』と、平成一三年（二〇〇一）に刊行された『香春町史』下巻で、特に『香春町史』の民俗・方言編の執筆者には佐々木が含まれている。この民俗編はムラ＝農村とマチ＝商工業地域を区別してそれぞれの民俗に触れるとするが、「マチ」として主に言及されるのはほとんど商業地域である。ただし、香春町は炭坑だけでなく石灰山によっても特徴づけられ、田川市や鞍手町ほど炭坑の影響力が絶対的ではないようにも思われるため、単純に比較対象とはしにくい。よって、今後の検討課題として本章では取り上げない。

＊18　頴田町は、平成一八年（二〇〇六）に飯塚市、穂波町、筑穂町、庄内町と合併し、現在は飯塚市の一部となってい

る。

＊19 もちろん、注16で示したように、これは必ずしも佐々木と香月の個性の違いによるとは限らず、炭坑閉山から年月が経って、炭坑を「消滅の危機にある民俗」の枠組みで捉えやすくなったことも関係しているだろう。

＊20 当然「生業」の章でも炭坑を詳細に扱っているが、以下本章ではその分析は割愛する。

＊21 ただし、『飯塚市史』は「マチの暮らし」という項目は設けておらず、「マチ・ムラの暮らし」という節を設け、他の自治体誌／史では「炭坑の暮らし」としている節のタイトルを「炭鉱とマチ・ムラ」としている。このような区分方法をとると、マチとムラに対して炭坑の特殊性が強調されるように思われる。

＊22 （一）ムラの範囲と地域区分、（二）ムラの成員、（三）共有財産・共働労働、（四）役職・寄合と議決法、（五）ムラの掟と制裁、（六）年齢集団や講集団あるいは祭祀組織などのムラ内部の諸集団、（七）相互扶助のしくみなど、とされる〔上野他編　一九八七　二五〕。

＊23 『飯塚市史』のみは少々構成が異なり、「炭鉱とマチ・ムラ」という節の第二項に「炭鉱とマチ・ムラの交流」を配置している。

＊24 『頴田町史』は、章ごとの執筆者を明記していないため、この記述が香月のものである確証はないが、内容から筆者は香月の手によるものであると推測しており、ここでは少なくとも執筆者の一人である香月の文章として論じる。

＊25 「おらぶ」はこの地方の方言で、「叫ぶ」という意味である。

○参考文献

安蘇龍生　二〇〇八「《筑豊》明治二〇年代前後の産炭地の展開」『田川市石炭・歴史博物館館報（平成一八年度）』第一号

安蘇龍生　二〇一六「提言　田川の近代化産業遺産と部落問題」『リベラシオン　人権研究ふくおか』一六三

飯塚市史編さん委員会編　二〇一六『飯塚市史　下巻』飯塚市
池田喬・堀田義太郎　二〇二一『差別の哲学入門』アルパカ
稲築町　二〇〇四『稲築町史　下巻』稲築町
岩本通弥　二〇一二「民俗学と実践性をめぐる諸問題――『野の学問』とアカデミズム」岩本通弥・菅豊・中村淳編著『民俗学の可能性を拓く――「野の学問」とアカデミズム』青弓社
上野和男・高桑守史・福田アジオ・宮田登編　一九八七『新版　民俗調査ハンドブック』吉川弘文館
大島暁雄・松崎憲三・宮本袈裟雄・佐々木哲哉編　一九九六『日本民俗調査報告書集成　九州・沖縄の民俗　福岡県編』三一書房
頴田町史編纂委員会編　一九八四『頴田町史』頴田町教育委員会
香月靖晴　一九八三「炭坑の暮し――福岡県嘉穂郡稲築町での聞き書き」『エネルギー史研究――石炭を中心として』一二
香月靖晴　一九九〇『遠賀川――流域の文化誌』海鳥社
香月靖晴　一九九一「『立山市郎日誌』に見る炭坑の暮し」『エネルギー史研究――石炭を中心として』一五
香月靖晴　二〇〇九「筑豊炭田、炭鉱の民俗」『九州民俗学』六号
川崎町史編纂委員会編　二〇〇一『川崎町史　下巻』川崎町
川松あかり　二〇二〇a「コメント『差別』と『当たり前』を共に解きほぐしていくために」『現代民俗学研究』一二
川松あかり　二〇二〇b「ナラティヴ研究と『日常的な民俗誌実践』――日本の旧産炭地筑豊における遺産と記憶」『日常と文化』八号
川松あかり　二〇二二「いかに炭鉱を語り継ぐか――旧産炭地筑豊の地域住民と共に学び、聴き、考え、語ることを通した民俗学的研究」『トヨタ財団　２０１７年度研究助成プログラム実施報告書』https://www.toyotafound.or.jp/old/research/2017/data/Akari_Kawamatsu_final_report_D17-R-0780.pdf（二〇二五年一月九日閲覧）

鞍手町誌編さん室編　一九九一『鞍手町誌民俗・宗教聞き取り調査報告書　鞍手の民俗（第一集）中山（本村・立林）・長谷・室木・古門』鞍手町
鞍手町誌編さん室編　一九九二『鞍手町誌民俗・宗教聞き取り調査報告書　鞍手の民俗（第二集）新延・新北・木月・上木月』鞍手町
鞍手町誌編さん室編　一九九三a『鞍手町誌民俗・宗教聞き取り調査報告書　鞍手の民俗（第三集）八尋・永谷・中山（山ケ埼）・小牧・猪倉・新延（新塚・舟川）・木月（春日）』鞍手町
鞍手町誌編さん室編　一九九三b『鞍手町誌民俗・宗教聞き取り調査報告書　鞍手の民俗（第四集）旭・北浦・神田・泉水・六反田・七ケ谷・永谷・三菱炭坑・中山商店街』鞍手町
鞍手町誌編集委員会編　一九九五『鞍手町誌　民俗・宗教編』福岡県鞍手町
幸袋町編集委員会編　一九六三『幸袋町誌』幸袋町編集委員会
佐々木哲哉　二〇〇七『野の記憶――人と暮らしの原像』弦書房
篠原徹　二〇〇七「特集　『差別と民俗』特集にあたって」『日本民俗学』二五二
島西智輝　二〇一一『日本石炭産業の戦後史――市場構造変化と企業行動』慶應義塾大学出版会
杉本仁　二〇〇五「宮本民俗学の陰画としての上野英信――一枚の社員から『宮本常一写真・日記集成』」『季刊東北学第二期』四号
高橋正雄編　一九六二『変わりゆく筑豊――石炭問題の解明』光文館
田川市史編纂委員会編　一九七九『田川市史　民俗篇』田川市役所
谷川雁　一九五八「創刊宣言　さらに深く集団の意味を」『サークル村』一巻一号
筑穂町誌編集委員会編　二〇〇三『筑穂町誌　下巻』筑穂町
筑豊石炭礦業史年表編纂委員会編　一九七三『筑豊石炭礦業史年表』西日本文化協会

内藤準　二〇〇三「差別研究の構図——社会現象の規範的概念化に関する一つの考察」『ソシオロゴス』二七
永末十四雄　一九七三『筑豊——石炭の地域史』日本放送出版協会
中間市史編纂委員会編　二〇〇一『中間市史　下巻』福岡県中間市
西垣晴次編　一九七五『地方史マニュアル7　民俗資料調査整理の実務』柏書房
西阪仰　一九九六「差別の語法——「問題」の相互行為的達成」栗原彬編『講座差別の社会学第一巻　差別の社会理論』弘文堂
西成田豊　一九八五「石炭鉱業の技術革新と女子労働」中村政則編『技術革新と女子労働』国際連合大学
久野隆志　二〇一九「追悼　佐々木哲哉先生を偲んで」『日本民俗学』三〇〇号
藤野豊　二〇一九『「黒い羽根」の戦後史——炭鉱合理化政策と失業問題』六花出版
福岡県　一九六三『福岡県史　第二巻　下巻』福岡県
福岡県企画・地域振興部総合政策課編　二〇二四『令和六年度　県勢概要』https://www.pref.fukuoka.lg.jp/contents/44-u.html（二〇二五年一月九日閲覧）
福岡県田川市総務部総合政策課編　二〇一〇「筑豊炭田を探る」『広報たがわ』一二九六
宮本常一・山本周五郎・揖西高速・山代巴監修　一九七二『日本残酷物語　第五部　近代の暗黒』平凡社
森崎和江　一九九六『奈落の神々——炭坑労働精神史』平凡社
森正義　一九九五「編集後記」鞍手町誌編集委員会編『鞍手町誌　民俗・宗教編』福岡県鞍手町
山口県教育庁社会教育課編　一九七一『山口炭田の民俗　山口石炭産地民俗資料緊急調査報告書』山口県教育委員会

表一　「昭和三八年度民俗資料緊急調査」筑前の部、筑後・豊前の部の調査地として選定された筑豊炭田域の地区と炭坑にかかわる記述（〔大島他編　一九九六〕より要約・抜粋）

地区名（◎地区調査責任者・○地区調査委員）	主たる生産	副業・兼業	炭坑・石炭に関わる記述	炭坑・石炭に関わることがうかがえる記述
遠賀郡芦屋町（◎坂田亀次郎・○松丸成政・柳本光保）	ひらた船	コークスムシロ ○夜なべ　むしろ織り ○出稼ぎ　殆んどない	※ひらた船関係者の記述が主となっているためほとんど全項目について関わりを指摘できるが、省略。	
北九州市若松区大字脇田浦（◎和田喜代治・○許山不二雄・内田昌生）	漁業			一二運搬「（前略）東は若松、西南は中間・香月・直方方面まで行商していたが、昭和の初期からリヤカーで運搬し、昭和二五〜二六年頃からバイクで運搬するようになった」とあり、炭坑町に行商に行っていたことがうかがえる。
鞍手郡鞍手町大字長谷（◎坂本宗文・○大村利通・森蔵浪）	農業（階段式水田耕作、山田雑穀、畠耕作、山裾畠端の櫨実及楮取り） ※（現在はないものとして）林業、植林（松、杉、桧）竹の切り出し、櫨の実、楮の皮取り	櫨及び楮の植樹培養し、実及び皮をとる仕事（現在はない） 林業 北部九州への勤務者		
直方市大字福地字上境（◎山近正彦・○安武正紀・児島隆人）	農業（平地水田豊沃地帯）		一二運搬「（前略）川舟（五平太舟）　石炭を下りで運搬し、上りは木材を運搬。舟頭が三〇名程度居た」	

飯塚市大字明星寺字北谷(◎松岡武雄・○野沢静治・脇山七郎右ヱ門)	農業	副業・兼業特になし。 その他の仕事 草刈り ○夜なべ 藁仕事 ○出稼ぎ なし	一三交易「(前略)明治以後になると、近くに炭坑が出来て、野菜は女のフレ売りによって現金収入の道を開いた」	
嘉穂郡筑穂町大字内野(◎水摩安正・○白石春雄・桑野千年)	農業、山林業	副業・兼業 山芋堀、寒根(葛粉の原料)堀り、「黄櫨の実ちぎり、養蚕、叺編みはともに終戦後なくなった」 その他の仕事 ○季節的な仕事(明治～大正、現在はない)米つき、麦つき、縄ない、草履や牛のくつ作り、糸つむぎ、黄櫨ちぎり、炭坑の石炭運搬など。 「現在では夜なべ、出稼ぎなどほとんど行われない」	一三交易「(前略)炭坑が出来てからは、農作物を売りに出る人がいくらか出来たが、内野から行商に出ることはほとんどなかった」	一総観「(前略)交通は、昭和三年に長原線が完成するまでは、はなはだ不便な地域であった。現在では筑豊線が部落の北部を通り、それに並行して国道二〇〇号線(八幡～久留米)が走っている」とあり、炭坑によって交通の便がよくなったことがうかがえる。

田川市東区大字伊田（◎荒川夏彦・○花村利彦・永末十四生《ママ》）

水田耕作地帯

○沿革　水田耕作を主とし、丘陵地で一部畑作が行われていて、他にみるべき特産物を産出していない。ただ炭鉱業は、貞享年間（約二八〇年前）より東側丘陵地で石炭の自然採掘がおこなわれ、自家用燃料に供せられており、明治時代に入って急速に発達し、特に明治三二年三井田川鉱業所伊田坑の開坑によりいわゆる炭坑町として形成された。

○規模・資源等　藩政末期の水帳によると本地区の田畠面積は一九四町歩、本高二一一一石、物成八一〇石、本免平均三歩で郡平均四歩二より低いが、大村の中には入っていた。しかし一般的に良質米を産していた。現在は田二八八町、畠六八町、計三五六町歩である。資源としては石炭が唯一のもので、当地域の炭層は第三紀層で、大辻直方層に属し、田川四尺、八尺、三尺、香春八尺、伊田八尺、五尺、竹谷下三尺炭などの各炭層を数えている。何れも筑豊炭中良質炭として早くから市場における位置を確保し、特に気罐用として歓迎されている。しかし、五〇年以上に亘って採掘したため経済的コストに見合う炭層を掘りつくし、炭坑は全面的な合理化を迫られている。

「藩政期においては輸送は舟運に頼っていたため、川船船頭の組織として伊田盤なるものがあり、村方役人の支配に属していた。舟の数は二〇～三〇艘で川沿い部落の農民が兼業としていた。明治末年衰退完絶した」

その他の仕事

○季節的な仕事　川船船頭（農閑期）

○夜なべ　縄ない、野菜出荷準備、粉ひき。

○出稼ぎ　なし

一、総観（地理）「（前略）明治二〇年代以降炭坑の発達により、炭坑施設、炭坑住宅が丘陵高地に発展形成され、市街地は低地、水田埋立地に発達した。また東側丘陵地も、道路の整備（国道福岡行橋関）に伴い、炭坑住宅地、住宅地として形成されている。鉄道は明治二八年頃より発達し、日田彦山、伊田両線が通じている」

三仕事と用具「当地区は主として農業によって生計をたて、副業として養蚕を行う家も（中略）また彦山川の川舟の船頭も一村に二、三人位いだ（ママ）が明治三〇年ごろにはいなくなった」

九かまど・いろり「（前略）燃料は薪を使っていたが、明治二〇～三〇年頃から「なま石」（掘り出されたままの石炭）をいろりに使うようになった。その後無煙炭やがら（なま石を一度燃やしてから使う）などが使い初（ママ）めた。石炭は買ったり、また自分の所有の山や庭からも石炭が出たのでそれを使用する家もあった。（その際石炭は、はねつるべで掘られた）。大正の初めごろからは、いろりにガンガン（薄い鉄板でつくった大型の七輪）をすえて、石炭を用いていた」

一三交易「（前略）そのほか、石炭は弓削田、香春、夏吉まで牛にフゴ（前田国雄氏所有）をつんで買いに出かけた」

一九その他重要なもの　「炭坑民俗」の記述（参考一参照）

五染・織「（前略）また自分の家で水のかなけで染めることもあった。（うすあかいろになる）」とあるが、かなけは今でも炭坑跡地付近の川で見られるので、関係がうかがえる。

田川郡赤池町大字上野（◎尾園政一・○横山悌二）

農業「○沿革　明治初年頃英彦山川を往復していた船頭（五〇人）、紺屋（四軒）、鍛冶屋（三軒）、養蚕業（十戸）等なくなった。上野蜜柑と呼ばれ、盛んであったが、石炭産業が興り、発電所等を拡大されるや煙害を被り衰微するに至った。発電所閉鎖（昭和三三年頃）後果樹栽培が起りつつある。

副業・兼業　養鶏、花卉栽培、シメ縄加工、養豚。

その他の仕事

○季節的な仕事　特になし。

○夜なべ　特になし。

○出稼ぎ　特になし。

一総観「（前略）文化の特色は、長い間の石炭産業に密接した農山村であり、一般のそれに比較して生活も高い。古歴史を持つ寺、宮、古美術の上野焼等の精神生活の影響も特色がある。

通婚圏は、弁城、畑（方城町）、永満寺（直方市）等である。

特に親しく交際する村は、方城町、金田町、田川氏、直方市等である」「（前略）明治三三年に役場は下赤池に移り、対象一一年に現在の場所に移った。弥来赤池鉱業所、発電所、赤池駅と拡大新設を見るに至り、商店街は繁昌し、赤池の大通りの舗装完成等で遂に昭和一四年一一月三日町制施行とともに赤池町と変更呼称された」

一二運搬「（前略）特別に運搬業を専業にするものはいなかった。然し明治一〇年頃英彦山川を石炭を運ぶ船頭が四〇～五〇人程あった。伊田より赤池を経て若松まで往復し、一往復約一週間を要した。船は全長八～九米、帆を張り櫓を漕いで運んだ。　親舟、子舟の別があって、親舟は石岩二頓積み、子舟は一頓積む事が出来た。その当時の舟の底板が残っている」

一七祭・道祖神など　大祖神社の雨乞「（前略）後に英彦山川が石炭採掘が上浦で行われ、水が汚染するようになると、上野字大久保の大祖神社（妙見様）でおこもり（参籠）することになった」

※「主たる生産」「副業・兼業」については、主として業種を表す単語などのみを抜き出している。ただし、「」で括っている個所については、原文をそのまま引用した。

表二　戦後に出版された遠賀川流域（旧筑豊炭田域）の自治体誌／史における「民俗」記述の概要

郡	書籍名	出版年	民俗編／民俗章の執筆者	民俗編／民俗章のタイトル
	北九州市史　民俗	平成元（一九八九）	米津三郎・岩崎尚・宇佐美明・岡野信子・柏木實・税田昭徳・谷端勲・門司宣里・安川浄生・吉岡成夫・吉田美和子・小田村一男・安枝信治郎	
	若松市史　第二集	昭和三四（一九五九）	不明	なし ※ただし、「第四編　近代」の「二六観光」に、（一）史蹟・遺跡・地名、（二）伝説・神話・民話の地、（五）年中行事、（六）民芸品その他が、「昭和時代別章」に、一一古歌謡その他、一三方言、一五脇ノ浦・安屋脇田古老座談会がある
遠賀郡	芦屋町誌	昭和四七（一九七二）	不明	第四編 近代・現代―第四章　芦屋町の現勢―一五　観光・民俗
遠賀郡	増補改訂　芦屋町誌	平成三（一九九一）	不明	第七編　民俗・文化
遠賀郡	水巻町誌	昭和三七（一九六二）	不明	なし ※ただし、「水巻の歴史―五、近世の農村」に、農村の衣生活、農村の食生活、農村の住い、農村の風俗、年中行事が、「水巻の神社その他」に、一、水巻の神社、二、水巻の寺院、三、水巻の地名考、四、水巻の孝子良民伝、五、昔の炭坑風俗、六、川艜と船頭、七、曲川と石炭の輸送、八、農村の俳諧その他、九、農村芸能、一〇、子供の四季がある。
遠賀郡	遠賀町誌	昭和六一（一九八六）	古野千年	第七編　信仰と生活 第八編　村落と生活
遠賀郡	岡垣町史	昭和六三（一九八八）	執筆者　不明 民俗調査指導　香月靖晴・中島忠雄	第七編　岡垣の民俗
遠賀郡	中間市史　上巻	昭和五三（一九七八）	江副敏夫・加来宣幸	民俗篇Ⅰ
遠賀郡	中間市史　下巻	平成一三（二〇〇一）	不明だが、編纂委員会委員に香月靖晴の名前あり	第九編　民俗Ⅱ

郡	書名	刊行年	執筆者	該当章
鞍手郡	鞍手町誌　民俗・宗教編	平成七（一九九五）	監修・佐々木哲哉 調査・編集委員・麻生守（委員長～平成六年二月）、森正義（平成六年四月より委員長）、毛利喬、水摩ゆみ子、香月靖晴、田中利彦、 主任調査員・筒井甫、森豊一、日高和昭、筒井正直 ボランティア調査員・西徹空、中野芳子、日高加代子、松浦路子、藤井道子、田嶋信子、由衛久子、高辻光代、清岡斉一郎、小田文代、石松太三次、六本豊、田代隆雪、大和鋭江、田代瑞重、石橋洋美、田中郁子、古賀初音、立野太吉 補助員・古後憲浩、豊福孝、二羽浩、石田冨男、日高泰典、井手川泰子、篠原茂、星正彦、平野末芳、吉田悟 パソコン入力者・梶栗恭輔、高橋奈美江、千手暢員、木原理恵、松村利恵、武谷功雄 挿絵作成者・宮川裕人	第一編　民俗
鞍手郡	直方市史　下巻	昭和五三（一九七八）	松藤（旧姓　飯野）松子・行実正利	第三編　明治以降の直方―第六章　民俗
鞍手郡	小竹町史	昭和六〇（一九八五）	不明	第五編　祈りと習わし　宗教・民俗―第二章　民俗
鞍手郡	宮田町誌　下巻	平成二（一九九〇）	清水範行	第十篇　民俗
鞍手郡	若宮町誌　下巻	平成一五（二〇〇三）	不明だが、執筆者に香月靖晴の名前あり	第七編　若宮の民俗・宗教
嘉麻郡	碓井町誌	昭和五七（一九八二）	松浦賢作・貝島亮三・牛島常興・畠山巧	民俗篇
穂波郡	嘉穂町誌	昭和五八（一九八三）	不明	第七編　文化―第四章　民俗

嘉麻郡　穂波郡			
山田市誌	昭和六一（一九八六）	不明	なし ※ただし、「第八編　文化」に、第四章　名勝・旧蹟、第五章　文化財、第六章　民話・伝説、第八章　社会文化―第五節　古今風俗習慣の対照・第六節　娯楽・第七節　方言・第八節　山田情緒がある。
稲築町史　下巻	平成一六（二〇〇四）	不明だが、町史編集室長は香月靖晴で、編集委員（執筆者）にも香月の名前がある。	第八編　民俗
庄内町誌	昭和四一（一九六六）	不明	第八編　宗教及び文化
庄内町誌　下巻	平成一〇（一九九八）	不明だが、執筆者に中島忠雄の名前あり	第七編　宗教・民俗―第二章　民俗
頴田町誌	昭和三四（一九五九）	不明	後篇　頴田のおもいで
頴田町史	昭和五九（一九八四）	各章の執筆者は明記されていないが、執筆者中に香月靖晴の名前あり。	第五編 宗教と民俗―第二章　民俗
飯塚市誌	昭和五〇（一九七五）	不明	なし ※ただし「文化編」に宗教、年中行事、民家、郷土の文化財一覧、俳諧古今(句碑)がある。
飯塚市史下巻	平成二八（二〇一六）	香月靖晴	第七編　民俗
二瀬町誌	昭和三八（一九六三）	不明	第七篇　町民の生活
幸袋町誌	昭和三八（一九六三）	不明	文化編―第四章　民俗
鎮西村誌	昭和三八（一九六三）	執筆担当部門部長　潤野小学校教頭　青柳高	第八編　村民の生活
穂波町誌	昭和四四（一九六九）	不明だが、執筆者中に中島忠雄の名前あり	文化―三　民俗
筑穂町誌	昭和三七（一九六二）	文化編部長　内野小学校長　岡松政義 部員　上穂波小学校教頭　田島甲太郎・嘉穂農業高校筑穂分校主事　高石節勇・元嘉穂東高校教頭　今住計雄・上穂波小学校教諭　小金丸健一	第七編　文化―第五章　民俗

嘉麻郡穂波郡	筑穂町誌　下巻	平成一五（二〇〇三）	香月靖晴	第八編　民俗
	桂川町誌	昭和四二（一九六七）	貝島亮三・木原吉野・緒方克州	民俗資料編
田川郡	香春町誌	昭和四一（一九六六）	編集責任者　生原佐七郎	七篇　民俗
	香春町史　下巻	平成一三（二〇〇一）	佐々木哲哉・木村晴彦・十時弘・杉村孝夫	第九編　民俗・方言編
	田川市誌	昭和二九（一九五四）	不明	補説―伝説と民俗 ※その他「補説」には、地名考、古墳と史蹟、先史時代と古代の遺蹟、史蹟、伝説、祭りと神幸祭、昔の年中行事、伊加利弁天座、炭坑節とむかしの歌、炭坑唄、民謡、童謡、俚謡、方言が配され、「民俗」と関連性の高い項目が並ぶ。
	田川市史　民俗篇	昭和五四（一九七九）	佐々木哲哉	
	大任町誌	昭和四五（一九七〇）	崎山正太郎（西田川高等学校教諭）	第七編　民俗
	ふるさと大任：大任町誌下巻	平成一六（二〇〇四）	守田豊	第八編　民俗
	添田町誌：本町多年の歩み	昭和三四（一九五九）	不明	なし ※ただし、「第八編　名所旧蹟、附伝説」がある。
	添田町史　下巻	平成四（一九九二）	不明	第六編　民俗
	方城町史　本編	昭和四四（一九六九）	不明	民俗編
	赤池町史	昭和二八（一九五三）	不明	なし ※ただし、「古蹟・古事」、「古墳墓・口碑・伝説」、「観光・俗謡小唄」の章がある。
	赤池町史	昭和五二（一九七七）	不明	第六篇　民俗

田川郡			
金田町史	昭和四三（一九六八）	不明	補説　地名の由来　伝承・伝説　民俗　信仰
金田町誌	平成一一（一九九九）	不明	第八編　民俗
糸田町誌	昭和三四（一九五九）	不明	なし ※ただし、「古蹟・祭事・糸田城址・千人塚他」、「村の組織」、「村の生活」、「炭坑雑記」、「俗謡・小唄」、「糸田の名の起り」、「字地名」がある
糸田町史	昭和六四（一九八九）	不明	第四編　郷土のくらし
川崎町誌	昭和三二（一九五七）	不明	川崎町の名所古蹟民俗 郷土の伝説 豊前国の風俗
川崎町史　下巻	平成一三（二〇〇一）	香月靖晴	第九編　民俗
赤村史	平成二〇（二〇〇八）	不明	第七章　赤村の民俗・文化・文化財

《参考一　田川市東区大字伊田「一九その他重要なもの」全文》

本地区は藩政時代より石炭の採掘がはじまり、明治以後は炭坑町として発展しただけに、独特の炭坑民俗が伝承されている。その主なものの概要を記録しておく。

○掘る道具

鶴嘴（ツルバシ、ツル）は石炭を採掘するに用い、土工用よりは小さく、通常五～六本携帯する。尖端のちびたものを「カンコツク」という。消耗度が烈しいため尖端が取り外しが利くように考案されたものが、大正初期より普及し、「改良ツル」と呼ばれた。

○運ぶ道具

搔き寄せる道具：雁爪（ガンズメ）、搔板（カキイタ）エブ又はエビジョウケ、ホゲ、テミ。

運ぶ道具：スラ、木製で底に二本の鉄条を橇のようにとりつけている。より古い型は竹で編んだもので「バラスラ」という。地盤が悪く、搬出困難なときは「バッテラ」を用いる。底には割竹二本をつけ、これを「スラセ」と呼ぶ。

セナ：セナ棒の両端に「カゴ」をつけ「シコモク」と呼ぶ15㎝くらいの棒を支えにして運ぶ。

○排水道具

フイゴ：二、三丈の大竹でつくり、原理は水鉄砲と同じであるが、水は手元に引き上げ、リレーして運び出す。はねつるべ：小規模の竪（ママ）坑で用いる。ただ四～五人で採作するくらい大きく、この仕事に当るものを棹取「サオドリ」と呼び、のち坑内運搬夫の名称に俗称となった。この他「ナンバ」がある。

○仕事着

男はフンドシに鉢巻、ワラジもしくは足半（マンナカ）をはいていた。女は間歩着（マブキ）という衣類を着用した。これは七分袖の肌着と「マブベコ」からなり、頭は手拭いをかぶる。

○灯火

「カンテラ」のちに「安全灯」を用いた。前者の燃料は種油と石油をまぜた合油か、アセチレンガスで裸火であり、災事の因となったので、炎をおおう「安全灯」に替っていった。燃料は種油、揮発油である。また電灯のない時代、坑外の作業には石炭を燃料とする「マサガオ灯」を用いた。

○住居、食事

住民は明治〜大正中期までは一五年間長屋を、間口一間もしくは一間半に割ったもので、奥行きは二間しかなく、押戸、狐格子、突き上げ窓で明りをとっていた。一般に納屋と呼ばれている。

便所は一棟毎の共同便所で、炊事場は屋外を使用することが多かった。

炊飯には「ガンガン」という鉄製七輪を用い、燃料は石炭（ナマイシ）が普通である。冬期は暖房器具をともし、コタツは用いない。弁当箱は「ガガ」または「クラガイ」といい、竹製で底は杉板を用い、四〜五合を入れる大きさである。水筒はブリキ製で「ガメ」と称した〔大島他編　一九九六　一四四〜一四五〕。

第五章

「当たり前」の「日常」から差別・排除を捉える方法

現象学の複数の動向を導きに

辻本　侑生

はじめに

二〇二四年一一月に実施されたアメリカ大統領選挙では、再びドナルド・トランプが当選を決め、マイノリティの人権擁護を推進するいわゆる「リベラル」な人びとと、それらのイシューを重視しない人びととの間の懸隔が拡大している状況が可視化された。日本においても、省庁や自治体の政策や企業の施策として、ジェンダー平等の推進や多文化共生、性的マイノリティへの支援などが進められているものの、それらはSDGsやサステナビリティといったある種の「お題目」を満たすためという側面も否めない〔岩渕 二〇二一〕。さらにいえば後述するように、マイノリティ支援策に感情的に反発する人びとは日本においても少なくなく、SNSでは人びとが日々、マイノリティをめぐるイシューについて、感情的でその場限りと言わざるを得ない応酬を繰り広げている状況にある〔〔綿野 二〇二三〕参照〕。

このように、差別・排除が好ましいことではなく、差別・排除の被害を受けてきたマイノリティへの共感や支援が必要である、という認識が当事者による社会運動を経て実現しつつも、他方ではバックラッシュ的な反発を生み、人びとの分断はいっそう進んでいる状況にある。では、民俗学はこうした分断的な私たちの日常に対して、どのように迫っていくことができるのであろうか。こうした時代状況へのリアクションも意識しながら、本章では現代民俗学における日常論的転回と差別・排除研究とを接合し、日常という視点から差別・排除を捉える手法を、現象学の複数の動向を導きにしながら検討する。

一、問題の所在

(1) 現代民俗学の日常論的転回と差別・排除研究

民俗学とは「当たり前」の「日常」を捉える学問であるとの認識は、二〇二〇年代の日本の現代民俗学において急速に浸透している。この動向は複数の潮流が重なり合って形成されているものであるが、ごく大まかにいえば、ドイツ民俗学の影響を強く受けている。ドイツの民俗学では、第二次世界大戦中におけるナチスドイツへの加担の反省をもとに、一九七〇年代ごろから研究対象を「民俗」から「日常」へと大きく転回させ、哲学や社会科学の理論を援用しながら、ごく身の回りの生活文化を描写・分析する「日常（文化）学」へと変化を遂げた（及川・ゲーラット　二〇一八）。

こうしたドイツ民俗学の「日常学」化を日本民俗学に援用することを試みているのが、岩本通弥である。岩本は日本の民俗学が、地域の伝統文化、すなわち「民俗」とカテゴライズされたものを対象化する「文化財学」化していることを批判し、ドイツ民俗学の日常論と、柳田國男の『明治大正史世相篇』で試みられつつ、その後の日本民俗学で一般化しなかった手法を接合し、「私たちの当たり前の日常」を問う学問として民俗学の再定義を試みている（岩本　二〇二三）。

以上のような潮流は、民俗学が本書のテーマとなる差別・排除を問う上で、おおむね追い風となる動向である。なぜならば、岩本の言う通り日常学化以前の日本民俗学が研究対象とするものは「民俗」とカテゴライズされるものにとどまるため（岩本　一九九八）、例えば民俗学のなかで尖鋭的に行われてきた被差別部落の研究（政岡　二〇〇七）であっても、そこで焦点化されるのは民俗芸能など文化財制度の枠内の「民俗」であったと指摘せざるを得ない。筆者が研究対象としているような、地域文化との結びつきが非常に弱い性的マイノリティなどは、どのように研究してもそれが「民俗」であると主張することは難しく、研究の俎上にほとんど上ってこなかった。誤解を恐れずに言えば、民俗学の研究対象が「民俗」ではなく、「日常」であると再定義される日常論的転回により、民俗学として性的マイノリティを対象化することが可能となったのである〔辻本 二〇二〇、辻本・島村編 二〇二三〕。

(2) 差別・排除をめぐる「当たり前」の「日常」

しかしながら、民俗学が日常学化すれば、それが直ちに差別・排除研究の活性化につながるかといえば、そうは言い難い。このことは、本論集執筆者とメンバーが多く重なっている『現代民俗学研究』一二号の特集「民俗学的差別研究の可能性」(二〇二〇年)、さらに『生きづらさの民俗学』〔及川・川松・辻本編 二〇二三〕を編み上げる過程においても、再三メンバー内で議論になってきた論点である。例えば川松あかりは、『現代民俗学研究』の特集において、「私たちが思い込んでいるほど『普通の人』の『当たり前』などというものは実在するのだろうか」〔川松 二〇二〇 四三〕と指摘している。同特集で、桜木真理子も同様に、「最大の争点は、『日常』の『当たり前』が果たして誰にとってのものなのかという点である」〔桜木 二〇二〇 四六〕と述べている。

川松と桜木の指摘は相対主義的な発想に基づき、岩本通弥らが展開する民俗学の日常学化に対して「当たり前」の「日常」は人によって多様であるという視点を提起していると捉えることができる。塚原伸治も、『生きづらさの民俗学』への書評の中で、同書の論者のなかに「半径数メートルから問いを発し『何故に我々は』と問う立場と、どこかの誰かの生に向きあい、そこから問いを育てていく立場」〔塚原 二〇二三〕が混在していることを指摘し、別稿において塚原自身は「地理的な近しさにもかかわらず人が生きる形がこんなにも異なっているということを、具体的な記述の凄みのなかで示」〔塚原 二〇二四 一三二〕すことの重要性を指摘している。いずれの論者によっても、ここで指摘されているのは、「当たり前」の「日常」の中にも、同一性に還元されない差異や多様さがあるということであり、特に差別・排除のように多様さそのものを直視する研究を行う場合、自己の日常と他者の日常を同一視して議論することの危険性〔塚原　二〇二三〕は、重く受け止めるべき指摘であるといえよう。

ここで塚原が言う「どこかの誰かの生に向きあい、そこから問いを育てていく」、「人が生きる形がこんなにも異なっているということを、具体的な記述の凄みのなかで示」すというアプローチは、フィールドワークによって地域文化を記述する民俗（族）誌手法が想定されている。しかしながら、今野大輔がこれまで批判してきた通り、地域研究的な民俗誌の手法では、結果的に十分に差別・排除の実態に肉薄し得ないという課題があり〔今野　二〇一四〕、また筆者が対象とする性的マイノリティも、地域を限定した民俗誌的アプローチが現状の民俗学で優勢であることの帰結として、ほとんど記述されず無視されてきた。

では、こうした川松や桜木、塚原の指摘――つまり、差別・排除を取り巻く「当たり前」の「日常」とは何か――に応えつつ、地域を限定した民俗誌的研究とは違った仕方で、これからの研究を進めていくには、どうすればよいのであろうか。本章は、そうした問いに対して、現象学の複数の動向を導きの糸として、新たな方途を探るものである。

二、集合的な差別・排除の感情をめぐる現象学と民俗学

「当たり前」の「日常」とは誰のものか、という問いを考えるうえで、本章では現象学の動向を追うことから作業を始めたい。なぜなら、「当たり前」の「日常」を問うという発想そのものが現象学と親和的であると同時に、冒頭で述べたドイツ民俗学流の日常論の潮流も、現象学の影響を強く受けていることが指摘されているからである。*1

田口茂によれば、現象学とは何の疑いもなく「確かだ」と思われていること、あまりにも「自明」で「当たり前」で、問おうともしないことを、あえて問う学問であり、近年では認知科学、神経科学、ロボット工学、看護・介護

など、様々な領域に議論のプラットフォームを提供する運動となっている〔田口　二〇一四〕。そして、この「プラットフォーム」には、民俗学、特にドイツの民俗学も一九六〇年代から参入しており、ヘルマン・バウジンガーの『科学技術世界のなかの民俗文化』（一九六一年）は、ハイデガーの影響を受けたものであるという〔梶谷　二〇一五　二五〕。梶谷真司は、現象学と民俗学の親和性を、次のように指摘している。

現象学と民俗学は着実に接近しつつあるが、両者のあいだにはもともと学問的に親近性がある。現象学は、日常世界一般の普遍的構造を解明する。ハイデガーが『存在と時間』でおこなった現存在分析や、フッサールの生活世界論がその代表である。それが対象とする経験や事象はありふれたもので、理論的反省以前の、私たちの生に密着した、したがって私たちの存在にとってより根本的なものと言える。民俗学もまた、特定の人の意図や努力によって生み出されたものではなく、やはり理論的反省以前の、人々のあいだで共有され、受け継がれてきた、したがって民衆の生活に密着したものに取り組んできた。この点で民俗学と現象学には本質的に通じるものがある。〔梶谷　二〇一五　二六〕

他方で梶谷は、特にフッサールの現象学は「自分の意識や体験を自分で分析するのが基本であ」〔梶谷二〇一五：二七〕るため、民俗学が対象とするような過去を含めた集合的な人びとの体験を扱うことができないのが課題であったと指摘している。そこで梶谷は、ヘルマン・シュミッツが提起した「新しい現象学」を参照する。梶谷によれば、シュミッツの「新しい現象学」において重要な概念は「感情」であり、その「感情とは個人の内面状態ではなく、周囲の空間に雰囲気的に広がりつつ、そこから人間に襲い掛かるものであり、時に多くの人々と事象を同時に包み込む」〔梶谷　二〇〇一　五五〕ものである。そして梶谷自身、シュミッツの議論と民俗学における異人論を接合させ、怨霊や疫病・天変地異等の災厄をめぐる集団的な心性を解き明かすことを試みている〔梶谷　二〇〇一〕。

現代民俗学の日常論にとって梶谷の議論が重要であるのは、シュミッツの「新しい現象学」が、ドイツの民俗学者・アルブレヒト・レーマンが民俗学の方法として提起した「意識分析」に強く影響していることを指摘している点、とりわけレーマンが用いる「感情」や「雰囲気」といった語が、シュミッツの影響による点にある〔梶谷二〇一五　二九〕。レーマンの「意識分析」は、人びとの集合的な心性や感情を、インタビューによって収集した語り（ナラティヴ）の集積をもとに解き明かしていくものである〔レーマン　二〇二〇a、二〇二〇c〕。日本においては邦訳された『森のフォークロア』が著名であるが、このレーマンの意識分析の方法は、第二次世界大戦の終戦後に生き延びた経験や、一九六四年のハンブルグ大洪水の被災経験のような、切実な体験をも捉えうる〔レーマン　二〇二〇b　三三四〕。

このように、シュミッツの「新しい現象学」から、レーマンの「意識分析」へと流れ込んだ、集団的な心性や感情、雰囲気を明らかにしていくアプローチは、差別・排除に満ちた「当たり前」の「日常」を描き出すうえでも有効であると考えられる。例えば筆者は、近現代における言説の変化を通して、「当たり前」とされていた男性同士の性行為が、「気持ち悪い」行為であると捉えられるようになる過程を分析したことがある[*2]〔辻本　二〇二〇〕。ここでいう「気持ち悪い」といったものは、まさに個別具体的な人びとの感情としてではなく、集合的な感情として表出するものである。こうしたプロセスはまさに現在進行形の現象であり、例えば二〇二二年九月に愛知県議会議員が「同性婚は気持ち悪い」とSNS上に書き込みをし、女性団体に謝罪するという事象が報道された（『朝日新聞デジタル』二〇二二年一〇月四日）。この発言自体は当該議員個人のものと捉えうるかもしれないが、この報道がなされてから一年以上が経過した二〇二四年三月には、謝罪シーンを報道したニュース動画がSNS上で再度拡散され、「気持ち悪い」という言葉を用いて、むしろ差別発言を行った議員を擁護する投稿、肯定的なリアクションを多数伴って拡大するという現象が観測された[*3]。こういった現代的かつ集合的な差別・排除の感情や雰囲気を分析していくうえで、「新しい現象学」の影響を受けた意識分析の手法は、大きな有効性を持つと考えられよう[*4]。

以上のような動向を踏まえ、筆者としては、時として、性的マイノリティ当事者の意識をも拘束する、集合的な差別・排除の感情や雰囲気が歴史的に、そして現代においてどのように連続的に（もしくは非連続的に）表出しているのか、今後研究を進めていくことを想定している。ただし、西崎によれば、レーマン以降のドイツ民俗学においても、「意識分析」が主たる分析手法として採用し続けられているわけではなく、人類学理論の取り込み等が積極的に進んでいるという〔西崎　二〇二〇　一四〕。筆者は、今後、マイノリティの個別的な差別・排除の経験に必ずしも収斂しない意識分析の手法のエッセンスを取り入れつつ、ウェブ空間上の集合的な言説の共同構築を解き明かすインターネットの民俗学〔廣田　二〇二四〕の手法も取り入れることで、先のような課題を解決していきたいと考えている。

三、個別的な差別・排除の経験をめぐる現象学・民俗学

前節で述べたような、社会全体の感情や雰囲気から差別・排除を分析するこのような手法は、少なくとも日本の民俗学においてほとんど研究蓄積がないと言ってよいであろう。差別・排除の研究というときには、むしろ隣接分野である社会学において、差別を受けてきたマイノリティ当事者に対して丹念にインタビューを行い、その経験を記録するライフストーリー研究を想起する民俗学者が多いと思われる。こうした背景を踏まえて西崎博道は、ドイツ民俗学の意識分析と、社会学者の桜井厚らによって牽引されてきた日本のライフストーリー研究を対比し、両者ともナラティヴの収集・分析を重視しつつも、『意識分析』は、桜井が対象とするようなマイノリティ集団ではなく、多様な文脈を含みながらも一つのテーマに収斂し、文化や社会全体に広がっている『人生史』や『森』のような文化的対象の全体的な把握に向いている」〔西崎　二〇二〇　一三〕と述べている。

では、現代民俗学の日常論では、ライフストーリー研究以外の手法で、マイノリティの経験する個別的な差別・排除を捉えることは難しいのであろうか。筆者はこの論点について、現象学のなかで近年新たに提起されている批判的現象学およびフェミニスト現象学の視点を導入することを提案したい。批判的現象学とは何か、やや長いが、日本への導入を主導している酒井麻依子と小手川正二郎による解説をみてみよう。

現象学は一人称的な経験の記述を通して、自己、身体、他者、対象、時間といった多様な事象についての人間の意識と経験の様態を明らかにしようとする思想潮流である。その際、本来ならば、ある事柄がどのように経験されるかということを、経験する主体がどのような立場に置かれているかを考慮することなく論じることはできない。しかし、従来の現象学においては、このことがほとんど看過され、例えばエスニシティ、ディスアビリティ、セクシュアリティなどの枠組みから見て、至って特殊な立場に置かれた現象学者たちが記述する経験が、誤って人間一般の経験として標準化されてしまってきた。批判的現象学は、このことへの反省から、現象学の手法に基づきつつも、女性や有色人種などのジェンダー・マイノリティ、人種的マイノリティの経験記述を行い、これまで見過ごされ、あるいは存在しないものとされてきた経験とその様態を分析し、従来の現象学が孕んでいた一面性や偏りを是正することを目指している。

〔酒井・小手川　二〇二三　三三五〜三三六〕

このように批判的現象学とは、従来、白人男性に偏ってきた現象学者たちの視点の偏りを批判し、多様なマイノリティの視点を踏まえた現象学的研究を行うことを提起した動向である。この批判的現象学の近年の代表的な研究成果が、ヘレン・ンゴの『人種差別の習慣』である〔ンゴ　二〇二三〕。ンゴは、メルロ＝ポンティの「習慣」概念を手掛かりに、黒人男性がエレベーターに入ってきたときに白人女性がバッグを自らの身体に引き寄せるような、

「無意識で」「悪意のない」行為に潜在する差別性を現象学的に検討しており、ンゴ自身が、オーストラリアにおいて中国系ベトナム人として育ってきたという立場性に基づく考察であることも明示されている。ンゴの自身の経験に基づく現象学的考察は、例えば次のような形で示される。

バングラデシュ出身のオーストラリア人の友人は、行政手続きのために白人女性とやり取りする際、普段よりも笑い、普段よりも高く明るい声の調子で話すよう意識して努めていると言う。ジンバブエ出身のオーストラリア人の友人は、夜遅くにバスを降りるとき、残った乗客が白人女性しかいない場合は彼が行う儀式化した振る舞いについて語ってくれた。終点の前の駅を過ぎたらすぐに降車ボタンを押し、リュックを背負って降車口に向かう。まるで「後をつけているのではありません。ここで私も降りるので」とでも言いたげにそうするのだ。〔ンゴ　二〇二三　一一四〕

ンゴは、こうした体験は、人種差別をこうむっていない人々が採用面接のように特別な時にふるまう仕方と同じような「作業」〔ンゴ　二〇二三　一二五〕を日常的に強いられていると論じている。ここにおいてンゴは、バスに乗り降りする、といったごく日常的な場面を自身の経験の省察から描き出すことで、人種的マジョリティの視点では自覚し得ない不平等を暴き出すことに成功しているといえよう。[*5]

フェミニスト現象学は、批判的現象学と密接に関連し、特にフェミニズムの視点を強く取り入れたものである。意識化されていない「私」の一人称の経験の記述から出発する現象学であるが、その経験の記述は「男性」というジェンダーが前提とされ、経験のなかにある多様性や差異は考慮されてこなかった〔中澤　二〇二〇　六〕。こうした課題を乗り越えるため、「フェミニスト現象学は、これまで無視されたり劣ったものとみなされてきたマイノリティの経験を記述することによって既存の哲学理論の改訂と社会の変革を目指す」〔佐野　二〇二三　二六五〕のである。

こうしたフェミニスト現象学の動向が、民俗学との共通点を有しうる部分として、「今日のフェミニスト現象学の重要な特徴の一つは、フッサールが意識の過程として考察しようとした経験の成立過程を社会的・歴史的過程として考察する、という点に求められる」〔佐野　二〇二三　二七四〕という指摘が重要であろう。例えば筆者は二〇二二年、『現代思想』に自身の日常経験に基づいた次のコラムを執筆したが、当時は批判的現象学・フェミニスト現象学の存在は知らなかった。しかし、この内容は、意識もしていないようなごく日常的な事象を意識化し、それを社会的・歴史的過程に位置づけようとしている点で、実はフェミニスト現象学に近いものであると事後的に気づくことになった。

例えば、これまで異性と付き合うことが多かったひとが、ある時、同性と付き合い、外でデートをすれば、周囲の視線を気にせず二人で手をつないで歩くことが、いかにマジョリティに与えられた「特権」であるかに気づくかもしれない。民俗学がクィアな視点を持ちうるとしたら、それは自らが当事者となるような日常のありふれた場にこそ宿るはずである。〔辻本　二〇二二〕

「手をつなぐ」という事柄自体は、きわめて日常的な、意識化されないような事象である。しかし、「手をつないで歩く」ことが、特権的になりうる場合と、そうでない場合があるということは、クィアな視点を導入しないと見えてこない。ここでは検討していないが、例えば車いすを日常的に用いている人の場合はどうか等、障害の視点を導入することで、さらに違ったことが見えてくるはずである。このように考えると、民俗学も、「私たち」の「日常」を直ちに多くの人びとが共有するものとしてのみ想定するのではなく、障害（〔Prahlad　2024〕参照）・人種・ジェンダー・セクシュアリティ等の視点、さらにはそれらが交差したインターセクショナリティの視点を導入し、当事者の個別的な経験を分析していく必要があるといえよう。*6

他方でこのコラムを執筆した時点では認識していなかったが、「手をつなぐ」という事柄自体の歴史性を分析していくことも可能であろう。異性のパートナー同士がいつから公衆の場で「手をつなぐ」ことが「当たり前」になったのかについて、現時点において十分なデータを集めることはできていないが、一九五〇〜六〇年代の小中学校での体育教育（ダンスや表現運動）に関する資料において、「男子児童が女子児童と手をつなぐのを嫌がる」という記録が散見されることは注目に値する（最も早い時期のものでは、例えば〔松沢　一九五九〕など）。この時代において、異性間で手をつなぐことが「交際している」とみなされ、周囲からはやし立てられるものであった、という状況を示すからである。こうした歴史性に着目する発問の仕方は、マイノリティの当事者性を持たない人びとを含め、「手をつなぐこと」をめぐる「私たち」の経験を持ち寄り、議論していく可能性を有していると言えるだろう。

おわりに

本章が冒頭に提起した問い――差別・排除を取り巻く「当たり前」の「日常」とは何か――に、これまでの議論を踏まえて答えるならば、それは「気持ち悪い」という差別発言をした政治家を擁護するような匿名的かつ集合的な感情や雰囲気でもあるし、他方でそれはデートの時に手をつなぐかどうかという、ごく個別的な経験でもある。前者のように集合的な感情や雰囲気を捉えようとするアプローチは、理論的にはシュミッツの「新しい現象学」の影響を受けたレーマンの意識分析に位置づけられるものであり、個別のナラティヴを集積しながらも、集合的に共有された気分や雰囲気を明らかにしようとするものである。一方、批判的現象学・フェミニスト現象学と近しい後者のアプローチは、研究者自身の当事者的な経験から発し、個別の経験をもとに、社会全体の不公正や差別を問い直していくような側面を持っている。

以上のように、本章では、民俗学と強い親和性を有する現象学の複数の動向に導かれることで、これまでの日本の民俗学の中で主流とされてきた地域を限定した民俗誌的フィールドワークとは別様の方法で、差別・排除を取り巻く「当たり前」の「日常」を捉える方法を提示することに一定程度成功したと思われる。[*7]他方で、本章で提示した方法を、民俗学者がどのように使うか、ということについては、十分に検討がしきれなかった。梶谷は現象学的研究について「重要なのは、表現されたものの質と分析の適切さであって、表現の内実が自分の経験か他者の経験かは、結局あまり重要ではないし、個人か集団かの違いも決定的なものではない」〔梶谷　二〇一五　二八〕といい、岩本〔二〇二〇〕もこの梶谷の指摘を引用して支持している。しかし、批判的現象学やフェミニスト現象学の指摘を踏まえれば、差別や偏見を受け、それを実際の日常の中で経験してきた当事者の固有の経験と、より集団的に共有される感情や気分、雰囲気には、やはり大きな懸隔があるのではないかと考えざるを得ない。[*8]けれども、前節で検討した「手をつなぐ」こととジェンダー・セクシュアリティ規範の結びつきも、それが果たしていつから「当たり前」になったのか、という問いを立てるのであれば、当事者性を問わない「私たち」の問いとして開かれていく可能性も十分ありうるであろう。本章で示した複数の方法をどのように組み合わせ、新たな知見を生み出し、そして私たちの分断を少しでも食い止めていくことができるのか、今後の課題としていきたい。

最後に、本章で応答を試みてきた、「当たり前」の「日常」とは何か、という問いは、民俗学の一研究ジャンルとしての「差別・排除研究」をめぐるものにとどまるものではなく、現代民俗学全体で今後議論を加速させていくべき性格のものであろう。そう考えると、かつては研究対象としての「民俗」の埒外とされてきた差別・排除研究は、いままさに現代民俗学のフロントラインに立っている、と言っても過言ではないかもしれない。

○注

＊1　民俗学の側からも、現象学との近接性の指摘はなされている〔戸　二〇一五、李　二〇一五、森栗　二〇一八、島村　二〇二五〕。また、岩本通弥も、「柳田の定義『「わかっている」「当り前だ」といわれているその奥の真理を洞察する』とは、以下のように解釈する。そう言われて見過ごされがちだった日常の身辺卑近な事象に眼を注ぎ、眼前に広がった生活世界の自明性に対して、思考を停止させてきた素朴な自然的態度や判断を一旦留保させ、内省する行為を通じて、自己の中に内在している『社会性』や『歴史性』を確認し、忘却される一方の自己の中の『他者』＝『共同性』を想起させる学問として、いわば現象学的に〈民俗学〉を定義しようとしたのだと捉えている」〔岩本　二〇二三　一四〕と述べており、自身の民俗学と現象学との関連性について多少言及している。

＊2　同様の視点の研究は海外の民俗学でも進んでおり、例えばエストニアの民俗学では、ソビエト連邦統治下における同性愛の排除言説の分析が行われている〔Põldsam　2024〕。

＊3　例えば、「この県議さん　素直だし裏の顔なさそうで好感持てるわ。え？なに？気持ち悪いかって？『気持ちわりーよ』　こちらからは以上です！」（@xxhajixxx、二〇二四年三月三〇日）は、二〇二四年一一月三日現在、一八八一回リポストされ、九八〇六の「いいね」が付されている。

＊4　本章で詳述することはできなかったが、意識分析による差別感情分析は、社会心理学や感情心理学、さらには神経科学や歴史学をも交えて展開する学際的な感情研究との接続可能性を秘めていると筆者は考えている。例えば心理学側からは、感情研究への関心から、民俗学的な領域への接近もみられており、日本感情心理学会が発行している学際的な感情研究の雑誌『エモーション・スタディーズ』では、二〇二一年に「社会的共生と排斥行動――嫌悪関連感情と排斥の心理的プロセス」というテーマで特集を組んでいる。そのなかで北村英哉は「穢れと社会的排斥――感染忌避と宗教心の観点から」という論文を発表し、質問紙調査や墓地等の画像を提示して快・不快を選択させる実験等から、洗浄不安やケガレ不安が移民への不安など現代的な差別問題に結びついており、匿名性の一定程度確保された状

況では、差別・排除の感情が急速に拡大される状況がみられることを示唆している〔北村　二〇二一〕。学際的に展開する感情研究の広がりを踏まえ、史料に基づく個別性、文脈性を重視する歴史学からも、逆にコンテクストを超えて集合的に知覚されるような感情に注目する動きが出ている〔高林　二〇二四〕。

＊5　とくにンゴの議論に示されるような内容は、及川とゲーラットが、ドイツ民俗学のケストゥリンの議論を引きながら主張する日常の「認識困難性」と通底する部分があると考えられる〔及川・ゲーラット　二〇一八〕。

＊6　本章では十分に議論することができなかったが、研究者自身が日常やフィールドで経験した出来事を、「他者」の経験として還元することなく、当事者として記述・分析していくことは、学際的に展開する当事者研究に加え〔〔辻本　二〇二四〕参照〕、エスノグラフィックなアプローチをとる論者の中でも、オートエスノグラフィ〔〔北村　二〇二二〕参照〕や、フィールドで直面した「日常のままならなさ」を捉えようとする論者〔中村　二〇二四〕と近いようにも思われる。本章で提示した方法や、及川祥平が提示するような「方法としての『私』」〔及川　二〇二四〕、そして当事者研究や（オート）エスノグラフィとの異同や連携可能性については、今後検討を深めていきたい。

＊7　他方で、従来の民俗学が得意としてきた地域社会の歴史的・社会的・文化的コンテクストを捉えるフィールドワークの手法を活かして、性的マイノリティのコミュニティ（クィア・コミュニティ）の歴史や日常文化について探究することは、必ずしも直接的に差別・排除を扱う研究とはならないものの、これまで「民俗」や「文化財」とみなされてこなかった人びとの生を対象化するものであり、今後の現代民俗学において実証的調査研究に着手する必要がある領域であると考えられる。こうした課題について、筆者としては、これまでの地域史や民俗誌においてほぼその存在が無視されてきた、地方都市におけるゲイバー等の立地や来歴、慣習、経営者のライフヒストリー等を調査したり、それらの店舗に集う人びとが用いる民俗語彙等を調査したりするなど、いわば「オーソドックス」な民俗誌的フィールドワークを開始しており、こうした作業を通じて、不可視化されてきたクィアの日常の歴史をアーカイヴしていくこ

と（そして、それらを可能であれば博物館等で展示される「文化遺産」や「文化財」の枠内に入れることを提案していくこと）を企図している。性的マイノリティたちの不可視化されてきた日常の歴史の集積を、アン・ツヴェッコヴィッチは「感情のアーカイヴ」と呼んでいるが〔ツヴェッコヴィッチ　二〇二四〕、ここで言う「感情」が、本章で参照した「新しい現象学」における「感情」や、注4で参照した心理学および歴史学の感情史研究における「感情」と、どのように共通し、どのように異なる概念であるのかについては、今後、民俗学的感情研究を構想する基礎作業として、別稿を期したい。

＊8　現象学者の郭基煥は、カフカの小説『変身』において、人間から「毒虫」へと姿を変えながらも、家族が奏でる音楽に誘われて家族の前に姿を現したところ、家族から排除されてしまう主人公グレゴールの経験をもとに、「内側から経験されたことのない『差異』が、しかも、『～ではない』という欠如のロジックで押し付けられる経験」〔郭　二〇〇六　八一〕を「グレゴール型被差別体験」と概念化し、旅行者などが海外で一時的に経験する被差別経験と区別し、人格の奥底から体感され、ルサンチマンを伴うものとして位置づけている。このグレゴール型被差別体験を経て生き延びている人びとは、音楽の素敵さや日常の風景の美しさといった誰もが魅力的に思うものに対しても、「警戒心を張り巡らせる」〔郭　二〇〇六　八四〕ようになり、「世界の消滅を願う暗い情熱」〔郭　二〇〇六　九一〕を抱くようになる。郭の現象学的考察は、一足飛びに「共生社会」を目指す前に、こうしたグレゴール型被差別体験をした人々固有の経験を無化しないことを主張するものであり、本章が課題とした今後の考察にも大きく資するものであると考える。

○参考文献

岩渕功一　二〇二一「多様性との対話」岩渕功一編『多様性との対話――ダイバーシティ推進が見えなくするもの』青弓社

岩本通弥　一九九八「『民俗』を対象とするから民俗学なのか――なぜ民俗学は「近代」を扱えなくなってしまったのか」『日本民俗学』二一五
岩本通弥　二〇二〇「ナラティヴと主観性の復権――民俗学からの問い」岩本通弥編『方法としての〈語り〉――民俗学をこえて』ミネルヴァ書房
岩本通弥　二〇二三「『日常学としての民俗学』という問い」『日常と文化』一一
及川祥平・ゲーラット、クリスチャン　二〇一八「ドイツ語圏民俗学の日常学化をめぐって――その経緯と意義」『日常と文化』六
及川祥平・川松あかり・辻本侑生編　二〇二三『生きづらさの民俗学――日常の中の差別・排除を捉える』明石書店
及川祥平　二〇二四「方法としての『私』、帰結としての『我々』――『同じ流に浮ぶ者』が世相を知る方法」『日常と文化』一二
梶谷真司　二〇〇一「集合心性と異他性――民俗世界の現象学」小川侃編『雰囲気と集合心性』京都大学学術出版会
梶谷真司　二〇一五「現象学から見た異人論――雰囲気の異他性と民俗文化」山泰幸・小松和彦編『異人論とは何か――ストレンジャーの時代を生きる』ミネルヴァ書房
郭基煥　二〇〇六『差別と抵抗の現象学――在日朝鮮人の〈経験〉を基点に』新泉社
川松あかり　二〇二〇「『差別』と『当たり前』を共に解きほぐしていくために」『現代民俗学研究』一二
北村毅　二〇二二「序　特集　オートエスノグラフィで拓く感情と歴史」『文化人類学』八七（二）
北村英哉　二〇二一「穢れと社会的排斥――感染忌避と宗教心の観点から」『エモーション・スタディーズ』七（一）
戸暁輝　二〇一五「民俗学における『生活世界』概念の『当たり前』についての再考」（西村真志葉訳）『日常と文化』一
今野大輔　二〇一四『ハンセン病と民俗学――内在する差別論理を読み解くために』皓星社
酒井麻依子・小手川正二郎　二〇二三「訳者あとがき・解説」ヘレン・ンゴ『人種差別の習慣――人種化された身体の現象

学』青土社
桜木真理子　二〇二〇「『日常』は何を照らすのか」『現代民俗学研究』一二
佐野泰之　二〇二三「『経験から「普通」を問い直す』とはどういうことか？――『経験』のポリティクス」稲原美苗・川崎唯史・中澤瞳・宮原優編『フェミニスト現象学――経験が響きあう場所へ』ナカニシヤ出版
島村恭則　二〇二五「趣意書　民俗学と現象学（研究会記録）」『現代民俗学研究』一七
高林陽展　二〇二四「感情史という実験場」『史苑』八四（二）
田口茂　二〇一四『現象学という思考――〈自明なもの〉の知へ』筑摩書房
ツヴェッコヴィッチ、アン　二〇二四『感情のアーカイヴ――トラウマ、セクシュアリティ、レズビアンの公的文化』（菅野優香・長島佐恵子・佐喜真彩・佐々木裕子訳）花伝社
塚原伸治　二〇二三「半径数メートルから問いを発する『わたしたちのための民俗学』――『生きづらさの民俗学』書評」じんぶん堂（https://book.asahi.com/jinbun/article/15075174）
塚原伸治　二〇二四「流動性と異質性の民俗誌に向けて――贈与の伝統／伝承論」『現代思想』五二（六）
辻本侑生　二〇二〇「いかにして『男性同性愛』は『当たり前』でなくなったのか――近現代鹿児島の事例分析」『現代民俗学研究』一二
辻本侑生　二〇二二「〈研究手帖〉複数の〈場所〉を行き来する民俗学」『現代思想』五〇（一二）
辻本侑生・島村恭則編　二〇二三『クィアの民俗学――LGBTの日常をみつめる』実生社
辻本侑生　二〇二四「繰り返すことの民俗学――日常・クィア・強迫症」『現代思想』五二（六）
中澤瞳　二〇二〇「フェミニスト現象学とは何か？」稲原美苗・川崎唯史・中澤瞳・宮原優編『フェミニスト現象学入門――経験から「普通」を問い直す』ナカニシヤ出版
中村沙絵　二〇二四「コーラ・ダイアモンドの言葉が響くとき」『國學院雑誌』一二五（二）

西崎博道　二〇二〇「語られる人生史研究の日独比較――レーマンの『意識分析』を中心に」『日常と文化』八
廣田龍平　二〇二四『ネット怪談の民俗学』ハヤカワ新書
政岡伸洋　二〇〇七「差別と人権の民俗学」『日本民俗学』二五二
松沢平一　一九五九「学校体育における道徳性の年令的考察二」『信州大学教育学部研究論集　人文・社会・自然科学』一〇
森栗茂一　二〇一八「共創まちづくりの『仮説』提案」『実践政策学』四（一）
李相賢　二〇一五「ドイツ民俗学と日常研究――ドイツテュービンゲン大学民俗学研究所の村についての日常研究を中心に」（中村和代訳）『日常と文化』一
レーマン、アルブレヒト　二〇二〇a「気分と雰囲気――意識分析のコンテクストにおける記憶と語りに及ぼす影響」（内藤文子訳）岩本通弥編『方法としての〈語り〉――民俗学をこえて』ミネルヴァ書房
レーマン、アルブレヒト　二〇二〇b「なぜ個人的な日常の説話をアーカイヴ化するべきなのか――考察と事例」（法橋量訳）岩本通弥編『方法としての〈語り〉――民俗学をこえて』ミネルヴァ書房
レーマン、アルブレヒト　二〇二〇c「民俗学の方法としての意識分析」（及川祥平訳）岩本通弥編『方法としての〈語り〉――民俗学をこえて』ミネルヴァ書房
綿野恵太　二〇二三『「逆張り」の研究』筑摩書房
ンゴ、ヘレン　二〇二三『人種差別の習慣――人種化された身体の現象学』（小手川正二郎、酒井麻依子、野々村伊純訳）青土社
Põldsam , Rebeka 2024 Homophobic Discourses and Their Soviet History in Estonia. *Folklore:Electronic Journal of Folklore* 92
Prahlad, Anand 2024 American Folklore Studies and Disability: An Introduction. *Journal of American Folklore* 137 (545)

第六章

ポストコロニアル民俗学

博物館からのアプローチ

ヘルムト・グロシュウィッツ
（クリスチャン・ゲーラット、及川祥平訳）

訳者前書き

いうまでもなく、ポストコロニアリズムは日本のみならず世界の人文社会系の学問において大きな影響力を発揮している。日本の民俗学においても島村恭則による多文化主義民俗学の提唱や（島村恭則　一九九九「多文化主義民俗学とは何か」『京都民俗』一七）、優れた民俗誌が存在する（島村恭則　二〇一〇『〈生きる方法〉の民俗誌』関西学院大学出版会）。民俗学にとってのポストコロニアリズムは「日常」を把捉する視座としてさらなる議論の展開をもたらすものといえ、多文化化の進行する社会に対応し、また日常の歴史的編成をグローバルな力の作動のなかで記述する手段をさらに鍛え上げていく視点ともなろう。そうしたとき、日本と同様にポストコロニアルな状況下にある諸外国の民俗学がこれとどのように切り結んでいるかを知ることは、大きな刺激になるものと思われる。

以上の認識のもと、ここに訳出するヘルムト・グロシュウィツ（Helmut Groschwitz）の「ポストコロニアル民俗学――博物館からのアプローチ」（原題：Postkoloniale Volkskunde: Eine Annäherung über das Museum）は、ドイツ語圏の民俗学におけるポストコロニアリズムの役割を論じたものであり、ヨハンナ・ロルスホーフェン（Johanna Rolshoven）とインゴ・シュナイダー（Ingo Schneider）の編集した『Dimensionen des Politischen: Ansprüche und Herausforderungen der Empirischen Kulturwissenschaft（政治性の次元――経験文化学の要件と挑戦）』（二〇一七年）に収録されている。本翻訳はすでに『常民文化』四五号（二〇二二年）に掲載されているが、本論集の趣旨に適うことから再掲することとした。再掲にあたっては、一部の表記を修正している。また、文中の出典表記はドイツ語原典に準拠し、文末注にまとめている。

著者ヘルムト・グロシュウィツは博物館や無形文化遺産研究の専門家であり、このほか、科学史、知識文化、民間宗教、語り研究を専門としている。グロシュウィツはレーゲンスブルク大学でドイツ学（Germanistik）と民俗学を修め、二〇〇五年に現代の占星術における陰暦に関する論文で博士号を取得する。二〇〇二年から二〇一〇年までレーゲンスブルク大学比較文化研究講座、二〇一〇年から二〇一三年までライン・フリードリヒ・ヴィルヘルム大学ボン（ボン大学）において文化人類学・民俗学を講じた。二〇一四年から二〇一五年までは学芸員として、フンボルト・ラブ・ダーレム（HumboldtLab Dahlem）のオイロパ・テスト（EuropaTest）の展示、二〇一五年から二〇一八年まではレーゲンスブルク大学の「イー・クルトゥア・ポータル（eKulturPortal）」のプロジェクトに参画し、二〇一七年からはバイエルン州科学アカデミー（Bayerische Akademie der Wissenschaften）の無形文化遺産研究センターの設立に携わるなど活躍を続けている。

（クリスチャン・ゲーラット、及川祥平）

はじめに

本稿で示すポストコロニアル民俗学に関する考察の起点となったのは、ある展示プロジェクトである。「フンボルト・ラブ・ダーレム」(1)*1において、筆者は「オイロパ・テスト」という、ヨーロッパ内外の収蔵品の間にある相互関係を問うインターベンションをキュレーションした。*2このプロジェクトは、フンボルト・フォーラムについて行われたある決断をふまえたものである。すなわち、ヨーロッパからのコレクションではなく、また民俗学的なコレクションでもなく、「ヨーロッパの外からの」民族誌的展示品のみが、再建されたベルリン王宮のなかに移されるべきであるという決断を背景として生まれた。この決断によって、「他者」をめぐる植民地主義的な眼差しのレジームが再び強固なものとなることが危惧されたのである。コレクションのジャンルを越えてアプローチすることのできる数少ない例であったこのオイロパ・テストという展示計画は、とりわけヨーロッパ内外の文化の相互作用、収集史および施設史への省察、ならびに「ヨーロッパ」と「非ヨーロッパ」という線引きの背景を問うことをテーマとしていた[2]。以上を実施するなかで、ポストコロニアル言説は民俗学的博物館や文化史博物館[*3]とどの程度まで関連しないのか、そこでそれらがどのように取り上げられ、またどのように拒まれてきたのかという疑問がいくたびも姿を現した。

民族学博物館においては、ポストコロニアルな修正を行う必然性があることは明白のようにみえる。民族学博物館は、その発生から今日に至るまで、非ヨーロッパ的地域から様々なかたちで行われた収集行為を通して、ヨーロッパの植民地主義システムのもとに包摂されていた。それゆえ、展示物の取得の経緯、「人間の遺体」の取り扱い、そして、本国への可能な送還手段が問われることになる[*4]。また、表象と展示がどのような前提や先入観のもとで行われたかが問われ、収集の歴史がテーマ化され、そして、いわゆる「ソース・コミュニティ（source community）」の代表者との共同キュレーションにおける新しい共同作業と「シェアリング・ヘリテージ（shared heritage）」の形式のあり方が問われることになる[3]。同様に、民族学的なコレクションこそは、植民地史をテーマ化することに特に適している[4]。

上記のような観点と言説は、「自」文化に眼差しを向けてきた民俗学、そして民俗学的・文化史的博物館にも当てはまるであろうか。そこでの収集品は、展示される以前には、［訳者注・奪われてきたのではなく］廃棄されたり破棄されたものだったのではないのか。例えば野外博物館の特徴は、地域的なものや、ある場所の発展や実践、特殊性などに焦点をあわせることではないのか。本論文では、四つのアプローチを概説したい。すなわち、（一）日常における植民地の縮小、（二）ポストコロニアルな日常の民俗学、（三）「他者」の構成、（四）植民地主義時代における民俗学の創設の四点である。ここでは、植民地主義に方向づけられた現代の社会に対する批判的考察や博物館などにおけるポストコロニアリズム論の発展を拒絶したり、それを可能にする、またはそれを積極的に促すものと見なすことができる博物館とそれらの展示を、知識の生産[*5]と公開の接点として理解し、取り上げていきたい。それゆえここでは、そのような議論にむけて、非常に異質で部分的には矛盾するポストコロニアル理論の形成[5]をスケッチすることはせず、むしろ、（ポスト）コロニアルなディシプリンとしての民俗学の（自己）理解の可能性を問うことにしたい。

ポストコロニアルな視点のもとでは、多くの場合、ヨーロッパの諸国家による近代の植民地主義が注視され、これにより、植民地化の初期の形式（例えば、古典古代時代の地中海領域におけるもの）、大陸内植民地主義や他の大陸に向けられた植民地主義（例えば、インカ帝国や中国）[6]、ヨーロッパ内の植民地への注目（例えば、キプロス、アイルランド、グリーンランド）、そして、内的な植民地化の形式（例えば、ハプスブルグ帝国）[7]が詳細に検討されてはいるが、まだ緒に就いたばかりである。このアプローチを説明しようとすると、ポストコロニアルという言葉の「ポスト」という接頭辞がいくつかの問題を含んでいることに気づかれる。すなわち、この接頭辞の多義性であり、ここには時間的・空間的のみならず、内容的・構造的要素も含まれている[8]。ポストコロニアルなアプローチは、とりわけ、植民地的構造を継続せしめている諸効果を取り扱う[9]。加えて、ナショナリズム、レイシズム、セクシズム、資本主義などへの批判的考察とも重なる。ポストコロニアル・アプローチの対象は狭義のヨーロッパの植民地権力に限定されるものではなく、その背後に潜んでいる言説的メカニズムに関心をもつ。したがって、以上は、スイス[10]などの狭義における植民地権力ではなかった国々や、植民地ではなかったが植民地主義による影響を受けたタイなどの国々にも適用可能である。ポストコロニアルな問題設定は国境に沿って立ち止まるものではない。もっとも、国ごとの多様な成り立ちを考慮すべきことは言うまでもない。

一、ドイツの植民地主義の「空白」と知覚されない植民地主義的な眼差しのレジーム

民俗学も含め、無数のアカデミックなディシプリンにおいて、ポストコロニアルなアプローチはすでに長きにわたって取り上げられてはいるが[11]、ドイツにおける公共の言説、政治的な言説においては、ドイツの歴史そして同時

図1　ベルリンのドイツ歴史博物館常設展示の「ドイツ」の成り立ちと変遷過程が映写された模型地図

代の（ポスト）コロニアルな考察についての理解をなお拡充する余地がある。これらの控えめな態度の理由としては、ドイツの狭義における植民地時代が相対的に短かったこと（一八八四／八五年～一九一九年）、一九四五年以後のナチス時代の実態把握と問題処理への関心の集中、かつての植民地系の国民が人口においてわずかな比重をしか占めないことがあげられる。これに関して、かつてドイツの植民地だった南西アフリカにおいてヘレロとナマに対して行われた集団虐殺[*6]を、ドイツ連邦政府が二〇一五／二〇一六年[12]に公的に認知したことは（損害賠償金の支払いとは関わらないが）強固な自覚にむけた大きな歩みとして評価できる。

　博物館における植民地主義への反省のあり方が不均等であることのよい例としては、ベルリンのドイツ歴史博物館[*7]をあげることができる。同館の常設展示において、植民地の過去はほとんど完全に除外されている。このことは、「ひとまとまりのドイツを成すもの」の変化がヨーロッパ大陸上に映写されるとき（図1）、可視的になる。この間にヨーロッパ外にあったドイツ帝国領の地域は不可視化され続けている。半ば隠された展示ケースでのみ、ドイツの植民地的レジームが扱われているのである。そのため、展示に関するポストコロニアルな解説を可能にしてきたのは、長きにわたって、博物館の外部が作り上げたインターベンションのみであった。[13]他方で、ドイツの植民地主義をめぐる特別展が二〇一六年に開催され、掘り下げた視点を可能にしている。[14]しかし、これらの取り組みも、どの程度まで常設展示のなかに組み込まれることになるのかは、結果を待つほかない。ドイツの植民地時代をめぐる一般における認知については、特別展の来客名簿が説得力のある資料になる。そこに書かれた来館者のコメントには、その展示が、植民地時代というドイツ史上の、問題化すべきで、それゆえ「語り難い」一部を取り扱ったことに賛辞を贈るものから、人種主義的、または植民地主義的時代を相対化することで責任転嫁しようとするもの、またそもそもこれらの考え方を賛美する発言に至るまで、多様なスペクトラムがみられる。

知覚されづらい植民地主義的眼差しのレジームは、植民地時代について使用される言葉のなかに、様々な形で潜んでいることがある。一四九二年の「アメリカの発見」という、一般に広まったヨーロッパ中心主義的な表現の利用から、メルカトル図法による世界地図の利用に至るまで、いくつかの例をあげることができる。この「アメリカの発明」は、ヨーロッパ諸国によるアメリカの征服の開始といったほうがより適切であり、オーストラリアや他の世界地域についても同様のことがいえる。また、メルカトル図法は、面積比率が極端にゆがむものであり、赤道地帯を不利にしている。ここでの羅列は素描的なものであるにもかかわらず、現代がどのように植民地の痕跡によって貫かれているかを明確に示していよう。

二、（ポスト）コロニアルな日常の民俗学

ドイツの過去や現在における植民地主義的諸要素を対象とする民俗学（Volkskunde des Kolonialen）は、日常と文化的実践への眼差しからはじまり、多様な問題を取り扱う。それは例えば植民地における生活世界への問いであり、そして、それとも関わるドイツとの交流プロセス、ならびにそのようなプロセスのなかで発生する植民地保有国（民）と植民地（の人びと）の区別をめぐる境界戦略[15]についての問いである。これに加えて、ドイツとヨーロッパの国々、それらの植民地との間に発生する移民と移住のプロセス、それによって生じた相互関係やトランスローカルな実践に注目すべきである。それらの動きは（ポスト）コロニアルなインフラストラクチャーに沿って発生して

図2　オーストリアのグラーツ市にある「Mohren-Apotheke（モールの薬局）」の看板。物乞いをするアフリカ人のステレオタイプが描かれている。[*8]

いる。最後にあげられるのは、大衆メディア[16]における植民地の表象世界とステレオタイプである。植民地の表象は、商業的シンボル[*9]として（図2）、「民族展示・人間展示（Völkerschauen）」[17]を経て、あるいは植民地開発によって獲得した商品世界を経て、ドイツにおける日常に深いレベルで影響を与えていたのである。植民地との関係は、資本主義的で規律化された構造を国内に準備することにもなった。ヨーロッパにおける工業化は植民地から輸入される食物、特に蔗糖《しょとう》に依存していたし、工業製品[18]の販売市場としての植民地に依存していた。

そのような歴史的アプローチとは別の問題として、今日のヨーロッパにおける日常もまた、ポストコロニアルな影響を刻印されている。大陸横断的な商品流通やグローバル化された大衆娯楽産業、または、たとえば「ヒンドゥー教[19]」のような植民地時代に創られた表現（カテゴリー）が当たり前に使用されている状況など、現在のグローバルに結びついた世界のあり方は、ヨーロッパの植民地主義と、それによって生じ、今なお存在し続けている不均等性と権力行使の構造、交流プロセスと収奪など、トランスカルチュラルな共同制作と境界設定によって生み出されたものである。[*10] 現代の日常文化は、それ自身のなかに一貫したモチーフとして植民地主義を保持しているが、ヨーロッパ中心主義的な、または地域志向の民俗学博物館または文化史博物館やその展示においては、それはしばしば不可視化されている。しかし、偶然の機会に、植民地主義が展示のなかで間接的に主題化されることがある。たとえば、「植民地製品[*11]」や印刷画、スクラップブック、あるいは、大衆文学や児童書などの異文化のイメージを伝える図像メディア（Bildproduktionen）[20]との関連で、植民地がテーマとして設定されることはあるが、それは大抵ごく限定的な展示として表れるのみで、常設展のテーマとして広いスペースを確保することはあり得ず、周辺的位置づけにとどまる。

それらの博物館や展示よりも、さらに明確に可視的であり、批難され得るのは、地名や道路名称または記念碑[*12]などにあらわれる植民地の記憶文化である。[21] それらは植民地主義の歴史や権力への批判、名称変更あるいは説明板の設置を求める運動の焦点になる。それぞれの名称や記念碑をめぐる葛藤の激しさと長さを見れば、植民地時代とそこで為された犯罪行為への反省（眼差しの修正）に関する協議の難しさが明らかになる。ドイツにおける植民地時代に関する記憶文化[22]は、日常においては見えづらくなっており、また、報復主義的（revanchistisch）な要素もあって、その連続性については今なお研究を必要としている。とりわけ、公共の領域ではげしい論争の絶えないフィールドは、習慣のなかに登場するキャラクターである。

例えば、オランダのクリスマス行事に登場するズワルト・ピート[23]は、植民地主義・人種主義に由来し、カーニバルの行列に登場するキャラクター[24]にも人種主義に由来するものがある。これらはその削除をめぐって議論が巻き起こっている。[*13] しかし、それらの議論は、現在行われるようになっている侮蔑的、または排斥的なものとみなされている習俗におけるキャラクター（いわゆる、外国人の表象）やパフォーマンスを反省したり、見直したりする運動の中に位置づけながら考えるべきと思われる。[25]

三、「他者」の構築、「歴史」の分割と共有

ポストコロニアル理論は、植民地とそこでの権力と搾取の構造そのものを超えること、その基礎を為しているメカニズム、例えば「他者」の言説的構成を問うことを可能にする。この他者化は植民地主義的で覇権的な構造に先

図3　カールスルーエのバーデン国立博物館の「世界文化／グローバルカルチャー」という特別展で展示された19世紀と20世紀のティーグラス

行し、それらを形づけ、正当化したのである。ワルター・ライムグルーバー（Walter Leimgruber）が漂泊民の「民族」化（Ethnisierung）という事例によって示したように、他者化はヨーロッパ内の少数者や周辺に追いやられた人々に対する眼差しにおいても見出せる[26]。他者化に際して見出せるのは、個性の均質化と差異の構成の同時性である。たとえば、オリエンタリズムあるいはバルカニズム[*14]のように、「他者」としてのカテゴリー化とそれへの過小評価に基づいて自身のアイデンティティを構築し、支持するということが起きるのである。冷戦終結にともなって世界の東西ブロックへの分断が終わると、自身を進歩的、民主的で啓蒙的であると考えている西欧世界が危険な「他者」として主張すべき対象として、共産主義に代わって「イスラム」が構築された[27]。

危険な影響力をもつ戦略としての他者化は、移住や統合、難民や隔離をめぐる現在の言説においても見出すことができる。自他の間にひかれる植民地主義的な境界線は、かなり以前から国際的な協議から国内的な協議へと力点がかわり、多様化してきた。政治的な保守主義から右派的なポピュリズムにいたるまで、「固有性」をめぐって本質主義的にアイデンティティを語る現在の言説のなかで、植民地の境界線とステレオタイプが取り上げられ、現在化されている。博物館では、他者化の脱構築と歴史的多様性を表象することへの要求は次第に強まっている[28]。すでに克服されたと思われた民族主義的イデオロギーの構成要素（Ideologem）の再燃は、博物館にとって、自館の展示を新たに検討しなおす必要を生み出してしまった。

刺激的な博物館戦略のひとつは、トランスナショナルでトランスカルチュラルな相互接続と協同的な歴史への視点の転移である。「世界文化／グローバルカルチャー」[29]という展示は、全世界から収集された驚くべき事例にあふれていた。ここで、一対のティーグラスを例にとってみよう（図3）。このチューリップのような形状は、オリエンタリズムの流行していた一九世紀のウィーンでデザインされ、ベーマーの森（ボヘミアの森）のガラス工場で生産されたもので、とくに中東において人気をあつめた輸出品であった。二〇世紀になって、このガラスの形は外国人労働者の手によって中央ヨーロッパへと「帰還」したのである。双方のグラスは、多層の密接な関係の歴史と文化的な共同制作の経緯を叙述することの可能性を提起している。

このような本質主義的な文化イメージの脱構築の例は、ネオコロニアリズム的な展示コンセプトとは対照的である。財団法人・国立歴史館は、旧東ドイツ（ドイツ民主共和国・DDR）における日常の特別展をベルリンで開催した[30]。ニュートラルなタイトルに反して、この展示においては、一面的な視角のもとで、東ドイツにおける日常への政治的・思想的なアプローチが行われた。政治とイデオロギーを超えて存在する日常、とくに東ドイツにみられた政治的話題をあえて避けようとしていた人びとの日常は、まったく不可視化されてしまった。東ドイツは、ドイツ連邦共和国（BRD）の「他者」として印づけられたのである。それは同質で時間的に構造化されていないエポックとして表現され、その歴史性は拒絶された。そこに暮らす人びとのエージェンシーはまったく否認された。それは勝者の言説であり、植民地主義的言説に似た、回顧的排除[*15]ともいえる。これを回避する可能性のひとつは、先入観を取り払い、共同の歴史とあらゆる相互作用を強調する展示である。

イムの物質化および固定化として、「外国人」と「異国情緒」または「自国」についての鑑賞の場として、多岐にわたる植民地の構成を束ねている。博物館は同様に、植民地主義の修正（Revision）に寄与することができるし、植民地史やポストコロニアルな現代について議論することができる場ともなる。例えば、その論点は以下のように整理できる。（一）植民地という現象は「海外のどこか」で起きたことではない。むしろ、多かれ少なかれ、明白に日常との関連を有し、そこに痕跡をとどめていたのである。それゆえ、（植民地という現象は）博物館の常設展示という「織物」に織り込まれるべきである。もちろん、適切にパースペクティブを調整しながら……。（二）文化的なからみ合い、いわゆる相互作用、「分かち合われた歴史（geteilte Geschichte）」を際立たせることは、「自」と「他」の二分法を包括的で共有されたナラティブによって乗り越えることを可能にする。カテゴリーを明確にするような、従来の文化の場所化（Verortung）や占有（Vereinnahmung）、同質化（Homogenisierung）や脱歴史化（Enthistorisierung）の戦略についても問い直され、解体されるべきであり、その代わりに、曖昧さや開放性を許容する考え方が必要となるだろう。[38]（三）人びとのエージェンシーを見えやすくすること、そして、これまで言及されてこなかった人びとの声を（遡及的な）アーティキュレーションを通して聞こえやすくすることで、かつての社会が一般に主導的文化[*18]や先住民などというディスクールにおいてイメージされているよりも、さらに多様な社会であったことが明らかになる。（四）既存の展示物は、歴史的脈絡や権力関係、または植民地的関係性について考え、ともに話し合うことを通して新たな関係を構築することを可能にする。これは、植民地主義的なまたは人種主義的な習慣やそのための小道具においてもいえる。しかし、それらの習慣を日常から排除するよりも、それらをめぐる議論や軋轢を、社会内の差異化やコンフリクトの取り扱いに利用していくべきと思われる。（五）植民地主義的に構築された文化的ナラティブの境界をなぞるような分類や、諸「民族」（Völker）を本質的に差異のあるものとして捉える考え方は、今日存在する、高度に文化的ダイバーシティの確保された社会とは対立的である。そのようなダイバーシティは、民俗学的・文化史的博物館においても反映されるべきものである。

六、博物館におけるポストコロニアル批判の批判

ポストコロニアルな眼差しによって知覚がさらに偏ったものに編成され[39]、本質主義的な文化表象の再生産や、それによる（エスニックな）アイデンティティと差異の強調[40]が生じることは、ポストコロニアルな展示における危険の一つである。例えば、フランクフルトの世界文化博物館の「商品と知識（Ware & Wissen）」[41]という特別展において、アフリカの植民地の人びとの歴史的写真が展示されていた。写真の演出は、植民地保有国による貶めるような描写とともに、写真を撮るという実践や自館の展示品の収集を批判することを狙っていた。これらの批判とは関わりなく、このような写真表現の性質が、同様に中央ヨーロッパにおいても少数派の人びとや社会的周縁に追いやられていた人びと、犯罪者と見なされていた人びと等に対しても利用されていたことを補足しておくべきであったと思われる。自館の写真コレクションへの批判的眼差しは、この実践が「他者」に対してのみ適用されたのではなく、むしろ自身の社会内にも類似のものがあったことを隠蔽してしまう。この点に留意していれば、より完全なイメージを伝えることができたであろう。そのような諸問題をより包括的に扱い、写真や写真シリーズに見出せるカテゴリー化する描写を明確にしたのは、ウィーン市の民俗学博物館[42]で行われた「型物写真――ハプスブルグ君主制の道具／手段としての写真」という展示であった。そこではアイデンティフィケーションと固定化をともなう諸「民族」の構築も、それと結びついた意味付与も同様に、言説的な権力実践として暴露された。

他方、次の例は、一方的な考察の問題性を示している。ケルンのラウテンシュトラウフ－ヨースト博物館（Rautenstrauch-Joest-Museum）は常設展として人が入れるほどの大きさのケースを設置している。この「偏見のコンテナ（Klischee-Container）」は、「アフリカ的」と知覚される人びとに関するステレオタイプをテーマ化している。そして、たくさんの引用文、画像メディア（例えば、広告や風刺画）ならびに、絵本（『テン・リトル・インディアンズ

（Ten Little Nigger Boys）』）[*19]や「ミイラ」の描かれた薬の缶（経口で服用する粉末にされたエジプトのミイラであり、アフリカの食人種に関する常套句とは対照的である）などの、ヨーロッパ的なオブジェを用いている。この展示のひとつのセクションは、きわめて具象的に、ヨーロッパからアフリカにむけられている植民地主義的／人種主義的眼差しの継続をテーマ化している。これは鏡のなかの眼差しであり、このようなセクションはそれぞれの民俗学的博物館にあることがふさわしい。しかし残念ながら、この展示もヨーロッパからの眼差しのみを扱っており、アフリカ内やヨーロッパ内にあるステレオタイプや眼差しのレジーム、人種主義を隠蔽してしまうという偏りを乗り越えてはいない。ここに、人種主義の世界的な問題連関の包括的な描写が欲しいところである。

むすびに——展望

本稿ではひとつの根本的なパラドクスを記述した。すなわち、本稿では、もしポストコロニアルな民俗学というものが存在し得るならばその特性はどこにあるかが問われたが、その作業は、同時に日常が広範囲にわたって植民地的なるものに侵食され、植民地主義が国境や「固有の植民地」にとどまるものではないこと、そして民俗学の学問分野としての由来が植民地主義や近代性の枠組みのなかにあることを前提としていた。それゆえこの小文は、展示の中でいまだに他者化が行われているか否か、またはそのような展示における他者化が、アイデンティティのディスクールに巻き込まれている人びとのような、外部からの需要に応えているかを熟考することへの提案として読まれればと思う。アカデミックな民俗学的ディスクールといくつかの展示は、ポストコロニアルな命題をとうの昔に組み入れている。しかし、特にナショナルな規模を指向する博物館は、いまだに時代にそぐわない「自己像」の構築を行っている。そのような営みのなかには常に「私たちにあらざるもの」の存在の構築が含みこまれることになる。

これは民俗学的・文化史的博物館の根本的な問題性でもある。施設の中心的な結節点が異質で非本質主義的なものと見なされる社会ではなく、国家あるいは特定のエスニックグループであるかぎりは、「私たちと他者」の生産が無意識に為されたかどうかが問われることになる。これを回避するためのわかりやすい例は、例えば、ベルリンのクロイツベルク‐フリードリヒスハイン博物館やノイケルン博物館に見出すことができる。それらにおいて行われるのは、（ポスト）コロニアルな状況とその多層性を可視化するよりも、植民地主義が後世にもたらした問題や植民地主義的な眼差しのレジームと言説が生き続けていることを展示によって反省し、それによって「分かち合われた歴史」の創造に貢献すること、そして植民地的戦略でもある文化的ナラティブによる分断の克服である。個人やある地域が、それよりも大きな統一のなかに巻き込まれているあり様、またはローカルな住民のエージェンシーがどのようにあるかを可視化する可能性が、民俗学的・文化史的展示の強みである。だからこそ、このような展示において、ポストコロニアルなアプローチは実現しやすいものといえるであろう。

○原注

（1）「フンボルト・ラブ・ダーレム」はドイツ連邦文化財団によるベルリンのフンボルト・フォーラムの開設にむけた準備プロジェクトであった（期間：二〇一二年～二〇一五年）。プロジェクトの記録は次のＵＲＬを参照。http://www.humboldt-lab.de/projektarchiv/probebuehne-4/europatest/teaser/index.html（二〇一七年一〇月三一日アクセス）。

（2）Helmut Groschwitz: Und was ist mit Europa? Zur Überwindung der Grenzen zwischen ‚Europa' und ‚Außer-Europa' in den ethnologischen Sammlungen Berlins（「それで、ヨーロッパは？――ベルリンにおける民族学的収集における『ヨー

ロッパ内』と『ヨーロッパ外』の境界を乗り越えるために」）. In: Michael Kraus / Karoline Noack (Hrsg.): ***Quo vadis Völkerkundemuseum? Aktuelle Debatten zu ethnologischen Sammlungen in Museen und Universitäten***（「どこに向かうのだ、民族学博物館よ――博物館と大学における民族学的収集をめぐる現在的議論」）. Bielefeld: Transcript 2015. S. 205-225.

（3）以下を参照。Hermann Parzinger: Der vergessene Krieg der Deutschen（「ドイツ人たちの忘れられた戦争」）. In: ***Spiegel Online***, 27.02.2017. http://www.spiegel.de/kultur/gesellschaft/tansania-der-vergessene-krieg-maji-maji-aufstand-a-1136360.html（二〇一七年二月一八日アクセス）; Larissa Förster: Öffentliche Kulturinstitution, internationale Forschungsstätte und postkoloniale Kontaktzone. Was ist ethno am ethnologischen Museum?（「公共文化施設・国際研究の場・ポストコロニアルなコンタクトゾーン――エスノロジーの博物館はなにが『エスノ』なのか？」）In: Thomas Bierschenk / Matthias Krings / Carola Lentz (Hrsg.): ***Perspektivwechsel. Ethnologie im 21. Jahrhundert***（『視点の転回――二一世紀における民族学』）. Berlin: Reimer 2013, S. 189-210.

（4）以下を参照。Vgl. die ***Humboldt-Lab-Dahlem***-Intervention „(K)ein Platz an der Sonne（「陽当たりのよい場所か？」[*20] (http://www.humboldt-lab.de/projektarchiv/probebuehne-7/kein-platz-an-der-sonne/teaser/index.html)（二〇一七年一〇月三一日アクセス）.

（5）María do Mar Castro Varela / Nikita Dhawan: ***Postkoloniale Theorie. Eine kritische Einführung***（『ポストコロニアル主義の理論――批判的入門』）. 2., vollständig überarbeitete Auflage. Bielefeld: Transcript 2012; Sebastian Conrad/ Shalini Randeria/ Regina Römhild (Hrsg.): ***Jenseits des Eurozentrismus. Postkoloniale Perspektiven in den Geschichts- und Kulturwissenschaften***（『ヨーロッパ中心主義を超える――歴史学・文化学におけるポストコロニアル主義的視点』）. 2. erweiterte Auflage. Frankfurt am Main: Campus 2013.

（6）これについては、ハレ（ザーレ）のマックス・プランク社会人類学研究所でディットマー・ショロコヴィッツ教授が開催した研究会「コンチネンタル・コロニアリズムの諸形式――『もう一つ』の植民地主義」（二〇一六年七月一三日～一五日）を参照されたい。

（7）以下を参照。Johannes Feichtinger/ Ursula Prutsch/ Moritz Csáky（Hrsg.）: ***Habsburg Postcolonial. Machtstrukturen und kollektives Gedächtnis***（『ポストコロニアル主義的視点からみたハプスブルグ帝国――権力構造と集合的記憶』）. Innsbruck/ Wien/ München/ Bozen: Studien-Verlag 2003; Manuela Boatcă: Die östlichen Ränder des Empire. Kolonialität im Rumänien des 19. Jahrhunderts（『帝国の東縁――一九世紀ルーマニアにおける植民地性』）. In: Conrad / Randeria/ Römhild（Hrsg.）: ***Jenseits des Eurozentrismus***, S. 322-344.

（8）Castro / Dhawan: ***Postkoloniale Theorie***, S. 23-27.

（9）これについては、『***Edition Le Monde Diplomatique***』一八号（Auf den Ruinen der Imperien. Geschichte und Gegenwart des Kolonialismus 特集：帝国の残骸の上で――植民地主義の歴史と現在）（二〇一六）も参照されたい。

（10）Patricia Purtchert/ Barbara Lüthi/ Francesca Falk（Hrsg.）: ***Postkoloniale Schweiz. Formen und Folgen eines Kolonialismus ohne Kolonien***（『ポストコロニアルなスイス――植民地のない植民地主義の形式と帰結』）. Bielefeld: Transcript 2012.

（11）以下を参照。Julia Reuter/ Alexandra Karentzos（Hrsg.）: ***Schlüsselwerke der Postcolonial Studies***（ポストコロニアル・スタディーズの基礎文献）. Wiesbaden: Springer VS 2012; Conrad / Randeria / Römhild（Hrsg.）: Jenseits des Eurozentrismus; Labor für kritische Migrations- und Grenzregimeforschung（Hrsg.）: ***Kritnet***. http://kritnet.org/category/horizontal/publikation（二〇一七年二月四日アクセス）.

（12）以下を参照。afp / stk: Gräuel an Herero als Völkermord klassifiziert（「ヘレロに対する残虐行為は集団殺害罪として認められた」）. In: ***Die Zeit*** Online, 13.07.2016. http://www.zeit.de/politik/deutschland/2016-07/bundesregierung-herero-massaker-voelkermord（二〇一七年二月四日アクセス）.

（13）プロジェクトグループ「陳列ケースの中の植民地主義？」 https://kolonialismusimkasten.de（二〇一七年二月四日アク

セス）.

（14）二〇一六年一〇月一四日～二〇一七年五月一四日（Stiftung Deutsches Historisches Museum (Hrsg.): ***Deutscher Kolonialismus. Fragmente seiner Geschichte und Gegenwart.*** Ausstellungskatalog（展示図録『ドイツの植民地主義――歴史と現在に見出せる破片』）. Darmstadt: WBG 2016）.

（15）以下を参照。Eberhard Schmitt: ***Das Leben in den Kolonien***（『植民地における生活』）. Wiesbaden: Harrassowitz 2003; Andreas Eckert/ Albert Wirz: Wir nicht, die Anderen auch: Deutschland und der Kolonialismus（「彼らも私たちではなかったのか――ドイツと植民地主義」）. In: Conrad/ Randeria/ Römhild (Hrsg.): ***Jenseits des Eurozentrismus***, S. 502-525; Livia Loosen: ***Deutsche Frauen in den Südsee-Kolonien des Kaiserreichs. Alltag und Beziehungen zur indigenen Bevölkerung, 1884-1919***（『ドイツ帝国の南洋植民地におけるドイツ人女性――日常生活と現地住民との交流：一八八四～一九一九』）. Bielefeld: Transcript 2014.

（16）以下を参照。***Hans Dachs: Ferne Länder. Bildberichte und Phantasiebilder***（『遠国――絵画記録と空想的描写』）. Regensburg: Universitätsverlag Regensburg 2001; Stefanie Wolter: ***Die Vermarktung des Fremden. Exotismus und die Anfänge des Massenkonsums***（『異国情緒の商品化――エキゾチシズムと大量消費のはじまり』）. Frankfurt am Main /New York: Campus 2005; Joachim Zeller: ***Weiße Blicke, Schwarze Körper. Afrikaner im Spiegel westlicher Alltagskultur***（『白人の眼差しと黒人の身体――西洋の生活文化からみたアフリカ人』）. Erfurt: Sutton 2010.

（17）以下を参照。Jan-Erik Steinkrüger: ***Thematisierte Welten. Über Darstellungspraxen in Zoologischen Gärten und Vergnügungsparks***（『テーマ化された世界――植物園やテーマパークにおける表現実践について』）. Bielefeld: Transcript 2013.

（18）以下を参照。Fernando Ortiz: ***Tabak und Zucker. Ein kubanischer Disput***（『煙草と砂糖――キューバにおける葛藤』）[1940]. Frankfurt am Main: Insel 1987; Sidney W. Mintz: ***Sweetness and Power. The Place of Sugar in Modern History***（『甘さ

と権力――現代史における砂糖の位置づけ』). New York: Penguin 1986.

(19) Bettina Bäumer: Hinduismus（「ヒンドゥー教」）. In: Johann Figl (Hrsg.): ***Handbuch Religionswissenschaft. Religionen und ihre zentralen Themen***（『宗教学ハンドブック――さまざまな宗教とその中心的コンセプト』）. Innsbruck: Tyrolia 2003, S. 315-336; Silvy Chakkalakal: Die deutsche Entdeckung Indiens um 1800. Bilder des Wissens in F.J. Bertuchs „Bilderbuch für Kinder“（1790-1830）（「一八〇〇年におけるドイツによるインドの発見――F・J・ベルトゥーフの『子供のための絵本』［一七九〇～一八三〇］における知識の画像化」）.In: Beate Binder/ Moritz Ege/ Anja Schwanhäußer/ Jens Wietschorke (Hrsg.): ***Orte – Situationen – Atmosphären. Kulturanalytische Skizzen***（『場所・状況・雰囲気――文化分析的スケッチ』）. Frankfurt am Main: Campus 2010, S. 199-221, hier S. 206.

(20) 以下を参照。Ulrich Nußbeck: ***Schottenrock und Lederhose. Europäische Nachbarn in Symbolen und Klischees***（『タータンチェックのスカートとレーダーホーゼン――象徴とステレオタイプで描かれたヨーロッパにおける隣人』）. Berlin Verein der Freunde des Museums für Volkskunde 1994.

(21) 以下を参照。Eva Bahl/ Sarah Bergh/ Tahir Della/ Zara S. Pfeiffer/ Martin W. Rühlemann (Hrsg.): ***Decolonize München. Dokumentation und Debatte***. Ausstellungskatalog（展示図録『ミュンヘンを脱植民地化せよ――記録と議論』）Münchner Stadtmuseum. Münster: Edition Assemblage 2015.

(22) Britta Schilling: ***Postcolonial Germany. Memories of Empire in a Decolonized Nation***. Oxford: Oxford UP 2015.

(23) これらの反対運動に関する報道の一例としては、以下を参照。Vgl. stellvertretend für die Berichterstattung um die Proteste Sarah Maria Brech: Der Nikolaus zieht unter Polizeischutz ein.（警察の保護のもとに入場する聖ニコラウス）In: ***Die Welt***, 12.11.2016. https://www.welt.de/vermischtes/article159450448/Der-Nikolaus-zieht-unter-Polizeischutz-ein.html（二〇一七年二月四日アクセス）.

(24) 以下のものなどを参照。Andreas Beck: Fastnachtsverein unter Polizeischutz（警察の保護のもとの謝肉祭の実行委員

会）. In: *FAZ*, 24.02.2017. http://www.faz.net/aktuell/gesellschaft/menschen/fastnachtsverein-wegen-rassismusvorwurf-unter-polizeischutz-14893341.html（二〇一七年二月二八日アクセス）.

（25）以下を参照。Konrad Kuhn: Die dunkle Seite des Kulturerbes. Grenzziehungen und Ausschlussmechanismen in Bräuchen und Ritualen（［無形］文化遺産の暗い側面——習慣と儀礼における境界付けと排除のメカニズム）. In: Jacques Picard/ Silvy Chakkalakal/ Silke Andris (Hrsg.): ***Grenzen aus kulturwissenschaftlichen Perspektiven.***（文化学の立場からみた境界）Berlin: Panama 2016, S. 85-102.

（26）以下を参照。Walter Leimgruber: Eine lokale Kultur im Sog globaler Tendenzen: Die Jenischen（グローバルな傾向に吸い込まれたローカル文化——イェニシェという人びと）. In: Rainer Alsheimer/ Alois Moosmüller/ Klaus Roth (Hrsg.): ***Lokale Kulturen in einer globalisierenden Welt***（グローバル化する世界の中のローカル文化）. Münster: Waxmann 2000, S. 165-184.

（27）Thomas Bauer: ***Die Kultur der Ambiguität. Eine andere Geschichte des Islam***（曖昧性の文化——イスラム教のもう一つの歴史）.Berlin: Verlag der Weltreligionen 2011, S. 11-12.

（28）以下を参照。Hermann Heidrich (Hrsg.): ***Fremde auf dem Land***（郷土におけるよそ者）.Bad Windsheim: Fränkisches Freilandmuseum 2000.

（29）二〇一四年以来、バーデン国立博物館カールスルーへは、ショレー・モッスタファウィによってキュレーションされている(Schoole Mostafawy (Red.): ***WeltKultur/GlobalCulture. Führer durch die kulturgeschichtliche Abteilung.*** Ausstellungskatalog（展示図録「世界文化／グローバルカルチャー——文化史展示室ガイドブック」）Badisches Landesmuseum Karlsruhe. Karlsruhe: Info 2014.)。

（30）ベルリンのクルトゥア・ブラウエライ博物館。http://www.hdg.de/museum-in-der-kulturbrauerei（二〇一七年二月四日アクセス）

（31）Johannes Fabian: *Time and the Others. How Anthropology Makes Its Object.* New York: Columbia UP 1983.

（32）Sebstian Conrad/ Shalini Randeria: Einleitung: Geteilte Geschichten – Europa in einer postkolonialen Welt（分かち合われた歴史――ポストコロニアル世界におけるヨーロッパ）.In Conrad/ Randeria/ Römhild（Hrsg.）*Jenseits des Eurozentrismus*, S. 39-44.；Paola Ivanov: Rethinking Coevalness. Entangled History and the Objects of Ethnological Museums. In: Melanie Klein/ Tomoko Mamine/ Georg Vasold (Hrsg.): *Questioning Narratives, Negotiating Frameworks. Art/ Histories in Transcultural Dynamics, Late 19th to Early 21st Centuries* (im Erscheinen)

（33）以下を参照。Konrad Köstlin/ Herbert Nikitsch（Hrsg.）: *Ethnographisches Wissen. Zu einer Kulturtechnik der Moderne*（民族誌的知識――現代の文化工学）.Wien: Institut für Volkskunde 1999; Gisela Welz: Ethnografien europäischer Modernen.（ヨーロッパ近代の民族誌）In: Beate Binder/ Silke Götsch/ Wolfgang Kaschuba/ Konrad Vanja（Hrsg.）: *Ort. Arbeit. Körper. Ethnografie Europäischer Modernen.*（場所・労働・身体――ヨーロッパの様々な現代の民族誌）Berlin 2005, S. 19-31.

（34）Christian Marchetti: Balkanexpedition. *Die Kriegserfahrung der österreichischen Volkskunde – eine historisch-ethnographische Erkundung*（バルカン調査――オーストリア民俗学の戦争体験：歴史的・民族誌的探索）. Tübingen: Tübinger Vereinigung für Volkskunde 2013.

（35）Bauer: *Die Kultur der Ambiguität.*

（36）Gottfried Korff: Volkskunst und Primitivismus. Bemerkungen zu einer kulturellen Wahrnehmungsform um 1900（民芸と原始主義――一九〇〇年代における文化的な認知の形式に関するノート）.In: *Österreichische Zeitschrift für Volkskunde*（オーストリア民俗学雑誌）48,97（1994), S. 373-394.

（37）以下を参照。Helmut Groschwitz/ Beatrix Hoffmann-Ihde: Sammeln für die Nation. Adolf Bastian, Rudolf Virchow und die Gründung der ethnographischen Museen in Berlin（国家のための収集――ベルリンの様々な民族学博物館の設立と

アドルフ・バスティアンとルードルフ・フィルヒョウ）(erscheint im Tagungsband ***Artisten (in) der Kontaktzone***（コンタクト・ゾーンの／におけるアーティストたち）, Gesellschaft für Ethnographie, 27.-29.01.2017, Berlin.

（38）Helmut Groschwitz: Das Museum als Strategie der kulturellen Ambiguitätsbewältigung（曖昧性の文化的に克服する戦略としての博物館）In: Hans Peter Hahn (Hrsg.): ***Ethnologie und Weltkulturenmuseum. Positionen für eine offene Weltsicht.***（エスノロジーと世界文化博物館――開かれた世界観にむけた立場）.Berlin: Vergangenheitsverlag 2017, S. 139-172.

（39）以下を参照。Thomas Hauschild: Zur Kritik der postkolonialen Kritik. Spurensuche in Malinowskis ethnologischen Fotografien（ポストコロニアル批判の批判――マリノフスキーの民族学的写真の追跡）.In: Fotogeschichte 84,22 (2002).S. 13-32; Castro/ Varela: ***Postkoloniale Theorie***, S. 111-135.

（40）Anil Bhatti: Kulturelle Vielfalt und Homogenisierung（文化的多様性と均質化）. In: Feichtinger/Prutsch/Csáky (Hrsg.): ***Habsburg Postcolonial***. S. 55-68.

（41）二〇一四年一月一六日～二〇一五年一月四日、クレメンティーネ・デリッス（Clémentine Deliss）とイベッテ・ムトゥンバ（Yvette Mutumba）のキュレーションによる。

（42）二〇一四年四月三〇日～二〇一四年一一月三〇日、ヘルベルト・ユストニック（Herbert Justnik）のキュレーションによる。

○訳注

＊1　ベルリン都市王宮（Berliner Stadtschloss）ともよばれるベルリン王宮（Berliner Schloss）は一四四三年から一九一八年にわたってホーエンツォレルン家の居城であった。一九四五年に空襲によって焼失し、一九五〇年に東ドイツのドイツ社会主義統一党によって解体された経緯がある。その代わりに、人民議会（Volkskammer）の議事堂でもあった

「共和国宮殿」（Palast der Republik）が建設された。一九九〇年にはアスベストが発見されたことで建物は閉館し、二〇〇六年から二〇〇八年に再び解体されている。二〇一三年からはドイツ連邦議会の国会決議をふまえて、王宮は本来の外観の復元を目指して、フンボルト・フォーラム（Humboldt Forum）の名で、博物館として再構築されている。開館は二〇二一年七月であり、近くのムゼウムスインゼル（Museumsinsel）の博物館群を補い、民族展示やアジア美術展示などを行っている。フンボルト・ラブ・ダーレムは二〇一二年から二〇一五年まで行われた、そのパイロット・プロジェクトであり、新たな展示・博物館の方法論が試行された。

＊2　本来、インターベンション（介入）は視覚芸術の用語で、芸術家がなんらの依頼もうけず、場合によっては法律に違反しながら公共空間に介入し、芸術活動を行うことを指す。博物館学においても、同様に「依頼されない活動」という意味をもつ。例えば、本文中で言及されるドイツ歴史博物館の常設展には、ドイツの植民地保有国としての歴史が隠されているという批判があるが、これに対し、外部の人間がそれを見えるようにする「非公式音声ガイド」を作成し、インターネットで公開する動きがあり、インターベンションの一例といえる。なお、芸術プロジェクトがインターベンションを称しつつ博物館の展示室で行われたり、企画展の一部になることもしばしばあり、博物館における展示活動と芸術活動との間にある境界を曖昧なものにしている。こうした状況はドイツでは「Verkunstung des Museums（博物館の芸術化）」と呼ばれている。もっとも、これらは芸術家が博物館の依頼をうけて行うのが普通である。なお、近年は単なる企画展をもインターベンションと称する場合も見受けられるが、そこには社会的・政治的変革を促す運動という意味で、インターベンションのアクティビズムとしての側面が意識されているといえるかもしれない。

＊3　ドイツにおいて、民俗学と文化史学は博物館だけではなく、学問においてもしばしば併記される学問分野である。フリードリヒ・シラー大学イェーナの美術・文化研究所には「Seminar für Volkskunde/Kulturgeschichte」（民俗学・文化史学ゼミ）があり、キール大学の民俗学研究所は「Kieler Studien zur Volkskunde und Kulturgeschichte」（キー

ル民俗学・文化史学研究）という書籍のシリーズを有し、ロストック大学は「Rostocker Beiträge zur Volkskunde und Kulturgeschichte」（ロストックの民俗学・文化史学研究）というシリーズを発行している。ドイツ民俗学会には一九七〇年以降、のちに「Kommission für Sachkulturforschung und Museum」（物質文化・博物館研究委員会）に改称された「Arbeitsgruppe kulturhistorische Museen」（文化史博物館研究会）というグループがあった。

民俗学と文化史学の間に明確な線引きを行うのは難しい。文化史（Kulturgeschichte）の意味は多様で、文脈によって微妙な差異がある。歴史学においては、文化史を政治史と区別された対象という意味で用いる研究者もいるが、一九八〇年代以降は、社会史学は歴史における社会的・政治的・経済的要素とそれによって形成される様々なプロセスを明らかにする学問に過ぎないと批判する運動が生まれた。社会史学はヨーロッパ中心主義的進歩史観に立っているという批判もなされた。これに対し、人びとの生活のなかの諸関係を形成する文化的創造力を研究する新たな文化史が必要であるという立場が現れている。この立場は「新文化史学」（neue Kulturgeschichte, new cultural history）を目指し、歴史におけるディスクールを研究する必要が強調されてきた。（Lutz Raphael: ***Geschichtswissenschaft im Zeitalter der Extreme – Theorien, Methoden, Tendenzen von 1900 bis zur Gegenwart.*** 2. Auflage. C. H. Beck, München 2003. S. 228-233.）。

以上のような、カルチュラル・スタディーズ（cultural studies）における文化研究にも近しい意味で、民俗学と博物館学でも文化史という言葉が使われることがある。しかし、ここでいう文化史は、ある空間や時代における文化生活の研究を意味する。しかし、そのような研究は最近の傾向である。

民俗学者・文化史学者のオット・ラウッファ（Otto Lauffer,1874-1949）は「ただの古いものの収集」を行う施設を「歴史博物館」(historische Museen)と呼び、それに加えて美術作品や美術工芸を展示して、美学的な視点もある博物館を「文化史博物館」(kulturhistorische Museen)とよんで、区別した。

これに対し、「人の手によって、ある目的のために作られたモノ（芸術作品を除く）」（Wilhelm Schäfer: „Museen in unserer Zeit." In: Hermann Auer u. a. (Hrsg.): ***Denkschrift Museen. Zur Lage der Museen in der Bundesrepublik Deutschland und Berlin (West)***, S. 11-20. Boppard: 1974. S. 17.）を展示するのが、文化史博物館の機能であるという定義もある（Markus Walz: „Grundprobleme der Museumstypologie." In: Markus Walz (Hrsg.): ***Handbuch Museum: Geschichte, Aufgaben, Perspektiven***, S. 78-80. Stuttgart: J. B. Metzler, 2016. S. 78.）。いわゆる物質文化研究や文化の背景にあるディスクールの研究も含め、民俗学をより広義に位置づけなおそうとすることが「民俗学」と「文化史学」が併記された理由であるとも考えられる。

＊4　ここで言及されているのは、近年も様々な葛藤を生じている問題である。ヨーロッパからの植民者たちは植民地から文化財のみならず、地元の人の遺骨・頭骨・ミイラなどを学問の名のもとに持ち帰っていった。これらはヨーロッパやアメリカの博物館や資料館、個人収集者のコレクションに保存されている。現在も、文化財やそれらの遺骨の返却を求める声が上がっている。日本においては、アイヌの遺骨をめぐるディスカッションが相似したケースといえるかもしれない。

＊5　ポストコロニアル・スタディーズは「知識」を認識や科学によって得られたものではなく、構築、ディスクール、権力との関連で捉える傾向にある。すなわち、このようなポストモダニズムの文脈では、「知識」はディスクールであり、いわば権力によって正当と認められた言説の産物であり、権力の持ち主によってその権力を永久に持続させるために動員される。

民族学／民俗学博物館がここで「知識の生産」と関連づけられていることは、研究の場という意味ではなく、以上の意味に基づくものである。同様に、「批判的考察」は知識の背後にある権力構造を解体しようとする行為として理解することができる。

＊6　ヘレロ・ナマクア虐殺は一九〇四年から一九〇八年にかけて、今のナミビア、当時のドイツ領南西アフリカで行われた。ドイツの植民地は一八八〇年代から保有されはじめ、一九一九年のヴェルサイユ条約に従って第一次世界大戦の

連合国軍の国々に分割された。植民地を得ようとする運動は一八七一年に作られたドイツ帝国の前身であったドイツ連邦とドイツ関税同盟などの財界にもあったが、挙国一致と海外植民地に必要な艦隊などがなかったので、現実化は不可能であった。

一八七一年の建国からドイツ帝国首相を務め、ドイツ帝国の外交の方針を作ったオットー・フォン・ビスマルクも、植民地を作る計画にたいして否定的な態度をとった。海外植民地に必要な艦隊を設けたとしても、植民地制度には利益がないとみなされ、外交の重点はそれよりも獲得されたばかりの挙国一致体制の維持や、新興国であるために周辺国から不審な目で見られる傾向にあったドイツ帝国の整備や統合に置くべきだと繰り返し唱えた。それにもかかわらず、植民地を強く求める財界からの圧力が強くなり、一八七六年からは「植民地的なるもの」が海外のあちこちにつくられた。植民地の獲得プロジェクトが本格化したのは、外交をフォン・ビスマルクに任せておいたヴィルヘルム一世よりも、より直接的に外交に関与しようとしたヴィルヘルム二世の即位（一八八八年）とフォン・ビスマルクの退官（一八九〇年）からであった。ヴィルヘルム二世は膨張主義で、ドイツ帝国を植民地帝国であるフランスやイギリスと比肩する国にしようとした。彼のもとで、国内の植民地運動が強くなり、艦隊などが拡張され、アフリカやアジアにおける植民地が積極的に形成され、拡大されていった。それらの植民地の一つであったドイツ領南西アフリカは、一八九七年から、植民地人の大地主と遊牧民族であったヘレロ族の間で牧畜権などをめぐる葛藤が激化して、一九〇四年に反乱に至った。反乱を抑えるために、ドイツ帝国はロタール・フォン・トロータの指揮下にあった上海派遣軍を派遣した。フォン・トロータはヘレロ族の全民衆を砂漠に追い込み、包囲し、渇死させた。その大量殺人への反動で、ナマクア族も反乱をおこして、ゲリラ戦を開始した。しかし、それも一九〇七年までに鎮圧され、両族の生残者は強制収容所に送られた。収容所での死者も含めると、ヘレロ族は六万から八万人、ナマクア族は一万人が殺された。

現在も葛藤が生じているのは、同事件を民族虐殺として認知することと、そこから生じる責任問題である。ドイツはこの問題に触れることを避けてきた。ヘルムート・コール連邦首相が一九九五年に、一九〇四年以来初めてのナミビアへの公式訪問を行った際には、ヘレロ族の代表者との会談を回避した。ドイツ政府が公的に取った態度は、「後悔をしているが、責任はとらない」というものであった。また、豊かな開発援助をナミビアに対して行っていることが強調された。しかし、このような援助の恩恵は、ナミビアの中でも少数民族であるヘレロ族にまで到達していなかった。一九九九年からは、何名かのヘレロ族の代表者が国際司法裁判所やアメリカの裁判所に提訴している。ヘレロ族の代表者たちが求めたのは、ドイツ側による罪状認知、植民地主義的な過去を認知すること、そして賠償金の支払いであった。ドイツによる罪状認知や責任の履行がなぜこれほどまでに拒絶されたのかは、特にドイツがユダヤ人大虐殺を克服してきた背景をふまえるかぎり、理解しがたい。ヘレロ族はUNによって民族虐殺の犠牲者として認知されることも求めていた。ドイツの経済協力大臣ハイデマリー・ヴィーチョレック＝ツォイルは二〇〇四年に責任を取るべきことを主張し、謝罪を行ったが、賠償金の支払いは拒絶した。また、この謝罪も、一個人の資格で行われたものであった。加えて、二〇〇四年と二〇〇七年にはトローター家からの謝罪が行われ、二〇一一年からは遺骨の返却が次々と行われるようになった。しかしながら、ドイツ政府は責任の履行を長い間断り続けていた。二〇一五年には、ヘレロ族の代表者たちは、いくつかのドイツの政治家の署名を伴う請願書を連邦大統領に渡した。その中で求められたのは、民族虐殺を認知すること、犠牲者の子孫に謝罪すること、盗まれた全ての遺骨の返却、和解に向けた対話を許諾することであった。ドイツの国会は、この当時、トルコによるアルメニア人民族虐殺を非難したばかりであり、これに先立ってノルベルト・ランメルト連邦議会議長が新聞記事において、ドイツの植民地時代の犯罪は民族虐殺にほかならないと発言していたが、これについてもドイツ政府の公式声明ではないことが強調された。二〇一五年七月一〇日、連邦外務省は漸く「一九〇四年～一九〇八年のナミビアにおける殲滅戦は戦争犯罪と民族虐殺であった」との声明を発し、二〇一六年には連邦政府も同事件が民族虐殺であったことを認めるようになった。しかし、それでも法的な対応は取られなかったし、公的な謝罪もなかった。また、遺骨の返却は長引いている。賠償金に関する交渉も続いている。なお、ドイツ政府は、こうした交渉はヘレロ族と直接に行うのではなく、ナミビアの政府との間で行うことを求めている。ヘレロ・ナマクア虐殺とそれをめぐる葛藤は、現在、ドイツのみならず、ヨーロッパとアメリカに存在する植民地をめぐる葛藤の代表的な事例であるといえよう。賠償金の支払いや遺骨の返却（そして文化財の返却）は、同種のケースに共通する中心的な課題である。ドイツは、世界に対し道徳的行為の手本を示す国としての自己像を誇っているが、これが妥当なものであるかが問われている。

＊7 ドイツ歴史博物館は一九八七年、ベルリンの七五〇年祭を機に建てられた国立博物館である。主管はドイツ連邦政府、ドイツ連邦議会、各州政府の代表者等で結成される委員会である。大規模な博物館であり、政府の影響も強く、ドイツの「公式」の歴史観を代表するイメージがあるため、ここで記述されたような批判の的になることがある。特に知識の構築性を前提としつつ、博物館などの施設においてはどのような知識が強調されるか、どのような知識が隠蔽されるかを問うポストコロニアル・スタディーズにおいて、しばしば批判される。

＊8 モールは黒人を表現する古い言葉であり、今も時折使用されるが差別語と見なされることもある。

＊9 ここでいう商業的シンボル（Merkantile Zeichen）は、シールやロゴ、マスコット、商標、店の看板等の総称である。アメリカでもヨーロッパでも、そうした商業的シンボルに、黒人の戯画などの人種差別主義的な表現がよく用いられ、商品やサービスにエキゾチックなイメージを付加してきた。特にアメリカにおいては、それらの表現が奴隷制度時代を美化しようとするものとして批判の対象となり、ニュートラルな表現への置き換えが近年も強く求められている。二〇二〇年の人種暴動はそうした運動をより強いものにしている。

＊10 ヒンドゥー教はこうした議論の文脈においてしばしば取り上げられる事例であり、西洋において行われた研究が研究対象者に影響を及ぼした、いわゆる相互作用の一例である。「ヒンドゥー教」という言葉はある意味で植民地主義的な言葉であるともいえる（Stietencron, Heinrich von. Der Hinduismus. 4. Auflage, Originalausgabe. C.H. Beck Wissen 2158. München: Verlag C.H. Beck. 2017.）。一九世紀の初期には、インドには数多くの局地的・超局地的な宗教的伝統

が存在した。ヒンドゥー教は「インドの宗教」であるという考え方は、ヨーロッパによる構築を抜きにして理解することができない。当時のヨーロッパの研究者たちの考え方はロマン主義的な「始源への憧れ」と文献中心主義に位置づけられる。そのもとで、インドは人類の知恵の始源と見なされるようになった。しかし、本格的な宗教、特に世界宗教には、そのいくつかの宗派を結束し、宗教・哲学的エリート層によって解釈され管理される聖典が必要であると考えられていた。そのため、バガヴァッド・ギーターはそのような、教えの本質を具体化する聖典であると認識された。西洋の研究者たちは、インド人たちや本場の諸宗教の代表者たちを排除しながら、その研究を通して「本当のヒンドゥー」の解釈権を手に入れていった。一方、イギリス帝国の占領下における恥辱を知るインド人の知識人層にとっては、人類の始源的な知恵が自身の文化に潜んでいるという考えは誇りの源にもなった。ヒンドゥーが一貫したインドの宗教であるという発想は、インド国家主義の柱にもなったのである。それゆえ、世界宗教としての「ヒンドゥー教」はある意味で共同制作であり、植民地主義を前提としているという考え方には、以上の背景が存在している。

＊11　植民地時代においては、「植民地製品（Kolonialwaren）」は砂糖、コーヒー、タバコ、米、ココア、茶など、海外から輸入されたものを意味した。これらは商業統計表においても特別なカテゴリーを形成していた。植民地製品店（Kolonialwarenladen）の、エキゾチックな食品を売る、スーパーが普及する以前の、近隣にある小さなお店というポジティブでロマンチックなイメージは、日常生活のなかに長く残った。植民地時代が終わったあとも、基本的な食品や日常のものを売る小さな店を意味する言葉として、七〇年代まであちこちで使用されていた。六〇年代の学生運動に伴う植民地時代への批判的な反省が、こうした言葉が消えた理由の一つであったかもしれない。

＊12　ドイツにおいてしばしばみられる、街路名に人名を冠する習慣は、歴史をめぐる葛藤を繰り返し引き起こしてきた。ナチス党のメンバーや戦争犯罪者の名前を使った街路名はもちろん、最近は植民地主義に関係する人物の名を冠した街路名も改名すべきだと主張されるケースが増えている。銅像などもこうした批判の的とされている。二〇二〇年の

夏、アメリカなどで起こった、奴隷制度に関係する人物の像を引き倒す運動と比べれば激しさの程度は全く異なるが、基本にある考え方はよく似ているといえるだろう。批判する立場からは、こうした街路名や像が植民地時代を美化し、その犯罪を釈明し、または隠蔽しつつ延長するものであり、当該時代の犠牲者の遺族・子孫に対する暴力にほかならないという。一方、こうした運動は植民地時代の曖昧性を見落としており、過去の隠蔽や抹消、歴史の修正であるという考え方もある。

＊13

ここで言及されているのは、概括を許さない複数の異質な習慣と、それらに生じた問題である。その中心にあるのは、オランダのズワルテ・ピートとカーニバルである。ズワルテ・ピート（ズワルト・ピート Zwarte Piet、「黒いピート」）は、オランダ、ベルギー、ルクセンブルクの民俗文化である。その起源は一九世紀半ばにあり、ズワルテ・ピートという人物はスペインのムーア人と思われ、クリスマスの習慣やパレードにおいては、シンタクラース（名前の類似するアメリカのサンタクロースと同様に、三世紀のミュラの聖ニコラウスに由来するが、その性格やこれに伴う習慣には差異がある）のお供として登場し、子供たちを笑わせたり、お菓子を渡したりする存在である。通常、顔を黒く塗り、唇を誇張して、縮れたカツラを被り、ルネサンス服を着用して白人が演じる。

カーニバルは、ここにおいてはドイツ語圏のカーニバルの習慣を意味するが、この習慣はドイツ語圏の中でも地域によって多様な形をとる。ここで批判されているのは、その中でも仮装の習俗と山車を用いたパレードである。仮装には、異民族の服、例えば、アフリカ人やネイティブ・アメリカン、アラブ人の服などを着用するものがよく見られる。また、ある地方のカーニバルの中心であるパレードの山車は、時事問題や国内外の政治家などの有名人を茶化し、またはある国や民族、その文化を誇大に、または悪意をもって描くことで風刺するものがある。そこで異民族が標的になるような場合、人種差別と見なし得る表現がでてくることになる。

ポストコロニアリズムなどによって、ズワルテ・ピートにおいてもカーニバルにおいても批判されるのは、文化の盗用（Cultural appropriation）やブラックフェイス（Blackface）である。文化の盗用は、ある文化の宗教や文化の伝統、ファッション、シンボル、言語、音楽などの知的財産を流用する行為を意味する。最近よく問題視されたのは、アメリカのハロウィーンにおいて見られる、異文化の民族服を用いた仮装であったが、同様の批判はドイツのカーニバルに対しても行われるようになった。黒人以外の演者が黒人を演じることを意味するブラックフェイスもアメリカに由来し、ヨーロッパでも批判の対象とされている。ズワルテ・ピートはその端的な一例であるが、類例はいくつかある。こうした批判はアメリカの政治的アクティビズムを受け入れたものに過ぎず、ヨーロッパの歴史や習慣には妥当しないという主張もしばしばみられるが、それもいささか短絡的な態度であるかもしれない。

＊14　エドワード・サイード（Edward Said）のオリエンタリズム論はポストコロニアル・スタディーズにおいてのみならず、非常な影響力がある。サイードの本で扱われた「オリエント」は主に中東を意味したが、ヨーロッパのインドや中国などのその他の文化に対する関係も、同様にサイードの論じた植民地主義的な視角によって形づくられた可能性がしばしば議論されている。九〇年代半ば頃から、サイードの議論をふまえて、バルカン諸国のヨーロッパにおける位置づけや、いわゆる「バルカニズム」が存在し得るかといった問題が、東南ヨーロッパ学の中で議論されている。

＊15　回顧的排除とは、現在の立場から過去の人に向けて行われる排除を意味する。

＊16　官房学（Kameralistik）は一八〜一九世紀のドイツにおける、地方の経済に国家が介入することを通して影響を与え、国家を豊かにしようとした学問であった。ある意味で、フランスなどのマーカンヒリズム（重商主義）のカウンター・パートであるといえる。その内容は金融や経済学的側面もあったが、農業振興や国民の生活水準の改善なども重点とされた。特に、後者の目的のため、役人が地方に派遣され、地方のあり方を視察して具体的な対策が検討された。ここで、官房学が民俗誌によって覇権的学知を構築したと論じられているのは、以上のような背景による。役人が行った視察旅行とその報告は民俗誌としての性格もあり、学問としての民俗学の先駆の一つであったといってもよい。しかし、その目標は地域社会の描写だけではなく、それらを国家・政府の計画に合わせて「改善」することでもあり、地域生活や習慣を評価し、解釈権を手に入れる営みでもあった。権力や権力関係、「他者の構築」や知識

の権力手段としての構築に関心をおくポストコロニアル・スタディーズの立場から見れば、官房学のこうした側面は植民地主義と似た性格を持つものであり、批判すべき対象とみなされている。

＊17 ここには、批判理論やポストコロニアリズムの構築主義的な考え方の基本が端的に表れている。これらのアプローチは、知識を自然科学の客観的知識と人文学の主観的知識に分ける可能性を否定し、どのような知識であってもそれはディスクールによって構築されるため、ディスクールに潜在する価値観や利害関係、権威関係などが反映されると捉えるものである。批判理論によれば、それらを乗り越えるなら、自然科学の客観的知識の構築性も脱構築すべきということになる。

自然科学的な知識の構築性やそれがディスクールに依存することは、人文学的な知識よりも見えにくい。したがって、そうした自然科学的な知識の提供される科学博物館と自然博物館などの構造に反映されるカテゴリーは、「一見するとカテゴリー分けが自明である」とグロシュウィッツは述べているのである。

＊18 主導文化（Leitkultur）はドイツにおける、移住やドイツ社会への同化をめぐる政治討論の文脈で使われている概念であり、このような意味で初めて使用したのは、シリア系ドイツ政治学者バッサム・ティビ(Bassam Tibi)であった。ティビは、九〇年代後半には、イスラム国家からの移民をヨーロッパに同化することによって並行社会が生成されることを防ぐには、民主主義、世俗主義、啓蒙主義、人権意識などの価値観を踏まえつつ、もともとの地域住民と移民をつなぐことを可能にする「ヨーロッパ主導文化」が必要であると論じた。

これ以降、主導文化という概念は「ドイツ主導文化」として、保守政治家や右翼政治家に取り上げられるようになり、とくに移民に対し、ドイツで「発展してきた自由主義的ドイツ主導文化に順応すべきである」ことを求めたドイツキリスト教民主同盟（ＣＤＵ）のフリードリヒ・メルツ（Friedrich Merz）が連想されるようになった。「主導文化」は現在、保守政治家や右翼政治家によって多文化主義の対照語として使用され、左翼からは排外主義的として批判されている。本論文の用法は、後者の一例である。

＊19　ここで言及されている広告や風刺画や絵本などは、訳注9で取り上げた「商業的シンボル」と似ている。しかし、『テン・リトル・インディアンズ』という絵本については、再度の説明が必要であると思われる。日本語で『テン・リトル・インディアンズ』（一〇人のインディアンの子供）と呼ばれるタイトルは、ドイツ語では「Zehn kleine Negerlein」（一〇人の黒ん坊の子供）である。両者は一九世紀後半のアメリカの子供むけの詩に由来するが、後に歌にされた。どちらのバージョンがより古いかは不明であるが、いずれにせよ、「黒ん坊」のバージョンがドイツ語圏で流行し、絵本や児童書として売られ、人気を獲得していった。このような絵本で使われる画像や「黒ん坊」という言葉は、近年、反省的に批判されている過去のメディアにおける人種差別的表現の典型例であろう。これをめぐって生じる葛藤は、訳注12で説明した像や道路名をめぐる葛藤とよく似ている。同様に、それらの表現を今日の立場から「改良」すべきだという声もあり、そのような運動を「自身の幼年期への攻撃」と捉える声もある。

＊20　この展覧会タイトルの「陽当たりのよい場所」は、ドイツ帝国も植民地が必要であると主張した国会議員ベルンハルト・フォン・ビューロー（Bernhard von Bülow）の一八九七年一二月六日の国会での演説における発言「誰かに影を与えたくはありませんが、我らにも陽当たりの良い場所（いわゆる植民地）が必要でしょう！」を意識したものである。この言葉は、ドイツにおける植民地獲得を目指す運動の標語と見なされるようになっていった。

第七章

「食べもの」の差別と序列化

山田　巌子

はじめに

SNSの発達は、さまざまな功罪を生んだことが取り沙汰されているが、「功」としてあげられることの一つは、日常の中の一見「ささやか」に見える「差別」が当事者以外に見えるようになったことがあげられる。被差別側に属する者は一つ一つは「取るに足らない」「騒ぐのは大げさ」と無効化されがちな無数の差別にとりまかれながら、日常を送っていることが可視化されるようになった。ネット上の簡易ブログであるX[*1]では、女性差別の話題が定期的に盛り上がる。令和六年（二〇二四）一月二〇日に「若い女二人で、敷居高めの飲食店に行くと、不快な対応をされることがままあった」[*2]という投稿に対して、二日後に「私は箱根の旅館で食事した時、男の方は普通のステーキカットだったのに、私のステーキは切れ端の寄せ集めだった事ある」[*3]という返信が写真付きで投稿された。このやりとりを皮切りに、宿泊施設や飲食店で男性と比べ不当な扱いをされたという女性の投稿が相次ぎ、一月二四日には編集サービスTogetter[*4]で「女性が旅館で料理を頼むと『少ない方、美味しくない方』が渡されるという悲しいあるあるが集まる」というまとめが作成されている。[*5]

本論はまずこの話題から始めたい。普段は「見えない」社会的序列が、見える形になる「場」、その一つに食事の場がある。ジェンダーと食の問題を論じた見崎恵子は、成人女性の食物摂取量が男性よりも低い地域の事例を挙げながら、女性による食の抑制を女性自身が当然視し、ときにはそれを「望んでいる」ように見えるのは、女性たちが食べものを「出す」側に位置づけられてきたことと結びついている〔見崎　二〇〇〇　一九〇〜一九一〕と述べている。食の席で、女性がその量であれ、質であれ、抑制的な立場に立たされることは、今日新たに始まったものではなく「過去からの拘束」[*6]として捉え、聞き書きの場で得たかつての「日常の風景」から考えてゆきたい。生きるために必要な、日常的に繰り返される「行為」であるからこそ、人々は、食行為を序列化や排除や包摂に用いて、構造の強化に用いてきたこと、それを「当たり前」として受け入れてきた側の論理を明らかにしたい。

一、「食の差別」と合理化

男性と女性の食べ物に差をつけることを女性差別の問題として民俗学の俎上に載せたのは、増田昭子である。増田は『ジェンダー史叢書　八巻　生活と福祉』の中で「オトコメシ・オンナメシの発生」という論攷を寄せている。増田は、オトコメシ・オンナメシと称して、食事に男女の差を設ける慣行を、家制度の下で、家族の序列、男女の序列が食に表れたものとして見ている〔増田　二〇一〇　九五〜一二二〕。雑穀研究者の増田にとって、オトコメシ・オンナメシは米と雑穀が男女に振り分けられていることが問題であった。

増田がこの民俗語彙を知るのは平成五年（一九九三）の古々路の会の青森県下北郡佐井村の合同調査の折で、平成六年（一九九四）五月一五日刊行の『昔風と当世風』に「雑穀小誌（五）――下北半島・牛滝と福浦」と題する調査報告を載せている。津軽海峡に面した佐井村は、水田がなく、漁業を主な生業として、男たちは青森に魚を売りに行き、帰りに米を買ってきた。そのため、オトコメシは米の飯でオンナメシは稗や粟、蕎麦など自家栽培した穀物であった〔増田　一九九四〕。

しかし、民俗学者の増田より前に、男性と女性で日常の食に差があることを問題にしたのは栄養学の分野である。鷹觜テルは、生活改善を目標に、岩手県の食慣行を栄養学の視点から調査した研究者で、昭和三六年（一九六一）の『家政学雑誌』一二巻一号に「食慣行の生態調査（第三報）男飯・女飯慣行の栄養学的研究」〔鷹觜　一九六一〕を載せている。鷹觜は、岩手県では、男飯・女飯の語彙の他に「旦那鍋」「別鍋」「分焚き」という語彙があったことを記している。また、山村では女性は動物性食品を食べず、漁村では男性が白米、女性が雑穀を食べることを記している。これは、山村、漁村で、購入する食物が違い、購入する食物が男女差の対象になっていると述べている。鷹觜はまた、二戸・下閉伊地区の女性の長寿率が低いことを、この地域が昭和三〇年（一九五五）頃まで、男飯・女飯慣行が行われていたことと関連づけて考察している。鷹觜が昭和三〇年（一九五五）に小学生児童一三二名から聴き取り調査したところ、八三・三％の家で男女の食に差を設けていることが分かった〔鷹觜　一九六一　一〇〜一二〕。また、漁村では男性が白米を食べるため、稗を食べる女性よりも短命の傾向があり、山村では動物性食品の不足から女児の発育が遅れ、女性が短命の傾向があると述べる。さらに、近世末の文書（後述する一七八五年の御明神村史料）から、この慣行は近世期から存在したと述べ、階層では中流家庭が多いとも述べている。上流階級においては、外食慣行・酒食慣行の違いから、外食、酒食の多い男性とそうではない女性とでは、動物性蛋白質、動物性脂肪の摂取に差が表れてくると述べている〔鷹觜　一九六一　一二〕。鷹觜は、このような食の男女差について、男女の肉体差による栄養学的な要請によるものではないとし、社会的慣行によるものに過ぎないとした〔鷹觜　一九六一　一四〕。

鷹觜はまた、男女の食の差について、女性の側から一見「合理的」な説明が加わることも問題にしている。鷹觜は、「男子は危険な仕事をするから（重労働）／男子は外で働くから」「男はお金をとるから／白米や魚を買えるのは男の収入だから／家族全部食べるだけ買えないから」「稗食をすると母乳が出るから」〔鷹觜　一九五八　五〇〕という女性たちの意見を記している。このような説明からは、賃労働である男性の労働が、無償労働の女性たちよりも優位にあることを女性たちが受け入れていることが見て取れる。

食事による家族の序列化は男女に限ったことではなかった。鷹觜は森嘉兵衛所蔵の天明五年（一七八五）御明神村（現雫石町）の旧家の「農民稼業日誌」から、祖父、戸主、長男の食事とその他の家族との食の差異を明らかにした。一般家族がかて飯を食べているのに対し、祖父、戸主、長男は別飯で赤魚やニシン、雑魚の焼き魚や煮魚がついている。鷹觜は、このような事例と、男飯・女飯慣行とを併せ、「家族の力関係や支配関係の習慣性によって、無批判に特定の者だけが栄養物を取り、他の家族が犠牲になっている場合は大いに考えなければならない」と結んでいる〔鷹觜 一九五八 五一～五二〕。

男女の食の差異は、東北地方に限ったものではなかった。増田は、東京都の伊豆大島では男は飯を、女子どもはサトイモ、サツマイモを食べ、八丈島では、男は米飯とサツマイモを、女はサツマイモとサトイモ汁を食べた〔増田 二〇一〇 一〇三〕と記している。また、鹿児島県姶良郡の農家では、イモ入りの粟飯を炊き、炊き上がった飯は上の方のサツマイモと粟で覆われた飯を家族に盛り、釜の底の米の飯を家長に盛った〔増田 二〇一〇 一〇三〕。

女性民俗学の先達の瀬川清子は岐阜県大野郡白川村で、食の男女差を実感する。その時の経験は瀬川の「飛騨白川村見聞記」に記されている〔瀬川 一九三五 六七～八〇〕。瀬川は訪れた白川村御母衣の老夫婦のもとで、稗飯、粟飯、米飯、ササゲ、ナス、キュウリの煮付けをふるまわれた。しかし、調査先の粗食に閉口していた瀬川は、老婆が、鮎を食わぬので、もらった鮎を息子に始末させたと聞き、「男は生肴を食ふが女は嫌つて食わぬ、女は肴を食べぬものという頭がある」という役場の人の言葉を、「それは情けない程真実であつた」と記す〔瀬川 一九三五 七六〕。ここでは、川魚が女性には禁食ではなく、「女は嫌つて食わぬ」と女性の意思のように語られていることに留意したい。

瀬川はまた『日本人の衣食住』で、男女の食の差を事例として挙げている〔瀬川 一九八六 二三三～二三九〕。奄美大島では、戸主と相続人は米の飯、妻と女児は竈屋で雇い人と一緒にイモを食ったと記す。さらに、静岡県南崎村（現南伊豆町）の事例として、米、麦、粟の混炊を三穀飯と呼んでいるが、男子は「石切の危険な仕事だから」米の部分を食べさせるという。瀬川の報告で特筆すべきは、「よい方の食」を男にだけ食べさせたわけではない、という部分である。伊豆の三穀飯の米の部分は老人や子どもにも与えたとあり、三重県員弁郡では、釜の中央から目分量で米と雑穀を半々に入れて炊き、米の多い方を老人や子どもに与えたという〔瀬川 一九八六 二三九〕。これらの事例から、女性が食の分配権を持つゆえに、女性自身への食の分配は「後回し」になることが読みとれよう。

これらの報告からは、（一）家庭内の序列が男性と女性というだけではなく、戸主とそれ以外という序列があること、(二)男女による食の違いが、労働の質の違いなど、何らかの「合理的な理由」のあることのように語られたり、女性の意思であるかのように語られたりする語り口があること、(三)現金収入のあることが男性の優位性の根拠となっていること、(四)食物の分配権のある女性は、結果的に自身の食が後回しになることが明らかとなった。

二、食べものの苦労と家族の序列

過去に米が豊富に取れなかった場所では、食べものの苦労が語られることがある。この苦労話の中から、家族内での食の序列がうかがえることがある。このことを筆者のかつての調査地での事例から見ていきたい。

まず、調査地の概観を示す。山梨県富士吉田市は富士山北麓の緩傾斜の高原地帯に位置し、寒冷な気候と富士山の溶岩流や火山灰土の影響で稲作には不向きな土地が多い(図1)。筆者は『富士吉田市史　民俗編』に参加し、口承文芸を担当した。本論はこの時のデータがもとになっている。[*7] 奥脇和夫の調査によれば、富士吉田市でもっとも高冷地である新屋集落で、白米を日に三度食べられるようになったのは昭和三〇年(一九五五)以降のことである。それ以前の日常食は粟などの雑穀の飯、米に大麦、野菜を混ぜた飯、雑穀を粉にした団子やホウトウなどの小麦の加工品が一般的であった〔奥脇　一九八五　八〇〕。増田はこの地で、冬の間、畑に水をかけながら栽培する「水かけ麦」の栽培法を聞き、のちに「水かけ麦の民俗」と題する論文にまとめている〔増田　一九九〇　六九〜一〇三〕。水かけ麦の水田化が起こったのは大正一〇年(一九二一)代から昭和一〇年(一九三五)代のことである〔増田　一九八五　四三〕。

新屋集落では明治の初期にトウモロコシを作り始めた〔奥脇　一九八五　八二〕。静岡県須山から入ってきたとされ、須山モロコシといった。新屋の明治四〇年(一九〇七)生まれの男性の家では、女の子にトウモロコシを食べさせなかった。男の子には稗とトウモロコシをまぜたヤキモチを、女の子には稗だけのヤキモチを食べさせた。その理由は、トウモロコシは「尊《とおと》いもの」で、この男性の家では食べさせることができたが、貧しい家では食べさせることができなかった。そのため、嫁ぎ先でトウモロコシを食べられなかったら不服が出る、というのがその理由であった。[*8]

奥脇和夫は、新屋村より高度の低い、瑞穂村（現下吉田）での統計史料を用いて、穀物の近代における生産量をまとめた。奥脇によると、明治一七年（一八八四）の時点では、米をはじめとして大麦・小麦・粟・稗・蕎麦・黍・トウモロコシなど多彩な種類の穀物によって主食料が構成されているが、大正一〇年（一九二一）にはトウモロコシの生産量が伸び、「米・麦・雑穀型」から「米・麦・トウモロコシ型」に変化したと述べている（奥脇 一九九六 一六二）。この男性の生家でのエピソードは、「米・麦・雑穀型」から「米・麦・トウモロコシ型」に移行する前の話であるといえる。

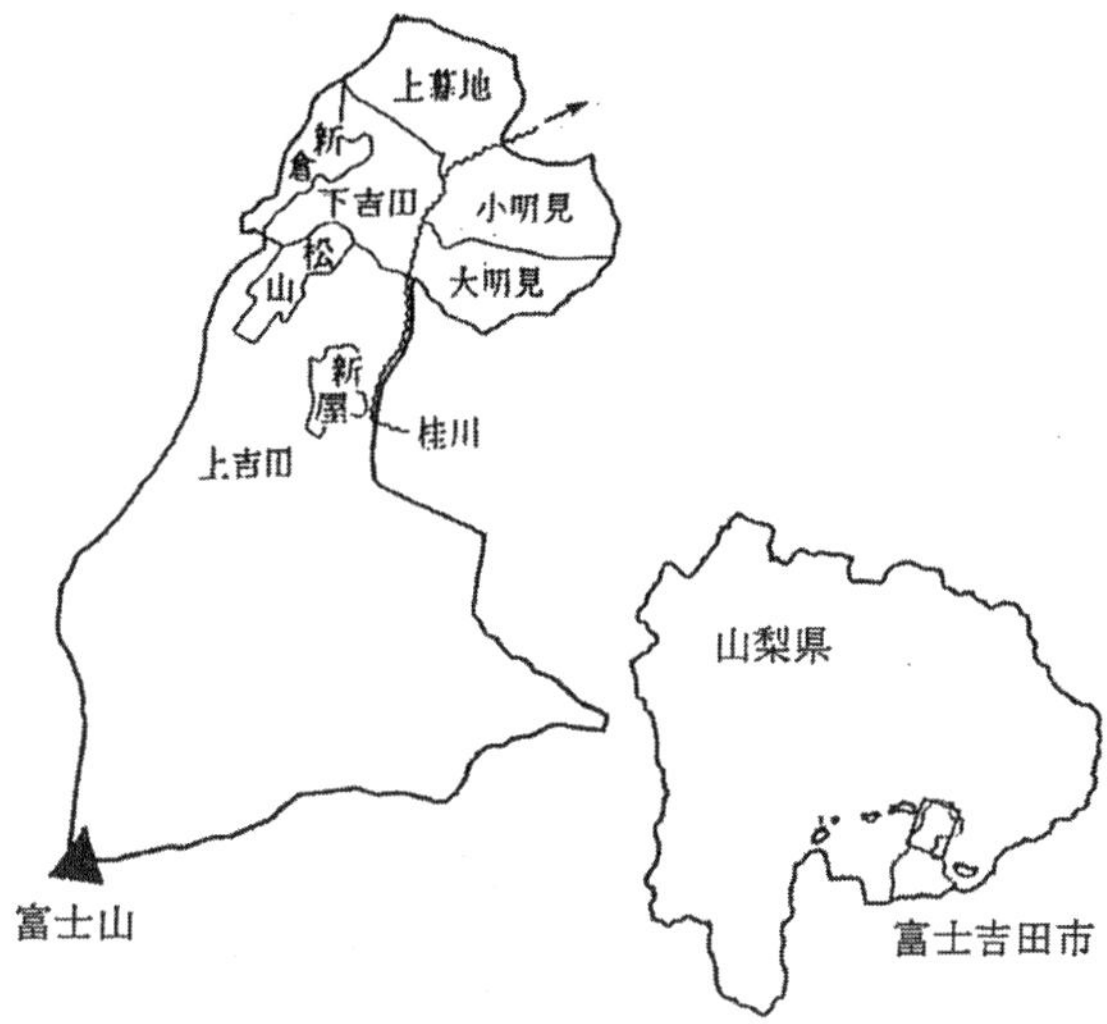

図1 富士吉田地域概況図

ここでは、女児が「嫁に行くから」という理由で、特定の食べ物の飲食から排除されている。子どものころから家庭内での序列をしつけられた女児は、嫁いだ先でどのように扱われるのだろうか。

南都留郡山中湖村から新屋に嫁いだ大正三年（一九一四）生まれの女性から食べ物の話を聞いていると、この女性は、嫁に来たときの思い出を忌々しそうに語った。家族と粟餅を食べていたときに姑から「嫁も粟餅かい」と言われたというのである。この女性は何度も「まーったく」と繰り返した〔山田　一九九八　四五〕。このエピソードから、家庭内の女性にも序列があり、姑は粟餅が惜しかったのではなく、嫁に自身の序列をわきまえるよう伝えたことが分かる。また、「粟餅」は、明示されている禁食物でないことも注意が必要だ。「食べるべきではないもの」はこの場合、姑の胸三寸で決められているのである。

女性は、児童のうちから「嫁に行くから」と、家の正式な成員のうちには数えられず、嫁いだ後は、姑との関係で、家の正式な成員には入れられない場合があったことがこの事例から読み取れよう。普段は他の家族と変わらない扱いを受けていても、食事の度ごとに、家族間の序列が示されることで、女性たちはその従属的な立場に馴化してゆくといえる。

三、米食と地域の序列化

調査地において「食の経験」を尋ねていると、いつの間にか、他者の話にすり変わっていることがあった。その際に語られるのが、南都留郡道志村や西方《にしかた》の地名であった。ここでは、このような話法とともに「食べものの苦労話」にみる地域間の序列化の問題を考えてみたい。

西方と称される富士吉田市以西の南都留郡河口湖村、足和田村、長浜村、木立村、鳴沢村、忍野村は、富士吉田市では、自身の住む地よりも貧しい地域と認識されていた。一方、富士吉田では、「嫁は下からもらえ」ということわざがあり〔山田　一九九六　七八九〕、これらの地域との通婚は盛んであった。

先の新屋の明治四〇年（一九〇七）生まれの男性は、瀕死の病人に米の音を聞かせる「振り米」の話を次のように語った。

「米っちゅうものを見たことがなくて、死んでしまったっちゅうのは、どうしても（寒冷地の）長浜とか、吉田とか、足和田村から鳴沢村にかけて、昔は米というものはそうだから尊《とおと》ぐって、『これが米の音だぞ』ちゅうことを言って、米を振って、そして聞かせたあ」（山田 一九八五 二五〇〜二五一）。この男性の話では、「吉田」（富士吉田）は「西方」と並ぶ場所にあることが分かる。

しかし、同じ新屋の大正一四年（一九二五）生まれの男性は、この話は南都留郡道志村から秋山村の話だと聞いていた。「道志というところじゃあ、米というものを見たくても見ることがでなかったちゅうわけ。チョンマゲの時代から、明治初期、大正の半ば頃までは、粟とか稗しか、道志なんてとこじゃあ、食べていけねえとこでね、一遍死ぬまでに米というものを食べて死にてえというのが、道志から秋山、あの辺の部落の年寄りの願《ねげ》えだったそうだ」（山田 一九八五 二五二）。

富士吉田市で「振り米」の話は一二人から聞くことができたが、多くは、自分たちの住むところを含む郡内（山梨県東部地域）地方の話だと答えていた。この話は食べものの苦労の話としてではなく、地域の序列化のための話として受け止められてきた側面がある。上吉田の明治三九年（一九〇六）生まれの男性は「国中《くになか》（甲府盆地を中心とした地域）の人が郡内を馬鹿にして言うこと」と語っていた（山田 一九八九 四四七）。また、下吉田の大正一〇年（一九二一）生まれの女性は国中から嫁いできた人からこの話を聞いている（山田 一九九六 七三六）。しかし、まさにその同じ論法で、米食の難しかった地域を、自身の住むところよりも貧しい地域として語るものともなっていた。前述のようにこの話を道志村の話と答える人や、鳴沢村、木立村の話と答える人もあったのはそのためである。

「振り米」のようなある種定型化した話ではなく、素朴な経験譚の中でも、「西方」の地名は、食の思い出とともに話題に上った。明治三八年（一九〇五）生まれの上吉田の女性は、西方から来たザル売りの弁当を見たら、モロコシ団子だった、という経験を語っている。また、昭和五年（一九三〇）生まれの女性は、「西方（ここでは鳴沢村）の人が、お米が取れないから、ノリマキを作ったことがないから、『野菜棒飯』と言ったとか。ノリマキのことをそう言ったとか」と語っていた〔山田　一九八九　四四三、四四七〕。

これらの話は、西方をおとしめる話というよりは、「食べものの苦労」という話題を、自身の話ではなく、他者の話として提示する話法ではないかと考える。差別や排除、貧困の話が難しいのは、それを語ることが語り手の社会的評価に関わるからである。それを語ることで語り手は聞き手からの評価や序列化を受け入れなければならないと語り手が思い込んでいることがある。そのため、聞き書きの場で、自身にとってまだ「痛い」話は、他者の物語として語られる場合がある。ここでは、米食が暗黙のうちに価値あるものとされ、それ以外の主食が貧しいものとされている。しかしそれは、今まで見てきたように当該地においてもかつては似た状況であった。答えにくい質問に自身のリアリティのある経験を語るかわりに、タトエバナシのようによく知られた話をもってきて答えに変えるのは、日常の談話の方法でもある。「食べものの苦労」の話は、自身ではなく、他者の話として語られる傾向にあり、他者の話として語ることで、序列化の視線から免れることができるのである。

さらに引き合いに出されるこれらの地域が当該地において、かつては富士吉田の通婚圏にあったことは重要であった。これらの地域から嫁いでくる女性たちは、貧しい地域から嫁いで来た、という点でも序列化され、家庭内では嫁という立場で序列化されていたのである。もちろん、だからといって当該地がいつも、女性を食において排除、差別していたというわけではないであろう。ただ、女性を取り巻く構造の中に地域間の序列もまた埋め込まれていたことをここで確認しておきたい。

おわりに

おぼつかない手つきで、「見えにくい」食の差別について考えてきた。日常の中に埋め込まれ、幾度となく繰り返されることから、食の差別は、家庭内において女性の従属的な位置を強化してきた。女性たちは、そのことを、男性の経済的優位を主な理由として「当たり前のこと」として受け止めてきた歴史があった。また、女性の中でも女児や嫁は相対的に弱い立場にあり、食の規制を受けやすい傾向にあった。米食を価値とするまなざしから、地域を序列化するまなざしが生まれ、その地域間の序列が通婚圏と重なることで、家庭の中に持ち込まれてゆくことが見て取れた。すなわち、自分たちが住んでいるところよりも貧しい地域から嫁を迎えることで、地域間の序列が家庭内に埋め込まれたのである。

飽食の時代を過ぎ、現在は食糧資源を有効に活用することが求められる時代になった。しかし、時代は変わっても、同一の料金を払った上でなお、男女で提供する食事に差を付けられる差別はまだ続いている。個別の店の対応の悪さや、客の運の悪さ、というだけでは済まないものが、私たちの自明視している文化の底流に流れているといえる。

○注

＊1　インターネット上で不特定多数、または特定の人に向けてごく短いメッセージを発信したり、他の人のメッセージを読んだりすることのできる簡易ブログ。米国オブビアス社が二〇〇六年にサービスを開始し、ツイッター社を経て、米富豪イーロン・マスクに買収された後、二〇二三年七月からはXと改称された。

＊2　https://x.com/isazpjk1hmd1qta/status/1748687026306904239?s=46（二〇二四年九月一日検索）

＊3　https://x.com/sushi_3maida/status/1749377198799385068（二〇二四年九月一日検索）

＊4　トゥギャッター株式会社が提供するサービスで、Xの発言を任意の順序に並び替えたり、取捨選択したりして一覧表

にできるサービス。代表取締役・吉田俊明がTogetterを開発、平成二一年（二〇〇九）九月にトゥギャッター株式会社を設立した。https://www.togetter.co.jp/（二〇二四年九月一日検索）

＊5 https://togetter.com/li/2300857?page=2（二〇二四年九月一日検索）

＊6 柳田國男の『明治大正史世相篇』を解説した岩本通弥は、柳田は「眼前の現象に至っている過去の拘束性、今に繋がる筋道を問うこと」を問題にしたと述べている〔岩本　二〇〇二　七九〕。

＊7 昭和五七年（一九八二）より始まり平成八年（一九九六）に完成した市史編纂事業。富士吉田市史編さん委員会編『富士吉田市史　民俗編』第一巻、第二巻〔富士吉田市　一九九六〕にまとめられている。

＊8 〔奥脇　一九八五　八二〕、〔増田　二〇一〇　一〇二〕。筆者はこの話を生活譚という文脈で紹介した〔山田　一九九八　四四〕。本稿は、〔山田　一九九八　四四〕と重なる部分が多いことをお断りしておく。

○参考文献

岩本通弥　二〇〇二「世相」小松和彦・関一敏編『新しい民俗学へ』せりか書房

奥脇和夫　一九八五「衣食」富士吉田市史編さん室編『富士吉田市史民俗調査報告書　第四集　新屋の民俗』

奥脇和夫　一九九六「富士吉田市の粉食慣行について」富士吉田市教育委員会編『富士吉田市史研究』第一一号

瀬川清子　一九三五「飛騨白川村見聞記」『旅と伝説』通巻九四号　三元社

瀬川清子　一九八六『日本人の衣食住』河出書房新社

鷹觜テル　一九五八『近代食生活への道』熊谷印刷出版部

鷹觜テル　一九六一「食慣行の生態調査（第三報）男飯・女飯慣行の栄養学的研究」『家政学雑誌』一二巻一号

鷹觜テル教授退官記念会編　一九八六『足で求めた人間栄養学三五年』岩手大学教育学部家政科研究室

富士吉田市史編さん委員会編 一九九六『富士吉田市史 民俗編』第一巻、第二巻 富士吉田市
増田昭子 一九八五「生業」富士吉田市史編さん室編『富士吉田市史民俗調査報告書 第四集 新屋の民俗』
増田昭子 一九九〇「水かけ麦の民俗」『粟と稗の食文化』三弥井書店
増田昭子 一九九四「雑穀小誌（五）――下北半島・牛滝と福浦」古々路の会編『昔風と当世風』六三号
増田昭子 二〇一〇「オトコメシ・オンナメシの発生」赤坂俊一・柳谷慶子編『ジェンダー史叢書八 生活と福祉』明石書店
見崎恵子 二〇〇〇「食べもの・女性・身体――拒食・過食からみえてくる女と食のぬきさしならない関係」竹井恵美子編『食とジェンダー』ドメス出版
山田厳子 一九八五「口承文芸」富士吉田市史編さん室編『富士吉田市史民俗調査報告書 第四集 新屋の民俗』
山田厳子 一九八九「口承文芸」富士吉田市史編さん室編『富士吉田市史民俗調査報告書 第九集 上吉田の民俗』
山田厳子 一九九六「口承文芸」『富士吉田市史 民俗編』第二巻、富士吉田市
山田厳子 一九九八「『生活譚』という『問い』に向けて」都留文科大学国語国文学会編『国文学論考』三四号

第八章

シルバーシート考

モノと分断

及川　祥平

はじめに

分断や対立はしばしば「なにか」を通して現出する。しかし、あらかじめ存在する分断や対立が「なにか」を通して可視化されたのか、または新たなかたちの分断がその「なにか」を通して生み出されているのかは、一様ではないだろう。ここでいう「なにか」には制度や慣習を想定することも可能だが、それらをまとったモノを想定することもできる。*1

本章では、シルバーシート／優先席というモノを対象に、それがエイジズムに起因する分断状況と関わり合うあり様を素描する。これによって、今日の差別と排除が重層的で動的で、時として反転的でもあることが、モノをめぐってどのように立ち現れてくるのかを検討してみたい。したがって、本章はシルバーシート／優先席の要不要については論じない。検討されるべきことは、それらがどのようなモノであり、私たちがそれらのモノにどのように引き裂かれているのか、という問題である。

一、エイジズムの民俗学

（1）民俗学はエイジズムをどう問うか

エイジズムは平易に訳せば「年齢差別」ということになろうが、年齢と関わる偏見の一切を包摂することもできる。したがって、それはエイジングをめぐる諸観念とも連動する。アードマン・パルモアはこれを「ある年齢グループに対する、あるいは逆にある年齢グループを優遇する偏見もしくは差別」とし〔パルモア　二〇〇二　四〇〕、社会の「年齢階層化」／序列化として（またはそれを通して）現出し、偏見をおびた「年齢規範」を生み出すことがあり、それが尖鋭化することで「年齢間対立」が発生すると整理している〔パルモア　二〇〇二　三九～四〇〕。したがって、エイジズムは常になにかを貶めようとする悪意とともに発露するわけではないし、個人の意識と関わる一方、個人を超えた次元で発生する。パルモアは否定的エイジズムと肯定的エイジズム、個人的エイジズムと制度的エイジズムなどのあり方を想定している。

一般に、エイジズムは高齢者差別を意味するかのように位置づけられているが、それでは概念の射程をいささか矮小化してしまう。高齢者という階層を想定するとき、同時に他の世代も階層化され、規範に拘束される。だからこそ、対立が発生する。言い換えれば、高齢者が弱者化され、差別・排除されることは、それ自体が単独で発生するのではなく、構造的に発生する。また、その構造のなかで、差別される属性に高齢者を設定することは、対極に差別・排除の主体としての非高齢者を措定することになる。そのような措定が他者化に陥るならば、それは同時に「若者」への抑圧や攻撃を正当化する、別様のエイジズムを生み出すことにもなる。すなわち、高齢者が特定の年齢にあるということ以上の意味を帯びつつ「高齢者」化される動態と連動して、若者の「若者」化の動態をトレースする必要が生じる。エイジズムを高齢者差別ではなく年齢差別として理解して良いなら、このような構造のなかで下位世代が加害主体として措定されるあり方もここでの関心の範疇である。なお、下位世代が加害主体として措定され、上位世代への各種の譲歩や配慮、献身を求められるとき、下位世代の弱者性は不可視化されてしまう。それらが可視的になるとき、今度は上位世代の加害性が人びとの関心の対象になっていく。もちろん、現実はこのように図式的ではないが、それぞれが優遇を求め、そのために非難しあうあり方は、むしろ非難の言葉を発話する者のそれぞれにおいて図式化される。年齢に基づく偏見によって議論が交わされていくのである。若者をカテゴリー化してその問題性を主張する声への反論は、しばしば、高齢者や中年をカテゴリー化しつつ行われる。反論や擁護ではなく、カテゴリー間の闘争に還元しない議論こそ、エイジズムを乗り越えていくためのひとつの処方箋となることは言うまでもない。

本章で試みるのは、このように人びとが相互に他者化され得るある焦点において、年齢階層間の衝突がどのようにあるのかを記述することである。特に、誰かには許され、他の誰かには許されないという排他性を現出させる「モノ」へのアクセスをめぐる議論に注目してみる。シルバーシートがそれに適した素材であることは、日常の諸経験に照らすかぎり、了解されるところであろう。

ところで、民俗学ではエイジズムを正面から対象化した議論はまだみられないが、集団における年齢秩序のあり方に長らく関心を寄せてきたといえるし、年齢をめぐる問題状況の克服に寄与しようとする一連の研究が存在する。二〇〇〇年代初頭の民俗学の老人論は、ネガティブな高齢者像に、対抗的なビジョンを提示しようとしたと読める〔宮田・森・網野編 二〇〇〇〕。また、六車由美は「高齢者」としてのみ分節されてしまう人たちの人間としての奥行をつかみ取る手段として、介護現場での民俗学の可能性を指摘している〔六車 二〇一二〕。ただし、拙稿で簡易に指摘したように、民俗学的な老人「像」を構築しようとすることは、否定的エイジズムに肯定的エイジズムをぶつけるものでこそあれ、エイジズムそれ自体を突き崩すことにはならない〔及川 二〇一三〕。ある分断それ自体を記述対象として、それがなぜ、どのように生成し、移ろいゆくのかを捉えることが、この方面の問題を考えるうえで急務であると認識する。本章はそのための試論である。

(2) 分断の実態

先述のように、パルモアはエイジズムには個人的エイジズムと制度的エイジズムが存在すると述べる〔パルモア 二〇〇二 八〇〕。個人的エイジズムとは個人が年齢についてもつ偏見、制度的エイジズムは不平等に設定された制度を指す。個人的エイジズムと制度的エイジズムは相関的である。制度が規範を生み、規範は逸脱者への個人的憎悪を生みだす。あるふるまいが迷惑行為や加害行為として認定されると、それは制度的に下支えされた確かさのもとで、被害者と加害者を創出することにもなる。また一方で、特定の世代の人びとが制度的に保護・優遇されると、その恩恵にあずかれる者とあずかれない者とで「分断」が生じ、不公平感が生まれ、受益者への不満が膨れあがっていく。

では、制度を改善していけば、個人的エイジズムも解消されていくのかといえば、そうとも考えられない。個人的エイジズムの根治は困難なものと考えられる。あらゆる人びとは特定の年齢状況にあり、そのつどの社会のあり方から来る共通体験に起因して世代的な傾向を帯びる。民俗学的な文化認識の前提として、時代を超えて不変の文化というものはあり得ない。生活は変化していく。つまり、異なる状況、異なる規範を生きた人びとが、社会を構成している。だからこそ、同時代の状況や他の年齢層に対して、差異を見出し、各種の思いを抱く。戦後に限っても、若者は一貫して他者化されてきたし、そのように若者を他者化する「いまの若い人は……」という言説は一貫して無意味化されようと試みられてきた。それは近代においても、それ以前の社会においても、見出し得る傾向であるだろう。柳田國男は「昔風と当世風」の冒頭で、今日も人口に膾炙する俗説を紹介している〔柳田　一九九八　四四五〕。

人間に嫁だの姑だのといふものゝ無かつた時代から、又は御隠居若旦那などゝいふ国語の発生しなかつた頃から、既に二つの生活趣味は両両相対立し、互ひに相手を許さなかつたのである。先年日本に来られた英国のセイス老教授から自分は聴いた。曾て埃及の古跡発掘に於て、中期王朝の一書役の手録が出て来た。今からざつと四千年前とかのものである。其一節を訳して見ると、斯んな意味のことが書いてあつた。曰く此頃の若い者は才智にまかせて、軽佻の風を悦び、古人の質実剛健なる流儀を、ないがしろにするのは歎はしいことだ云々と、是と全然同じ事を四千年後の先輩もまだ言つて居るのである。

「中期王朝の一書役の手録」の訳が妥当なものであるかは慎重に考えるべきと思うが、確かなことは、「昔風と当世風」の講演が行われた昭和三年（一九二八）の時点で、現代にもみられるような「いまの若い人は……」という批判が一般に語られ、かつ、柳田はそれを相対化しようとしている点である。上位世代は自身とは相違する若者の気風・性情を常に語ってきたし、それへの異議申し立ては常に行われてきたといえるだろう。

このようなエイジズムの根治困難性を前提として考えるならば、世間に常に遍満する違和感が、世代差に還元されつつ、各種の出来事や事物をめぐって表出しては後景化していく過程こそが、エイジズムの世相史ということになるだろう。これを念頭に、シルバーシートというモノについて考えてみたい。

二、シルバーシートの誕生

（1）戦後の高齢者問題

本節ではシルバーシートの登場と普及過程を歴史的に概観してみる。最初のシルバーシートは、昭和四八年（一九七三）九月一五日、すなわち敬老の日に、国鉄中央線に設置された。迂遠なようだが、まず、この敬老の日についての検討から作業をはじめたい。シルバーシートがどのような文化的状況のなかに出現したのかを確認するためである。

子どもの日、成人の日といった戦後の新たな祝日は昭和二三年（一九四八）「国民の祝日に関する法律」において設置されたが、このとき、敬老の日はまだ創設されなかった。もっとも、昭和二二年（一九四七）に門脇政男の発案で兵庫県野間谷村（現・多可町）が「養老の滝」伝説を参考に九月一五日を「としよりの日」と定め、敬老会を開催している〔多可町役場　二〇一六　三〕。これが拡大し、昭和二五年（一九五〇）には兵庫県が、昭和二六年

（一九五一）には中央社会福祉協議会が九月一五日をとしよりの日と定め、一週間の運動習慣を設けた。昭和三八年（一九六三）には老人福祉法において同日が「老人の日」とされる。これが現在の「敬老の日」に変わるのは、昭和四一年（一九六六）の「国民の祝日に関する法律」の改正に際してであった。老人の日は「国民の間にひろく老人の福祉についての関心と理解を深める等のため」に設置され、「国および地方公共団体はこの日の趣旨にふさわしい事業を実施すること」が求められた。

　こうした祝日の新設は、高齢化が社会課題として意識され、高齢者が弱者として位置づけられていく流れと関わっている。人口にしめる高齢者の割合が増加していることは、日本が高齢化社会に突入する昭和四五年（一九七〇）よりも前から意識されていた。高齢者をどのように社会的に保護するかが、長らくの課題としてあり続けた。高度経済成長期の向都離村、核家族の増加などは、従来、家庭で担われていた扶養のあり方を大きく変えていった。必然的に、孤老、「寝たきり老人」などといった言葉が耳目を集めるようになり、年金制度の整備、老人ホームの建設などの社会保障的な諸課題が検討された。社会福祉協議会の「としよりの日」がはじまった昭和二六年（一九五一）九月一五日、『読売新聞』の「よみうり寸評」は次のように記す。

> 今日から一週間老人の日で老人を慰め、老人を敬うという。甚だ結構である。いろいろ難クセをつけようとする人もあるようだが、形式的にしかもその日だけやってアトは知らん顔をしても、やらぬよりは良い◆老後を心配なからしめるための社会的な考慮の方は、勿論必要で制度としての敬老の心を具体化しなければならぬが、これを論ずると長くなるから社会保障制度の提案をないがしろにする料簡はよくないと言うに止める◆各人の任意な敬老はいゝ機会だからこの老人の日を期してヨリ深く反省し、満足を与える方法を発見し工夫するようにしたい◆世と闘って来て年老い、疲れ、元気を失ったものであるから邪魔者扱いは甚だ心得違いである。元気な者はこれをいたわるのが自然であり、かつ当然の義務だ◆老人の方も年が寄れば寄るほ

ど生き難いと言われる通りだから、神馬のようにおとなしくしているか、草取り孫の守りで役に立つ外あるまい。

高齢者は「世と闘って来て年老い、疲れ、元気を失ったもの」で、それが「邪魔者扱い」されることが問題視されており、社会的・身体的な弱者として分節されている。そのため、高齢者をいたわることは「自然」であり「義務」であるという。また、高齢者には「おとなしく」するか、何かで「役に立つ」べきであるという見方も、同様のエイジズムに基づく発言であろう。

一方、こうした問題の背景に「思いやり」の消失が指摘されていったことも確認しておいてよい。弱者としての高齢者をいたわる心の欠如が問題視されていくわけである。昭和四〇年（一九六五）に製作された桜映画社『家庭の年輪』は団地に暮らす高齢者を描いた作品であり、文部省特別選定、厚生省推薦を受け、また、教育映画祭最高賞・文部大臣賞、東京都教育映画コンクール金賞、キネマ旬報ベスト・テン第二位を獲得するが、『PR映画年鑑一九六六年版』における解説文は、同作品が「老人への思いやりの欠ける今日の社会を写し出し、自からの問題として、誰にでも訪れる老後の生活への理解と関心を深めようとするもの」であるという〔日本証券投資協会　一九六六　二六二〕。高齢者への思いやりの欠如はいつの時代にもあった課題ではなく、同時代の問題であると語られている。

こうした見方には、さきほど確認した戦後の生活変化が様々に関連づけられる。例えば、「核家族の中で成長した青少年は、高齢者とともに生活した経験に乏しい」などとして〔愛知県社会福祉審議会　一九八三　一八〇〕、「高齢者に対する理解と敬愛の心」を、祖父母を含んだ家族団らんを通してはぐくむべきことが主張される。たしかに核家族的な住まい方は、それまでの異世代間の共同性を変質させたとはいえるであろうが、それがいわゆる「思いやり」の欠如を導いたとは即断できない。「思いやり」という概念の意味内容にも注意が必要だろう。むしろ、そこで「思いやり」という言葉を用いて語られる理想や、その欠如を説きたてつつ非難される事態にこそ、注目すべきといえる。直系家族規範のもとで高齢者が後継世代と同居することを理想化しがちで高齢者の独居することにネガティブなイメージを抱きやすい日本に対し、欧米では高齢者も独立して世帯を構えることを理想とする（佐野（藤田）二〇一二）。無論、欧米では高齢者が軽視されているわけでもなく、身体が屈強なわけでもないだろう。従前のような関係の成立しなくなったことへの不安が、ここでは申し立てられているといえる。

さて、このように「いたわるべき」高齢者の姿が可視的になる空間のひとつが、公共交通機関であったといえる。『読売新聞』昭和二六年（一九五一）九月二〇日の読者の欄「気流」に掲載された童話作家・城宝栄の文章は示唆的である（引用に際し、改行を省略した）。

▽「老人の日」の行事が始まつた三日目の正午ごろ、国電四谷駅での出来事。ちょうど学校の退け時とみえて国電内は学生で満員であつたが、ここでもまた学習院中等部の生徒たちが、どかどかと乗りこんだ。▽この時、私と共にドアの近くにいた一人の老婆が『ここはどこですか？』ときいたので『四谷駅です』と答えると、老婆はびつくりして急にもがきはじめた。しかし、なか〱出られそうもない。老婆は必死になつて『降ろして下さい！』と大声で叫ぶといましも苦心？して乗りこんだばかりの生徒が四、五人黙つて車内からとび降りた。▽そのため、老婆は漸く降りることが出来た。瞬間、ガラツとドアが閉つた。降りた生徒たちは、もちろん乗ることはできずそのまゝだつた。発射真《ママ》際にのり遅れた同僚に向つて、車内の生徒の一人が『気の毒だなア！』というと『何、いいんだよ。ボクラは別にいそがないんだから……』とあつさり答える声がして、みんなニコ〱笑つて手をふつていた。▽私は、この生徒たちの行為を見て終戦後のあの乗物に対する文字通り殺人的な光景――すなわち強い者勝ちであつたことを思わず胸に浮かべた。そして、たとえ急がないとはいえ、いまの生徒たちのニコ〱顔から大人としての私は何か強く教えられたことを告白する。

電車内で困難に直面する高齢女性に対し、朗らかに対処する子どもたちの姿が描写されている。終戦後の車内状況が劣悪なものであったという回顧も興味深い。ここでの「若者」たちのふるまいに、大人である書き手は「教えられ」ている。良き方向に変化していく電車内の秩序が暗示されているかのようでもある。やがて頻繁に発せられるようになる若者の公徳心の衰退を説きたてる論調は、この投書の書き手には共有されていない。

その一方、「通勤地獄」などと称されつつ、ラッシュアワーの電車の殺人的混雑はむしろ加速していくことになる。混雑する電車のなかでは、周囲の手助けを要する人びとが発生する。だからこそ、シルバーシート導入以前から、高齢者優先席を待望する声は存在した。『読売新聞』昭和三〇年（一九五五）九月一八日の「気流」には「老人優先席」なる投書が載る（引用に際し、改行を省略した）。

▽最近電車などで腰のまがった老婆がやっとつり皮にぶらさがっている風景はよく見受けられるがそれに席を譲ろうとする若者は少ないようだ。私はこうした姿を見るたびに、汽車や電車には老人専用車か、それでなくても各車両に「老人優先席」を五%から一〇%くらい作ったらどうかと思う。▽別に新しい設備も何もいらない。「老人優先席」と表示するだけでよい。空いているときはだれが掛けてもよいが、老人が入って来たら必ず立って老人に譲らねばならぬということにしておく。▽老人をいたわる風習のすくなくなった現在の日本では、こうするよりほかに老人が気持ちよく旅行したり、乗物に乗ることはできないだろう。（略）敬老の意味からも「老人優先席」を指定するくらい、別に経費がかかるわけではないし、世界に先がけてこの制度を設けてもらいたい。

若者は席を譲らないし、「老人をいたわる風習」は少なくなったとされる。ここで述べられた構想は、その後、おおよそ実現することになる。もう一例、都電に老人優待席を求める昭和三三年（一九五八）七月一九日の『読売新聞』の「街の声」欄をみてみよう。東京都板橋区在住の男性の投書である。

戦後の国民道徳は日増しに衰えるばかりです。私は四年前に都交通局に老人優待席についてお願いしましたが、いまだに実行できません。私の申出が無理なのでしょうか、それとも国民道徳が衰微したためなのでしょうか。私はことし八十歳の老人でときどき都電に乗車しますが、戦前には老人に席を譲る風景もしばしばみられましたが、昨今ではほとんどありません。都電の一部に老人優待席を設け老人が乗車したらすぐ座席を譲る美風を養ってもらいたいと思いますがいかがでしょうか。もちろん車掌さんのご協力をお願いします。これが実行できたら老先き短い老人たちは涙を流してよろこぶことと思います。

ここでも「道徳」の「衰え」への言及があり、高齢者に席を譲る風景は時代の変化により失われたという見方が示される。同時代の若者の心性を批判する論調は、シルバーシート導入後も語られ続ける。この点はのちほど改めて検討しよう。

さて、この投書に対する記者のコメントは次のようなものであった。

電車にのってみて、老人がよろよろしながら立っている風景は感心しない。老人、こどもに席を譲るのはたしかによいことだ。だが若い人にも言い分はある。ちょっとしたスキ間をみつけて割込んでくるものや、席をゆずってもよさそうだとあまりにキョロキョロされると譲る気持もなくなってしまう。せっかく譲ると〝ここがあいたよ〟とお礼の言葉一つかけず座る老人をみれば腹立たしくもなる。席を譲ることはよいことだと判っていても、実行できないことは、こんなちょっとした感情のもつれからくることが案外に多い。

高齢者にも改善すべき点があると述べている。高齢者にも礼節の欠如があるという見方もまた、シルバーシート導入後にも一貫して語られ続ける。シルバーシート以前から、電車内の人びとは若者と高齢者という立場に分かたれつつ、相互への憤懣が発せられていた。シルバーシートはこのような車内空間に出現するわけである。

(2) シルバーシートの誕生

シルバーシートとは高齢者・身体障碍者が優先的に腰かけることのできる座席の呼称であり、国鉄〔現・JR〕のみならず私鉄にも広がったが、現在はこの語は使用されていない。また、導入当初から包括的名称として優先席という言葉も存在している。なお、高齢者に関わるものにシルバーを冠するのは和製英語的な発想であり、海外では通じない。一般に流通する解説では、銀婚式からの連想と高齢者の白髪のイメージが投影されているとも語られるが、むしろ、導入時に使用しやすかったシートの生地が、新幹線で使用されていたシルバーカラーのものであったためであるらしい〔須田　一九八九　六三〕。しかし、白髪の連想などは、シルバー〇〇という言い回しが巷間に普及し得た背景として想定することができるかもしれない。

先述のように、国鉄のシルバーシートは昭和四八年〔一九七三〕の敬老の日に中央線に導入された。ただし、全車両に導入されたわけではなく、一号車、四号車、一〇号車に設置されたのみであった。同時に、終戦後導入された婦人子供専用車が廃止される。婦人子供専用車は利用者の間からも不要論が出ており[*2]、「もっとも保護されるべき旅客は老人と身体の不自由な人」との判断であったという〔菅　一九七三　二九〕。私鉄では同年に伊豆箱根鉄道が駿豆線と大雄山線にシルバーシートを導入していた。三両編成の車両のうち、先頭と後尾の二両にそれぞれ四人掛けの座席がふたつずつ、計一六名が着席できるものだったという〔「お年寄り・身障者へ「優先席」私鉄で初の採用」『毎日新聞』昭和四八年〔一九七三〕八月二五日号〕。

このようなシルバーシートの導入は、国鉄の内部的事情と、同時代の動向をふまえて行われたものであった。昭和五一年（一九七六）の『読売新聞』四月二一日号で記者鈴木昭三は「シルバーシートは誰のために」という読者投稿をふまえて、次のように導入の経緯を整理している。

シルバーシートがお目見えしたのは、二年半前の四十八年九月十五日の敬老の日。まず国電中央線に設けられた。中央線に登場した理由は、とくに同線のラッシュ時の混雑がひどいということのほか、戦後二十六年間、同線に婦人子供専用車が走っていたことによる。実は当時、同専用車廃止論が持ち上がり、国鉄ではその取り扱いに頭を痛めていた。そんなとき、〝福祉元年〟の言葉に象徴されたように福祉の見直し論議が盛んになり、これに目をつけた国鉄が婦人子供専用車の発展的解消にもなると、お年寄り、身体の不自由な人優先のシルバーシートを設けた、という次第。

すでにおさえたように、社会福祉・社会保障は戦後日本の課題であった。昭和四八年（一九七三）二月に田中角栄内閣が示した「経済社会基本計画――活力ある福祉社会のために」では、副題にあるように福祉社会の実現が政策目標として掲げられ、老人医療費の自己負担分の無料化、年金引上げといった施策が行われた。このため、同年は「福祉元年」と位置づけられる。シルバーシートの構想は「婦人子供専用車」の見直しを構想するなかで、高齢者福祉をめぐる社会的関心に応えるかたちで出現したものであったといえよう。

このような背景で登場したシルバーシートは、以降、各線に拡大していった。国鉄では昭和四九年（一九七四）に山手線、昭和五〇年（一九七五）に京浜東北線に導入され、同年一〇月二四日には運輸省民営鉄道部が大都市部の私鉄を含む鉄道会社二三社、公営地下鉄をもつ五大都市に優先席の設置を指示し、以降、各社が対応を開始する。陸運局もバス会社に設置を指示した。昭和五二年（一九七七）には南武線、横浜線、青梅線、五日市線、武蔵野線へと拡大していく。

さて、順調に拡大していったかのようなシルバーシートではあるが、導入がはじまった昭和四八年（一九七三）時点で、早くも「若者の占拠」が問題化し、有効に機能していないことが問題視された。札幌市営地下鉄は現在も「専用席」という呼称を使用しているが、優先席を設けた昭和四九年（一九七四）度、若者の着席が目立ったことから翌年度より改称したものが現在まで続いている。昭和五一年（一九七六）には運輸省が鉄道各社に工夫を指示する。前項で見たように、そもそもそれ以前から、高齢者に座席が譲られないことが問題視されていた。シルバーシートはその速やかな解決には至らなかった。むしろ、シルバーシートであるにもかかわらず「譲られない」ということが、状況の問題性をより鮮明にした。

シルバーシートは、やがて「優先」の対象を拡大する。JR東日本がシルバーシートを「優先席」に改称するのは平成九年（一九九七）である。これに先立ち、京王電鉄が平成五年（一九九三）に名称変更を実施し、これに各社が続くかたちとなった。シルバーが白髪を連想させ、優先される資格として「高齢者のみ」を想定してしまうことが問題視されたためである。JR東日本ではこの改称にあわせ、優先席の対象者に妊産婦・乳幼児同伴者を加えた。無論、以前から妊婦には席を譲るべきという規範は存在したが、妊娠初期の場合など早期流産の危険性が高いにもかかわらず、腹部が目立たないことから座席が譲られないことがあった。昭和五九年（一九八四）九月一三日『読売新聞』の「Ｄｏ！コンポ」には、次の投書がみえる。バス車内の状況である。

> 日中のすいている時間で、バスの中は立っている人はだれもいなかった。そこで近くにあったシルバーシートに座っていると、小学生のガキがドカドカと乗ってきて私の近くを通り過ぎた。「あの人若いのにシルバーシートなんか座っちゃいけないんだよ」と言いながら……。
> だがガキどもは、他の席に座ってお年寄りが乗って来てもまったく動こうとしない。彼らはシルバーシート

以外なら席を譲らなくてもいいと思っているのだろうか？

仕方なく私が立った。まったく親の顔も見たくない！　ちなみに私は妊娠中で、バスの中で立っているには

シンドかった。

ペンギンおばさん　二四・主婦・千葉

このような状況下で妊婦専用席を求める声もあらわれる。平成四年（一九九二）七月一九日『朝日新聞』の「声」欄の投書を引いておこう。

第二子出産を控え不安なのがラッシュ時の通勤です。電車のシルバーシートは、新聞を広げるサラリーマンや居眠りをする人で占められ、座れることはありません。第一子の時は、途中下車したり通路に座ったりして通勤しました。産前休暇は六週間の規定なので、妊娠九カ月半ばまで通勤しなければなりません。男女雇用機会均等法、育児休業法の実施により、女性が職業を選択し、続けていける環境が整い始めました。おなかの大きな女性の通勤も、今後ますます増加するでしょう。妊婦だからとの甘えが禁物なのはもちろんですが、妊娠時の通勤地獄が、通常の何倍もの肉体的つらさと危険を伴うものであるのも事実です。働く妊婦が、仕事と健康な赤ちゃんを胎内ではぐくむことに全力投球できるよう、「妊婦優先席」の早急な設置をお願いしたいと思います。

妊婦であることを示すマタニティマークは、平成一一年（一九九九）にフリー・ライターの村松純子によって発表された「Baby in me」にはじまり、平成一八年（二〇〇六）には厚生労働省もマタニティマークを発表する。こちらはデザインを公募し、恩賜財団母子愛育会埼玉県支部の作品が選ばれた。厚生労働省のマタニティマークは鉄道各社によって無料配布されている。

また、東京都福祉保健局は平成二四年（二〇一二）に外部からは見えづらい困難を抱えている人が着用することのできるヘルプマークを考案し、都営大江戸線での配布と優先席への掲示を皮切りに導入され、ＪＲや私鉄、各地自治体に拡大していく。

以上、簡単ながら、高齢者や障碍者が優先的に着席できるよう求める座席が設けられ、妊婦や内部障害を有する人にも対象を拡張してきた経緯を確認したが、導入当初から日常のなかで様々なトラブルを引き起こし、今日に至る。近年も国土交通省が「心のバリアフリー」と称して、「高齢者障害者等用施設等の適正な利用の推進」に取り組んでいることは周知のとおりである。

次節では、シルバーシートのモノとしての性質をより踏み込んで検討する。

三、シルバーシートというモノ

（1）制度化される「優先」

すでにみてきたように、シルバーシートはそれ以前からの問題状況をスムーズに解決するには至らず、導入当初から望ましく機能しなかった。シルバーシートはむしろそのような従前からの問題状況を可視的にする焦点となり、状況を再生産し続けたといっても過言ではない。このことをシルバーシートというモノの性格から検討してみよう。

昭和四八年（一九七三）一一月一日の『朝日新聞』「ひととき」欄は次の投書を掲載している。

九月の敬老の日から、中央線快速電車に老人や体の不自由な人のためにモデルケースとしてシルバーシートの席が設けられ、老人性白内障で視力の乏しい私は大変有り難いことと喜んだ。九月末から今月まで週一回、目の治療に中野、四ツ谷間を十時半ごろと十四時前後に往復しておりますが、シートを利用出来たのは一回だけです。

この車両には一目でわかるようにマークがあり、内側の窓ワクの上にも「お年寄りやからだの不自由な方の優先席です」とあり、座席の色も普通のとは違っているのにいつも若い人に占拠され、六人の席のうち一人か二人の老人を見うけるだけです。

足をくんでそり返っている人、ねむったふりをしている人を見て、席を譲ろうともしないその図太さに憤りと不愉快を感じるのは私一人ではないと思います。

人間はともすれば利己主義に走りやすいということですが、お互いに小さなことでも思いやりと、いたわりの精神があってこそ明るい社会がなりたつのではないでしょうか。

（東京都中野区）


このような投書が早い時期から寄せられていく。導入当初は、新たな仕組みがもたらす混乱として理解することもできた。そもそも十分に認知されていないとの声、見分けづらいとの声も多く、積極的なアナウンスや掲示の充実を求める声が相次ぐ。また、非高齢者からは、知らずに腰かけてしまった、という体験も投稿される。

しかし、十分に周知されたとしても、こうした状況は継続した。つまり、「新たな文化」の浸透の問題ではなかった。既存の問題状況が強固なものであったと解釈することもできるだろうが、これを改善するために導入された制度のほうにも問題があったといえる。のちほど検討するように、どうやらそれは「優先」という考え方に起因していた。優先されるべき程度が個々人の判断（良識や道徳）に委ねられた結果、非高齢者や健常者の着席を排除することはできなかった。もとより、そのような強制性を付与されてはいなかった。シルバーシートは誰でも着席することができるが、必要に応じて「譲る」べき座席となった。そのことは、導入当時も人びとに十分に理解されていた。『読売新聞』昭和四八年（一九七三）九月一八日号の三〇歳公務員の投書では次のような意見が示される。

「おい、そこをちょっとどけ」――先日通勤電車内でのことである。受験勉強か、熱心に参考書に目を通していた学生は驚いて顔をあげる。彼の前に六十歳過ぎぐらいの老人が立って、彼を見おろしていた。彼は一瞬、あ然とした様子だったが、シルバーシートに腰かけていることに気づくと、すぐに席を立って後部車両の方に姿を消した。老人は席に座ってからも、まだ不満らしく何か言っている。「今の若い者は、まったくわかってない……」というような言葉だと記憶している。

さて、このシルバーシートの問題を、どうとらえたらよいのだろう。つきつめればモラルの問題であろうが、聞くところによると他の社線でも同じような情景を見たという人もいる。こうなると老人はシルバーシートに、特権意識を持ち過ぎるのではなかろうか。それとも若者のモラルの低下を戒める行為なのだろうか。こんなところにも戦前派と戦後派のギャップが見られるような気がしないでもない。

シルバーシートは確かにお年寄りや身体の不自由な人の優先席である。それにしても、最近ずうずうしい老人が目にあまると思う。若者も、サラリーマンも、一日の日課を終わって疲れている。

この投書をめぐっては、同月二二日の「気流」欄で、新潟県中魚沼郡と東京都大田区の七〇代の読者からの応答が掲載される。新潟県の男性は、シルバーシートは「老人が容易に座席を得られないから特別に設定されたもの」であり、「学生に『そこをちょっとどけ』と言ったぐらいで、特権意識呼ばわりされるのは心外である」という。他方、東京都大田区の女性は「おい、そこをちょっとどけ」と言った高齢者に「あきれてものがいえません」といい、「親切を催促したり、特権のような気持ちになって暴言を吐くなどは、ぜったいにやめたいものです。私たち老人は謙虚な心持ちを忘れず、車内全部の人々に愛されるよう心がけましょう」と発言する。

投書上には、言葉や行為による行き過ぎた働きかけを通して、座席を得ようとする人の姿がたびたび描かれる。昭和五九年（一九八四）九月一三日の『読売新聞』「Ｄｏ！コンポ」欄では女性を杖で叩く高齢者の姿が報告される。

電車にのった時のことです。二十歳ぐらいの女の人がシルバーシートにすわろうとしたそのしゅんかん。あとからつえをついたおじいさんが来て「バシッ」とその女の人のおしりをつえでたたいて、「ここは老人の席じゃ」といってすわってしまいました。

いくらシルバーシートだって、公衆の面前で若い女の人のおしりをたたくことはないんじゃないの？　かわいそうに、その女の人はしぶしぶとちがう車両にうつっていきました。

この投書に登場する高齢者が「二十歳ぐらいの女性」にシルバーシートを譲ってもらえるようお願いすることは何の問題もなかっただろう。そしてもちろん、当該女性になんらかの事情がある場合もある。相互の事情をすり合わせ、交渉が行われるべき場に、暴力を持ち込んだ高齢者にも批判すべき点があるだろう。シルバーシートの規範は、人を叩いてはならないという規範よりも優先すると判断されたのだろうか。それを正当化するような処罰感情を高齢者が若者に対して抱いていた可能性もある。シルバーシートを譲らない人びとは、道徳や倫理の欠如を非難されるからである。先述の投書のタイトル「気分悪い善意の強要」は、曖昧な規範に戸惑う人びとにとって、シルバーシートがどのような意味を背負ったモノであるかを端的に言い表している。シルバーシートは誰かに行動を強制できるモノではなく、「善意」や「思いやり」の前景化を人びとに期待させるモノでしかなかった。それを強要する／されるという事態を各所に引き起こすことになったわけである。

いずれにせよ、座席を譲ることを強く、時としては攻撃的な物言いで求める高齢者が出現するに至ったのも、シルバーシートが機械的に座席を譲る仕組みではなかったことに起因する。高齢者としては、譲られ得るにもかかわらず譲られ難いものに苛立たねばならなくなったし、それを譲るように求める必要が生じた。また、座席を譲ることを求める根拠を手に入れたともいえるが、譲らない相手を責める根拠をも、新たに手に入れたといえるだろう。

（2）「思いやり」ということ

シルバーシートは、それ自体としては単なる座席でしかない。それを提供する側の構築した制度が強固なものでなかったため、シルバーシートは乗客の「ふるまい」を通して実質化される必要があった。だからこそ、これと関わる諸課題は、乗客の内面の問題に委ねられた。うまく機能しないシルバーシートについて、国鉄関係者は「本来は乗客間の道徳の問題」（『朝日新聞』昭和五一年［一九七六］九月一四日号）、「利用者一人一人の良識」の問題（『読売新聞』昭和四九年［一九七四］八月三〇日）と発言していく。それがしばしば「思いやり」という言葉で言い表されたこともすでにみてきた。シルバーシート導入以前に、すでにそれらの「欠如」を指摘することで同時代の世相が批評されていたことを想起するならば、鉄道事業者がそのようなものに期待を寄せることはあらかじめ不適切であったとも考えられる。

また、注意したいのは、「道徳」「良識」「思いやり」のそれぞれには、決して微細ではない意味の相違がある点である。辞書的には、「道徳」は「人のふみ行うべき道」、「ある社会で、その成員の社会に対する、あるいは成員相互間の行為の善悪を判断する基準として、一般に承認されている規範の総体」、「法律のような外面的強制力を伴うものではなく、個人の内面的な原理」（『広辞苑』第五版）、「良識」は「社会人としての健全な判断力」（同）であるという。「思いやり」は「自分の身に比べて人の身について思うこと。相手の立場や気持を理解しようとする心」であり（同）、「思いやり」それ自体は「人への気遣い」という程度の意味である。シルバーシートについては、それが社会的な「善悪を判断する基準」の問題や「健全な判断力」の問題と同列に語られていることがわかる。

そのため、「思いやり」は、それ自体としては自発的で個人の資質や状況に依存するものであるはずだが、シルバーシートをめぐってはそれを発揮するように強く促され続けた点で歪なキーワードに陥ったといえる。良識の問題としていえば、「思いやり」はシルバーシートにおいてのみ発露すべきものではないし、また、高齢者は「思いやり」の恩恵を一方的に受益する存在ではない。高齢者もまた誰かを思いやらねばならないはずである。そのため、シルバーシート／優先席が、明示的に「思いやる」べき対象を拡大させると、むしろ「思いやり」のない高齢者の姿が可視的にされていく。

『読売新聞』昭和五八年（一九八三）九月八日「気流」欄の埼玉県岩槻市在住、四五歳女性の投書は次のように記す。

乗り物の中の席の譲り合いについてですが、若い人も年老いた人も座りたいのはだれでも同じ、席が空いたらその前に立っていた人が座ればよいと私は思います。

自分は年寄りだから座るのは当たり前と、若い人を見つけてその前に立たれたら、大変迷惑なことです。まず、人によって肉体年齢はいろいろで、どんな人に譲ればいいか見分けるのは難しいし、子供は遊び疲れ、学生は部活、勉強に疲れ、中年は働き疲れ、また精神的な疲れもあって、ぐったりの時もあるからです。

私も見かけは健康でも、更年期障害の前兆とやらで立つのが苦痛なため、空いている席を見つけるとサッと座ります。その機敏さに他人は病人とは思わず、いやな中年のおばさんと映るでしょうが、座ってから動悸(どうき)、息切れを人知れず抑えてホッと静かにしているのです。そこへいかにもご老人と目に映る方が前に立たれたら、やはり譲りはしますが、それは私の肉体に少し余裕のある時だけです。

席はよほどのことがない限り、自然に空くのを待つという心掛けが一番ではないでしょうか。

『朝日新聞』平成六年（一九九四）七月六日の「声」欄で東京都立川市在住の三一歳女性は次のように妊娠中の出来事を記す。

ある日電車に乗っていた時、席が空いたので座りました。すると私の横に立っていたお年寄りが「なぜ自分に座らせないのか」という目で私を見ます。そして私の隣の席が空きそのお年寄りが座る時に、わざと私を腕で押したのです。

私はその時、おなかも目立っていましたし、妊婦であることは分かったはずです。どうして私がそんなことをされなければいけないのか、くやしくて涙が出ました。

お年寄りの方も電車で立っているのはつらいと思います。でも、妊婦にとってもそれは同じことです。シルバーシートにしても、お年寄りのためだけの物ではないはずです。

妊娠中私は何度もくやしい思いをしました。結局、妊娠六カ月で早産となり、死産でした。それが通勤のせいだとは思っていませんが、もう少し妊婦に対して温かな気持ちを持ってほしいと思います。

『朝日新聞』平成一一年（一九九九）九月二二日「ひととき」欄の埼玉県入間市四九歳女性の投書も同様である。

二十数年前、私は妊娠五カ月で少量の出血と腹部の張りがあり、病院へ行く途中でした。山手線の三人掛けのシートに私は座りました。右隣には疲れたサラリーマン。左隣には六十代くらいの男性。

次の駅で六十代かと思われる女性がドアが開くと私の前に突進して来ました。そしてすみませんと私に言うのです。その人の紙袋が私のひざに当たったので謝ったのかと思い、いいえと答えると、また「すみません」。けげんな顔の私に左側の男性が声高に「席を譲ったらどうかね。ここはシルバーシートだよ」とにらみつけたのです。そうとは知らなかった私はあわてて立ちました。その時におなかの膨らみがわかったからでしょう。その二人はあわてて顔をふせました。

高齢者が、困難な事情を抱える他者への配慮を欠く事例をみてきたが、以上は一昔前の状況ともみなし得ない。

電車内における不愉快な体験の語りをインターネット掲示板のなかに求めてみると、周囲からは見えづらい困難を考慮しない、すなわち「思いやり」を欠いた高齢者の姿が垣間見える。次に示すのは2ちゃんねるの「スレを立てるまでに至らない愚痴・悩み・相談part54」（二〇一六年一〇月三一日〜二〇一六年一一月一一日）に投稿された書き込みである。心疾患をもつ若者である「386」が、自身が優先席に座って良いのか否かを問いかけ、いくつかの反応が寄せられたあと、次のような体験を記述する（引用にあたって句点を補い、紙幅の都合から改行等を編集した）。*3

397: 386 2016/11/04(金)13:23:06 ID:BIT

皆様、回答ありがとうございます。自意識過剰なんでしょうか。堂々と座ってしまえばいいのかな。

今日午前中にもハイキングと覚《ママ》しき団体さんに絡まれて凹んでて思わず質問してしまいました。

通院帰りでしんどいので譲ることはできませんが、通じず薬を見せてみろと言われました。保健点数だけで言うと薬局で7000点以上の量の薬を一瞥し、あんたみたいな若いのがそんなに出されるわけがない。親とかのおつかいだろ?となりまして…

他に病気を証明する物を見せろと迫られました。特定医療費（指定難病）受給者証は持っていますが、顔写真付きでない上、個人情報をなんで見せなきゃいけないのかとカチンときました。

こんなのは本当に稀なんですけども、元気に見える者が座っていたら、皆様もどう思うのかと気になり質問させていただきました。言わないだけで皆何か思ってるのかなーと。

心だけは強くあらねばなりませんね。ありがとうございました。

優先席に着席する理由を説明する若者に疑いの目を向ける高齢者の姿が語られている。また、2ちゃんねるの「些細だけど気に障ったこと Part207」（二〇一六年五月二五日〜二〇一六年六月一三日）にも事例を求めてみよう。*4

982: おさかなくわえた名無しさん@／(^o^)／2016/06/13(月) 12:12:49.49 ID:flrmaBtC.net
右足の膝から下が義足なんだけど、歩き方も普通なのでパッと見全然わからない。

でも長時間歩くと疲れるし、電車の中は辛いので、優先席に座ってるとよく注意される。

いつも無視してるんだけど、この前、おっさんが偉い剣幕で「立てよ！　みっともない！」と怒鳴ってきたので、さすがにカチンときて無言で義足外したら隣に座ってた人が悲鳴上げてた。

悪いことしたわ。


義足を外して周囲の人を驚かせる点など、少々「話」としての上手さが追求されている事例かもしれない。着席する理由があるにもかかわらず高齢者に理解してもらえず、その理由を示したところ、相手がやり込められるという展開は、他の事例にも見出せる。ある種の話の型のように理解することもできるかもしれない。無論、こうした「話」に面白みがあるとすれば、それもまた、新たな規範を内面化できない人を笑うエイジズムである。

「Yahoo! 知恵袋」に令和六年（二〇二四）五月八日に投稿された「ＩＤ非公開さん」による次の体験談は、高齢者による「思いやり」の欠如が令和の現在においてもなおアクチュアルな課題であることを示している（紙幅の都合により、改行に修正を加え、数字を漢数字に改めた）[*5]。


【電車内の優先席について】

高校生です。優先席について今日起きた出来事を相談させてください。

夕方の電車でとにかく具合が悪く、車内も空いていたのでドアから一番近い優先席の端に座っていました。そしたらだんだん混んできて、ふと顔を上げたらさっきから凄くこちらを見てくる六〇代くらいの女性が立っていました。ずっとこちらを見ているので内心、凄く怖かったのですが、ふいに目が合った時、

「ここ優先席よ？　今の子はみんなお婆さんなのかしら？　立てないのかしら？・」と呟いてきました。かなり早口でしたが恐らくそう言っていたと思います。

私は急いで「すみませんでした!!」と言いながら焦って席を譲ろうとしました。ですが「私はあなたより元気な女性ですから。どうぞお座り」

と断られてしまいました。すごく怖くてとにかく焦ってしまい汗が止まりませんでした。

そして六〇代女性が降りる駅に着いた途端、立ち去り際にカメラを向けられ
「この制服の学校に訴えるから。」

と言い捨て、駅を降りてしまいました。私はもう怖くて恥ずかしくて周りの目線も気になって仕方なくなってしまい、結局次の駅で降り、別の電車で帰りました。周りの方や目上の方に席を譲らなかったことは本当に申し訳ないことですし、マナー違反だと思って反省しています。

やはり退学になってしまうでしょうか？　そして優先席というのは外傷のある方や妊婦の方、お体が不自由の方のみの席なのでしょうか？　どうやら優先席について思い違いをしてしまったかもしれません。ご意見をお聞かせ願えたら幸いです。長文でしたが読んで頂き本当にありがとうございました。


もちろん、こうした「思いやり」を欠いたふるまいは高齢者のみの問題ではない。内部障害や初期の妊娠が周囲からは気づきづらいことは誰にとっても同様である。そうであるにもかかわらず、このようにマナーの悪い主体として高齢者を他者化する言説もまた、二〇〇〇年代の暴走老人論を経て〔藤原　二〇〇七〕、近年はカスハラなどの主体として、明確な像を結びつつある。

いずれにせよ、シルバーシートはどのような立場からなにを主張するにせよ、人びとのエイジズムのあり方が反映されてしまうようである。その多くは、老人・中年・若者という区分のもと、不用意に世代的カテゴリーを一般

化し、その「思いやり」の欠如やそれを求める傲慢さを非難しあっている。次にこの点を、モノを指標として分断を考えるという本章の関心のもとで考察してみたい。

四、モノと分断

(1) 分断と連帯

差別や排除は、外的・内的要因によって、一群の人びとがなにかを共有できない者同士に切り分けられてあることで、相互を眼差しあい、意味づけあい、垂直的な関係や不均等な状況を創り出すことによって発生すると思われる。このような観点から、周囲の「思いやり」によって、特定の属性にある人びとが「優先」的に着席できる座席が公共の車内空間に出現したことを考えてみよう。

言うまでもなく、車内空間の乗客らは、あらかじめ不均等な状況におかれている。老齢であることによって、または心身に障害があったり妊娠していたりすることによって、安心して電車に乗ることのできない人びとが存在する。婦人子供専用車やシルバーシート／優先席は、そのような不均等な状況を少しでも改善するためのモノとしての期待を背負っていたし、現在も背負っている。したがって、もちろんそれは高齢者らの日常の生きづらさを解消するための設備であるわけだが、同時にそれは、かえって高齢者を弱者として分節する役割を果たしたといえる。

配慮すべきものとして高齢者を分節することは、老人福祉法の理念にも合致し、意図せざる帰結であったわけではない。ただし、一方向的に庇護すべきものとして高齢者を分節することは、助け合い・譲り合いという互助関係を車内に発生させるうえでは、相互的な連帯の可能性を阻害する点で、ひとつの分断をもたらしたといえる。いわば弱者の「聖化」がはじまるのであり〔小浜　一九九九〕、その聖化が不完全なものであるために、聖性をめぐるカテゴリー間の闘争が引き起こされていく。

無論、多くの高齢者が車内空間で不便を感じていることは言うまでもない。あらかじめ、高齢者は弱者的であった。ただしそれは、車内の多くの人びとが、多かれ少なかれ、または多様に備えている弱者性のひとつであった。そのような弱者性に特権的な立場を、不安定なかたちで与えたものこそ、シルバーシートであったわけである。そして、シルバーシートがある種の権利の問題のように議論されるのは、弱者として与えられた保障が履行されないことへの怒りの声として理解できる。先にみた事例のように、電車内で発生したトラブルのなかで当の高齢者は「ここは老人の席だ」といい、「当然の権利」として「思いやり」の発露を求め、ときには暴力的な手段に及ぶわけである。

こうした状況において考慮されていない問題は、敬意やいたわりの対象であることは「弱者」であることを意味しないことである。敬老の心と弱者に配慮すべきことが、綯い交ぜとなって語られていた点が、問題を複雑化しているともいえる。また、先述のように、弱者性は単一ではない。時として複合的または重層的であるし、文脈によって反転的でもある。そして、必ずしも社会的属性に帰属しない。考えてみれば奇妙な話であるが、シルバーシートでは、そこで優先されるべき者の事情ではなく、属性が問われていった。無論、そのつど個々人の事情を考慮しあうことは容易ではない。しかし、可視的ではない個々人の事情を考慮しあうことこそが字義通りの「思いやり」であると考えるならば、それは属性に準拠した制度に依存した時点で、つまり自動化した時点で、本来の性質が損なわれることになる。

以上は、高齢者からのメッセージがむしろ強者としての立場を顕示するものであった点にも確認することができるだろう。次に示すのは『読売新聞』の昭和五六年（一九八一）二月二六日の「気流」欄「シルバーシートのあり方は」という東京都港区の二〇代女性の投書である。投書の内容は、ここまでおさえてきたような、若者が不快な思いをしたという体験談と意見の表明である。

電車で席を譲る必要のある方が乗ってこられた場合、私はすぐ席を立つことを心掛けているので、シルバーシートにも意識せずに座ります。

先日も空いた電車内でシルバーシートに座っていたところ、中年の男性四人が乗ってきました。「あ、シルバーシートか。じゃあどうぞ年の順で」「いや、ほら若い娘が座っている」。三人は腰をおろし、一人だけ立っていました。他にも空いた席はあるのですが、四人そろって座れるのはここだけなのです。

そのうちに「若いくせにシルバーシートに座るとはずうずうしい」などと大声で言われ、いたたまれなくなって席を立ちました。その後に座った男性は私に礼も言わず、歩きかけた私の背後で勝ち誇ったように笑っていました。集団で乗ってきた人たちのために席を移動することはよくありますが、こんないやな思いは初めてです。私と同じ年代の人は「シルバーシートにだけは座りたくない」とよく言うのは、こんな気持ちなのかもしれないと痛感しました。

シルバーシートは若者座るべからず、ではないはずです。この欄にもたびたびシルバーシートをめぐって投書が載りますが、すべての年代層にいろんな形で不快感を与えているといっても過言ではないでしょう。シルバーシートのあり方を、もう一度よく考え直す必要があると思います。

（東京都港区）


この投書についても、いくつかの反響が紙面に掲載された。反響の多くはこの二〇代女性に批判的なものであった。三月一一日の「気流」欄の五〇代の人物からの反応は次のようである。


「すべての年代層に不快感を与えている」と見るのは独断で、シルバーシートに座る人が、その人柄を見られていると受け取るのが客観的な見方だと思います。

私は五十歳ですが、これまでそこに座ったことは一度もなく、これからもよろよろになるまでは断じて座らないだけの気概を持っています。そしてシルバーシートに平気で座る青年を見ては「こんな男に娘を嫁にやれない」と思い、それと知って座る娘さんを見ては「こんな娘は息子の嫁にもらいたくない」と思います。本来ならば、シルバーシートなどない方がよい社会といえるのでしょうが、大また開きや高足組み、足を投げ出すなど、無礼な若者が増えたわが国では仕方のないことでしょう。

また、四月二四日の同欄「若者は優先座席に座らぬ気概を」は先の投書への東京都久留米市の六五歳男性による応答であり、次のように述べる。

いわば無料の指定席みたいなものですから、健康な若者が座席とするものではないと思います。たとえ空席の時でも若者らしく、き然として立ったままでいてもらいたいのです。非合理、不平等と考えられるかもしれませんが、将来が期待される若者は、このくらいの体力と思考を持ってほしいのです。そうなれば、席の譲り合いによる余計な思惑とか、せっかく譲っても後味の悪い不快さも残りません。
私も、車中で若者が指摘するような不愉快な老人たちを見る時があります。しかし、それは世代の相違による道徳観の違いや、老境にある者の運命的な寂しさによる行動として許してくれませんか。若者たちの無言の行為が思いやりにつながっているのです。

以上の応酬からは、思いやりの要請も、若者を非難する声も、フラットな立場から発せられてはいないことがみえてくる。高齢者は、若い世代と対比されるかぎりにおいては、多くの場合、身体的には弱者として分節され得るかもしれないが、あらゆる局面において社会的な弱者であるわけではない。若者らしさを求め、若者への期待が語られるのは、上位世代から下位世代への「教育」的な、または「指導」的な態度であるのだろう。弱者であろうとし、かつ年齢差を理由として指導的にふるまおうとする点こそ、そこで求められる「思いやり」が、文字通りの「思いやり」から逸れていく原因であるのかもしれない。困難な状況を察し合うことができず、また、こうべを垂れて配慮を求めるような礼節の期待し難い関係性のなかに、シルバーシートは出現したのだともいえる。

シルバーシートをめぐっては当初から不完全にしか遂行されなかった高齢者の弱者化は、シルバーシートの理念に照らせば当然の帰結として、相対化されていく。どのような理由にせよ、優先席をめぐって高齢者は弱者として行為することで一方的に「思いやり」を求めてばかりもいられなくなった。座席を必要とする人は高齢者だけではないことが、やはり不完全ながら発信されている。

近年の総弱者社会は、誰しもが弱者であり得る現代を呼称する言葉であるが、*6 それは同時に、誰もがあらゆる状況において常に弱者であり得ることが不可能になった社会でもある。シルバーシートは、弱者としての高齢者の姿が受容されず、むしろ、自身とは相違する弱者性を抱えた人びとを排撃していく様を可視化したが、それは社会の「総弱者化」の前駆的な現象であったといえるかもしれない。当初は弱者として聖化され、そのようにふるまい、扱われることを高齢者自身も求めたがために、かえってそれを打ち消すような逸脱性や加害性が発信されている。また、このことは、いかに健康年齢が高くなっているとはいえ、体力や筋力に不安のある高齢者が、座席を求めづらくなったことをも意味しているだろう。高齢者が座席を必要としなくなったわけではないのである。高齢者をめぐるエイジズムは改めて検討すべき課題として浮上すると思われる。

座席を必要とする人、着席したい人はどのような属性の人のなかにもいる。したがって、高齢者が若者に席を譲ることがあったとしても、一向にかまわない。他者の状況を思いやるとは、そういうことである。シルバーシートは、年齢を指標とする着席規範を電車内に持ち込んでしまったために、そのような連帯の機制であり得る「思いやり」を、世代間の分断と軋轢に基づく素朴な攻撃の手段に貶めてしまったといえるだろう。

（2）シルバーシートとエイジズム

高齢者を弱者として分節し、庇護しようとすることもまた、エイジズムのひとつの表れである。一方、たびたび言及してきたように、「高齢者」というカテゴリーに付与される弱者性を、望んだようには考慮しない存在としてしばしば措定されたのが、「若者」というカテゴリーであった。高齢者が、時代の福祉の文脈で課題視された人びとであったように、若者像も、時代に見合って創出されたカテゴリーであると考えたほうが良い。シルバーシートは、むしろ若者をめぐるエイジズムを可視的にしてもいたといえよう。

若者という存在、そのメンタリティは、戦後日本の社会的関心事であり続けた。六〇年代後半の大学紛争はそのような関心を増大させる大きな出来事であったし、それ以降、七〇年代にはモラトリアム人間、八〇年代には新人類という若者類型が発生、やがて「おたく」「ゆとり世代」「さとり世代」「Z世代」などと、若者は社会から眼差され、分析されてきた。また、非行などの逸脱行為が関連づけられつつ、各種の社会課題、教育や家庭の変質に還元されて説明されてきた。一九五〇、六〇年代の新聞記事を分析した社会学者の小川豊武は、「若年層をいかに成長させるべきか、いかに教育するべきかといった、いわば「義務」の要素を記述する」文脈で使用された「青年」という語にくらべ、「若者」という語は「若年層を語る者からは距離のあるものとして表現するという、いわば「傍観」の活動において用いられやすい」と述べる〔小川　二〇一四　一〇五〕。他称としての「若者」というカテゴリーは、各種のかたちで若年層を他者化する文脈で使用されたともいえるだろう。こうした危惧すべき若者というイメージは、為政者や知識人、メディアをも巻き込んで共有・拡散されていったフォークロアであったと考えるべき部分が大きい。そこには現在を問題化しつつ過去を美化する傾向が一貫するようであるし、若者の凶悪犯罪の増加も統計的には事実ではない〔岩本　二〇〇六、及川　二〇二三〕。

シルバーシートをめぐる言説にも同様のことがいえる。実態としては中年の男女もまたシルバーシートに腰かけ、高齢者に席を譲ってはいなかったにもかかわらず、その多くが「おじさん・おばさん」の非常識ではなく、「若者」

まれてくると思うのだが。

このような主張が導かれるならば、「若者の道徳」が廃れているとは言い難いと個人的には思う。シルバーシートの問題は、批判ではなく内省をこそ引き起こすべきだったのではないか。

歴史的にも、公共交通機関の座席は一貫して課題であり続けた。田中大介は鉄道における規範が戦前から問題あるものとして語られ続けていたことを明らかにしている（田中　二〇二四　六四～六五）。戦後にシルバーシートを介して問題視されるに至った状況も、戦前から存在していた。

明治三五年（一九〇二）に板垣退助が『中央公論』に寄稿した「風俗改良の必要なる所以」には、公徳と関わる風俗改良の一例として「汽車中で婦人子供に席を譲らない」の一節がある（板垣　一九〇二）。高齢者への言及ではなく、若者を責めるものでもないが、周囲に配慮できない民衆の姿は明治年間にすでに見出せる。明治三七年（一九〇四）の『東京孤児院月報』五四号には鈴木希聲なる人物の「電車道徳」というエッセイがある。鈴木が「電車の中で不快を感ずる」ことを書き上げるなかで（鈴木　一九〇四　三）、「自分の席を他の婦女老幼の爲に讓つてやる人も少くはない」としながらも「安樂なる席を占めたいと云ふ了見の人間どもであるから一旦占領したが最後中々之を明渡すなぞと云ふ事はしない」人びとの姿を描き出している（鈴木　一九〇四　四）。坪内逍遥の明治四一年（一九〇八）の『倫理ト文学』にも「傍若無人」なる箇所で「先きへ其の席を占めたからと云つて大きな面をして跡から誰れが來てもすこしも席を譲らない者」が非難されている（坪内　一九〇八　六五～六六）。浮田和民なども同様に『倫理的帝国主義』において、次のように当時の道徳を問題視する（浮田　一九〇九　一四八）。

> 汽車の中とか停車場とかへ行くと、まるで平等無差別の境遇であるから野蠻人の擧動を写すと云ふ有様である。電車へ乗つても老人や子供や婦人には座を譲りて呉れと云ふ注意が揚げてある中々譲らない。席を譲る

やうな者はハイカラの人間で、まだ〳〵多数の人は女子が來やうが老人が來やうが席を譲らない。

戦前にも「老人や子供や婦人には座を譲りて呉れ」という注意書きがあったことは注目すべきかもしれない。高齢者に席を譲らなかったというかどで叱責される若者の姿も確認できる。『読売新聞』昭和一五年（一九四〇）一月一八日号「女性春秋」の横山美智子の「電車の中で」なる記事である。

この間、相當にこんだ電車の中で、堂々とした風采の中年紳士が、その前の座席に腰かけてゐる女學生に向つて、かなり大聲で説諭してゐた。さつき乗つた老婆に、女學生が席を譲らなかつたといふのである。「あんたら女學生が、そんな不親切だといふのは―」未知の男の人から、あたりはゞからぬ叱責を受けて、眞赧になつてうつむいてゐる女學生を氣の毒がるやうな表情が、その邊の人たちの誰もの顔にちら〳〵と漂つた。しかし、席を譲らなかつた大人たちの誰もが、少しも紳士の叱責を、我身のことゝ感じてゐる様子は見えなかつた。

この女学生ばかりが席を譲らなくてはいけなかったわけではないことは、引用文中で述べられている通りである。いずれにしても、シルバーシート登場以前から、高齢者や女性、子どもに座席を譲らねばならないという規範が存在したことは確認できる。そして、そのような規範は必ずしも遂行されていなかった。だからこそ、交通道徳の課題として指摘され、また、説諭される人びとの姿が描写されてきた。

戦前と戦後を対比するかぎり、高齢者に座席を譲らない人の存在は、以前には大衆の公徳心欠如の問題であったものが、戦後にはなおいっそう若者の問題にシフトしていったかのようでもある。シルバーシートが年齢を指標とする着席規範を取り入れたため、規範に従わない人びとも年齢を指標として分節されやすくなったということだろう。同時代の若者をめぐる言説を背景に、かつては存在したと認識される良識や思いやりを備えない、内面に課題を有する他者として若者は切り取られていった。したがって、それは一群の人びとをカテゴリー化し、過剰な一般化を伴いながら、一方的に非難の対象として位置づけるエイジズムそのものである。シルバーシートという、高齢者への制度的なエイジズムの解消手段は、かえって、若者への個人的エイジズムを再生産させていったといえるであろう。

結びにかえて

シルバーシートは、「高齢者が優先して座ることのできる座席」という機能以上の意味を備えていたし、優先席は今もまさにそのようなモノである。シルバーシート／優先席は、その着席規範をめぐって、幾重もの分断を生み出している。

高齢者や身障者に苦痛なく乗車させるという一見すると簡単な試みは今日まで上手くいってはいない。車内で体を休めるためのモノが多くの人に切実に希求されるためでもあるだろう。あらゆる人があらゆる人に親切にできるほど、日本の社会は構造的に楽園ではない。また、かつてそのようであったことも、おそらくはない。そこに「思いやり」という観念を持ち込んだことで、シルバーシートのある車内風景は、「思いやり」あうことのできない人びとの姿をありありと示すことになった。[*7]

シルバーシート／優先席は、車内空間を越えて存在するエイジズムとも接続している。そのようなエイジズムが象徴的に立ち現れるモノは、シルバーシート／優先席のみではないだろう。民俗学の物質文化論の文脈でエイジズムと世相の関係を考えることは、引き続きの課題としたい。

○注

＊1　本章であえて物質・物体を「モノ」と称するのは、シルバーシート／優先席という物体としての「座席」それ自体ではなく、それに付帯する制度・慣習、または意味づけなどをも含意させたいためである。

＊2　女性専用の車両は女学生の痴漢被害等への対策から戦前にも導入されており、戦後も昭和二二年（一九四七）に、殺人的混雑から女性と子どもを守るために通勤時間帯にかぎって中央線・京浜東北線に導入されていた。もっとも、その利用率は低く、廃止論が持ち上がったのはそのためである。京浜東北線では昭和二八年（一九五三）に全線で、中央線では昭和三一年（一九五六）にくだり列車で、すでに廃止されていた。

＊3　「スレを立てるまでに至らない愚痴・悩み・相談part54」https://kohada.open2ch.net/test/read.cgi/kankon/1477913841/（二〇二四年九月三〇日アクセス）

＊4　「些細だけど気に障ったこと Part207」https://nozomi.2ch.sc/test/read.cgi/kankon/1464154063/（二〇二四年九月三〇日アクセス）

＊5　「電車内の優先席について」https://detail.chiebukuro.yahoo.co.jp/qa/question_detail/q13297706248?（二〇二四年九月三〇日アクセス）

＊6　「佐々木俊尚の未来地図レポート　Vol.657」https://note.com/sasakitoshinao/n/n85a84a7750a9（二〇二四年九月三〇日アクセス）

＊7　もちろん、シルバーシート／優先席をめぐる美しいエピソードも新聞投書には見出すことができる。それらはこれらをめぐる規範が望ましく実現した姿を示すものであり、本章で問題とした分断を下支えするものといえるだろう。

○参考文献

愛知県社会福祉審議会　一九八三「今後の高齢者対策のあり方について」全国社会福祉協議会編『高齢化社会と老人福祉施策――国・地方公共団体関係資料集』

板垣退助　一九〇二「風俗改良の必要なる所以」『中央公論』一五五号

岩本通弥　二〇〇六「都市憧憬とフォークロリズム」新谷尚紀・岩本通弥編『都市の暮らしの民俗学』（一）吉川弘文館

浮田和民　一九〇九『倫理的帝国主義』隆文館

及川祥平　二〇二三「エイジズム」及川祥平・川松あかり・辻本侑生編『生きづらさの民俗学――日常の中の差別・排除を捉える』明石書店

小川豊武　二〇一四「戦後日本における『青年』『若者』カテゴリー化の実践――一九五〇～六〇年代の新聞報道を事例として」『マス・コミュニケーション研究』八四巻

小浜逸郎　一九九九『「弱者」とはだれか』PHP研究所

佐野（藤田）眞理子　二〇一一「文化概念としての老い」『日本民俗学』二六六

菅　建彦　一九七三「シルバーシート」『国有鉄道』三一巻一〇号

鈴木希聲　一九〇四「電車道徳」『東京孤児院月報』五四

須田　寛　一九八九『東海道新幹線――その足どりとリニアへの展望』大正出版

多可町役場　二〇一六『広報たか』一三一号

田中大介　二〇二四『電車で怒られた！――「社会の縮図」としての鉄道マナー史』光文社

坪内逍遥　一九〇八『倫理ト文学』冨山房

日本証券投資協会　一九六六『PR映画年鑑　一九六六年版』

パルモア、アードマン・B　二〇〇二『エイジズム――高齢者差別の実相と克服の展望』（鈴木研一訳）明石書店

藤原智美　二〇〇七『暴走老人！』文藝春秋
宮田登・森謙二・網野房子編　二〇〇〇『老熟の力――豊かな「老い」を求めて』早稲田大学出版部
六車由実　二〇一二『驚きの介護民俗学』医学書院
柳田國男　一九九八「昔風と当世風」『柳田國男全集』九　筑摩書房

あとがき

本書は成城大学民俗学研究所の共同研究プロジェクト「差別・排除の民俗学的研究」（二〇二一年度～二〇二三年度、研究代表者・及川祥平）の成果である。

共同研究のメンバーは左記の通りであった（所属は二〇二五年三月現在。以下同様）。

入山頌　（障害をこえてともに自立する会　会員）
及川祥平　（成城大学文芸学部　准教授）
岡田伊代　（公立博物館　学芸員）
川松あかり　（九州産業大学国際文化学部　講師）
今野大輔　（成城大学民俗学研究所　研究員）
桜木真理子　（札幌医科大学医療人育成センター　講師）
辻本侑生　（静岡大学学術院融合・グローバル領域　講師）
俵木悟　（成城大学文芸学部　教授）

また、三年間の研究期間に、多文化主義民俗学を提唱する島村恭則（関西学院大学社会学部　教授）、世間話研究の文脈から差別・排除の問題にアプローチしてきた山田厳子（弘前大学人文社会科学部　教授）、障害をめぐる民俗学に取り組む奈良場春輝（民間シンクタンク勤務）、海外在住の民俗学者である倉石美都（京畿大学グローバル語文学部助教授）らにゲストスピーカーとして登壇いただき、山田氏には発表内容を本書にご寄稿いただいている。ヘルムト・グロシュウィッツ（バイエルン州科学アカデミー無形文化遺産研究センター　センター長）、クリスチャン・ゲーラット（トリーア大学中央図書館　日本・中国学科専門図書館員）にも翻訳の本書への再掲をお許しいただいた。また、本プロジェクトにおいては、成城大学大学院文学研究科の大学院生であった廣江咲奈（船橋市郷土資料館　学芸員）、水上花音（成城大学大学院）の両氏にもアルバイトスタッフとして協力いただいた。

本プロジェクトはコロナ禍に始動した。そのこともあり、当初構想したようには研究会を運営することができず、また、各メンバーのフィールドワークも十分に行うことができなかったことを遺憾とする。ただし、私たちはコロナ禍において、それまで気付くことのなかった分断を眼前に見た。そのことが銘々の議論に問題意識や視点として刻印されている場合もあるだろう。

実は、私たちの取り組みにはもう少し長い歴史がある。このようなメンバーの参集していることのそもそもの発端は、今野大輔、飯倉義之（國學院大學文学部　教授）、柏木享介（國學院大學神道文化学部　准教授）、政岡伸洋（東北学院大学文学部　教授）らの登壇した現代民俗学会第二二回研究会「社会的排除に民俗学はいかに向き合えるのか――排除の日常・文化を記述する術を探って」（於・成城大学）を及川祥平が二〇一四年に企画したことにあった。翌年、当該シンポジウムに聴衆として参加していた、当時はまだ筑波大学の大学生であった辻本侑生、桜木真理子が及川に連絡をとり、継続的な研究会の開催を提案する。そこで、辻本、桜木、今野、及川に、成城大学の大学院生として皮革産業の研究をしていた岡田伊代を加え、読書会のような雰囲気で小規模な勉強会をスタートさせたのである。やがて、メンバーには入山頌、川松あかり、当時は成城大学大学院の近世史の院生であった髙木まどか（徳川林政史研究所非常勤研究員）、筑波大学の大学生であった奈良場春輝、藤崎綾香（筑波大学大学院）、三上真央（一般企業勤務）らが加わる。この勉強会には名前はなかったが、仲間内では差別研と称していた。

やがて、研鑽の成果を発信していこうという話になり、日本民俗学会第六八回年会におけるグループ発表「「差別」に向き合う民俗学」（於・千葉商科大学、二〇一六年）、現代民俗学会第四四回研究会「民俗学的「差別」研究の可能性―「日常」からのアプローチ」（於・成城大学、二〇一九年）などの研究発表を重ね、二〇一九年シンポの成果は『現代民俗学研究』一二号に同名の特集として掲載された。さらなる研究の深化と論集刊行を目指した私たちが、コアメンバーを中心とするグループで応募したのが成城大学民俗学研究所の本共同研究であったわけである。本研究期間中には、勉強会のメンバーを中心に、及川祥平・川松あかり・辻本侑生の共編で『生きづらさの民俗学――日常の中の差別・排除を捉える』（明石書店、二〇二三年）を刊行することもできた。二〇二三年度末の共同研究の終了を以て、差別研は解散した。したがって、本書は私たちの最後の成果ということになる。

差別研には多様な事象に関心をもつメンバーが集っていた。学問的立場も多様であった。バラバラの関心をめいめいに持ち寄って進められてきた勉強会・研究会であったため、最後まで全体を覆う傘を、私たちは持たなかったといえる。またはあらかじめ持ち得なかったのかもしれない。しかし、そのために、かえって常に前提を疑うような忌憚のない意見交換が可能な場であったと思う。だから、シンポジウムや書籍のキーワードとなった「差別」や「日常」、「生きづらさ」という概念についても、実は最後までメンバー内で相互の批判が続いていた。議論の決着はついていないと思う。しかし、議論の過程で深まった認識があったし、獲得した視点があった。日々の営みのなかにある傾斜的関係や障壁を取り上げようとすれば、考慮すべき問題や観点が無限に増殖していくような現代の世相である。複雑化する差別問題を対象化するうえでは、私たちのように、なにかを共有しようとし、それが必ずしもうまくいかない状況を抱えながら、それでも共同研究というフレームのもとで和気藹々と前進していく議論の環境は、むしろふさわしかったのではないかと思っている。

個別にお名前をあげることは控えるが、共同研究の過程で有益な示唆をくださった先生方、院生・学生諸君、調査にご協力くださった話者の皆さまに心より御礼申し上げたい。また、本書の刊行には成城大学民俗学研究所の研究助成・出版助成を受けている。事務手続きでは、林洋平さん、齋藤淑子さん、山﨑ゆかりさんに多大なご助力をいただいた。明石書店の富澤晃さん、長尾勇仁さんには編集の過程でご迷惑をおかけしたことをお詫びしたい。このように本書をまとめることができたのは皆さまのお力添えのおかげである。記して感謝申し上げたい。

メンバーを代表して　及川祥平

二〇二五年三月

クリスチャン・ゲーラット（Christian Göhlert）〈第六章〉
トリーア大学中央図書館・日本・中国学科専門図書館員。Ph.D.
専門は民俗学、宗教学。主要な業績は『Die Verehrung von Wasserleichen und ihre Stellung im japanischen Volksglauben』（Iudicium、2010年）『Ubugami – Geburtsgottheiten im japanischen Volksglauben』（Projektverlag、2017年）など。

山田厳子（やまだ・いつこ）〈第七章〉
弘前大学人文社会科学部・教授。修士（文学）。専門は民俗学。主な業績に「民俗と世相——『烏滸なるもの』をめぐって」（小池淳一編『民俗学的想像力』せりか書房、2009年）、「『生命の弁別』再考——『ヒトではないもの』をめぐって」（障害史研究会編『障害史へのアプローチ』、2024年）ほか。

川松あかり（かわまつ・あかり）〈第四章〉
九州産業大学国際文化学部・講師。修士（学術）。専門は民俗学・文化人類学。主要な業績に『民俗学の思考法』（共編著、慶應義塾大学出版会、2021年）、『生きづらさの民俗学』（共編著、明石書店、2023年）、「炭坑夫の『異人化』と『人間化』――筑豊における炭鉱労働者をめぐる『寛容のナラティヴ』の考察」（山泰幸・西尾哲夫編『ナラティヴ・ポリティクスとしての異人論』臨川書店、2024年）ほか。

辻本侑生（つじもと・ゆうき）〈第五章〉
静岡大学学術院融合・グローバル領域・講師。専門は現代民俗学。主要な業績に『山口弥一郎のみた東北――津波研究から危機のフィールド学へ』（共編著、文化書房博文社、2022年）、『クィアの民俗学――LGBTの日常をみつめる』（共編著、実生社、2023年）ほか。

ヘルムト・グロシュウィツ（Helmut Groschwitz）〈第六章〉
バイエルン州科学アカデミー無形文化遺産研究センター・センター長。Ph.D. 専門は民俗学、博物館学、無形文化遺産。最近の主要な業績に「Immaterielles Kulturerbe in metropolitanem Raum und superdiversen Kontexten - Versuch über die Grenzen eines identitätspolitischen Konzepts」（Manuel Trummer et al. [Hrsg.]『"Ein Stück weit..." Relatives und Relationales als Erkenntnisrahmen für Kulturanalysen』、Waxmann、2019年）、「Immaterielles Kulturerbe als Netzwerk und die Koproduktion von Authentizität」（Achim Saupe、Stefanie Samida [Hrsg.]『Weitergabe und Wiedergabe. Dimensionen des Authentischen im Umgang mit Immateriellem Kulturerbe』、Wallstein Verlag、2021年）、「Immaterielles Kulturerbe - Beratung als Cultural Brokerage」（『Paragrana』33巻2号、2024年）など。

執筆者一覧（執筆順）

及川祥平（おいかわ・しょうへい）〈まえがき、第六章、第八章、あとがき〉
成城大学文芸学部・准教授。博士（文学）。専門は民俗学。主要な業績に『偉人崇拝の民俗学』（勉誠出版、2017年）、『心霊スポット考』（アーツアンドクラフツ、2023年）、『生きづらさの民俗学』（共編著、明石書店、2023年）ほか。

今野大輔（こんの・だいすけ）〈第一章〉
成城大学民俗学研究所・研究員。博士(文学)。専門は民俗学。著書に『ハンセン病と民俗学』(皓星社、2014年)。

岡田伊代（おかだ・いよ）〈第二章〉
公立博物館・学芸員。修士（文学）。専門は民俗学。主要な業績に「「部落産業」を取り巻く変化——東京都墨田区の皮鞣し業を事例に」（『現代民俗学研究』12号、2020年）、「話者と見つける研究視点」（『生きづらさの民俗学』明石書店、2023年）、「生活改善運動と民俗の存続——福井県小浜市の建て前におけるツチノモチを事例に」（『現在学研究』14号、2024年）。

入山頌（いりやま・しょう）〈第三章〉
障害をこえてともに自立する会・会員。修士（社会人類学）。在野研究者。主要な業績に「訴訟と共生——国立市公民館コーヒーハウスにおける『障害』」（『現代民俗学研究』12号、2020年）、「暮らしと障害」（『生きづらさの民俗学』明石書店、2023年）ほか。

刊行にあたっては、成城大学民俗学研究所の出版助成（2024年度）を受けた。

差別の現代民俗学
——日常の中の分断と排除

2025年3月31日　初版第1刷発行

編著者　「差別・排除の民俗学」研究会
（責任編者・及川祥平）
発行者　大江道雅
発行所　株式会社 明石書店
〒101-0021　東京都千代田区外神田6-9-5
電　話　03（5818）1171
FAX　03（5818）1174
振　替　00100-7-24505
https://www.akashi.co.jp/
装　丁　明石書店デザイン室
印　刷　モリモト印刷株式会社
製　本　本間製本株式会社

（定価はカバーに表示してあります）　ISBN978-4-7503-5915-1